Expansion um jeden Preis

Studien zur Wintershall AG zwischen Krise und Krieg 1929–1945

von Manfred Grieger, Rainer Karlsch und Ingo Köhler

EXPANSION UM JEDEN PREIS

STUDIEN ZUR WINTERSHALL AG ZWISCHEN KRISE UND KRIEG 1929–1945

von Manfred Grieger, Rainer Karlsch und Ingo Köhler

SOCIETÄTS
VERLAG

2. Auflage

Satz: Bruno Dorn, Societäts-Verlag
Umschlaggestaltung: Bruno Dorn, Societäts-Verlag
Umschlagabbildung: Bundesarchiv (101I-186-0166-02A) Russland, Treibstoff-Nachschub
Druck und Verarbeitung: CPI books GmbH, Leck
Printed in EU
ISBN 978-3-95542-378-0

Besuchen Sie uns im Internet:
www.societaets-verlag.de

INHALT

EINLEITUNG

Zu Beginn des Jahres 2019 beauftragte die Wintershall Holding GmbH ein Expertenteam der Gesellschaft für Unternehmensgeschichte e.V. damit, die Geschichte ihres Unternehmens im Nationalsozialismus professionell zu analysieren und analysieren zu lassen. Gleich mehrere Motive veranlassten das Unternehmen, die Vergangenheit nicht ruhen zu lassen, sondern sich ihr aktiv zu stellen. Sicherlich bot das im Herbst 2019 anstehende 125-jährige Gründungsjubiläum des Kasseler Energiekonzerns einen passenden Anlass zurückzublicken und sich der eigenen Geschichte als wirkungs- und wandlungsvolle Zutat der historisch gewachsenen Identität des Unternehmens zu versichern. Dies galt umso mehr, da der Konzern nahezu zeitgleich eine Fusion mit der ebenso traditionsreichen deutschen DEA (Deutsche Erdöl AG) vollzog. Dieser Schritt der Wintershall DEA in eine gemeinsame Zukunft ließ auch ein neues Bewusstsein für die zurückliegenden Marksteine entstehen, die das Unternehmen auf seinem Weg von einem Kali-Gewerk zu einem heute in Europa führenden Erdgas- und Erdölproduzenten passiert hat.

Auf einer seiner ganz entscheidenden historischen Etappen begab sich das Unternehmen mit seinem langjährigen Generaldirektor August Rosterg geradewegs auf einen antidemokratischen Pfad und gehörte zu den frühen Sympathisanten und Unterstützern der NSDAP. Nicht nur während des Dritten Reiches, sondern auch noch lange in der Nachkriegszeit ließ das Unternehmen die gesellschaftliche Verantwortung vermissen, die sie gegenwärtig etwa als Mitinitiator der Initiative „Offen für Vielfalt – Geschlossen gegen Ausgrenzung“, die sich für gesellschaftliche Vielfalt und demokratische Werte einsetzt, an den Tag legt. So zählt der Wintershall-Konzern im Kontext der spätestens seit den 1990er Jahren einsetzenden Welle einer unternehmenshistorischen Aufarbeitung der Geschehnisse im Nationalsozialismus zu den Spätstartern. Allzulange wurde die eigene Verwicklung mit dem NS-Regime verschwiegen, verharmlost oder verdrängt.

Es brauchte nach dem Zweiten Weltkrieg fast 75 Jahre, bis sich das Unternehmen für eine historische Aufarbeitung öffnete, die sich jenseits vom allzu beliebten (oder beliebigen) Storytelling bewegt und nicht die schlichten Ziele des History Marketings auf den Marken- und Kommunikationskanälen in den Mittelpunkt rückt. Umso mehr ist zu begrüßen, dass der Wintershall-Konzern heute bereit ist, die eigene Rolle in der NS-Geschichte mit aller Konsequenz wahrzunehmen und die Arbeit der Autoren durch einen intensiven Austausch in internen Diskussionsrunden und öffentlichen Veranstaltungen unterstützt hat.

Der allzu langen Geduld folgte die Ungeduld. Aus dem Wunsch der Unternehmensleitung, möglichst rasch einen ersten Einblick in die Rolle der Wintershall AG im NS-Wirtschaftssystem zu erhalten, entstand in relativ kurzer Zeit dieser Band. In ihm legen die Historiker Rainer Karlsch, Ingo Köhler und Manfred Grieger in skizzenhaften Essays eine erste Gesamtschau der Geschichte des Kali- und Erdölkonzerns zwischen den späten 1920er Jahren und 1945 vor. Die Untersuchung fußt auf intensiven Recherchen historischen Quellenmaterials in zahlreichen staatlichen und privaten Archiven. Daneben wurde die einschlägige zeitgenössische und historisch-wissenschaftliche Literatur ausgewertet, die sich aus einer branchen- bzw. unternehmenshistorischen Perspektive mit den Aktionsfeldern und Partnerfirmen der Wintershall AG befassen. Insgesamt bleibt sicherlich zu konstatieren, dass die Materiallage in den wenigen zur Verfügung stehenden Monaten breit, aber sicherlich noch nicht in aller detailreichen Tiefe erfasst wurde. Als ein grundlegendes Problem erweist sich, dass nur äußerst wenige aussagekräftige Dokumente aus den Verwaltungs- und Vorstandsbüros des Wintershall-Konzerns greifbar sind. Ein Großteil des hauseigenen Schriftgutes ist bei den Bombenangriffen auf die Stadt Kassel verloren gegangen, bei der auch die Hauptverwaltung den Flammen zum Opfer fiel. Nur partiell können diese Überlieferungslücken durch Bestände der ehemaligen Wintershall-Werke in Thüringen und Sachsen-Anhalt geschlossen werden, die erst seit den 1990er Jahren in den dortigen Landesarchiven zur Verfügung stehen. Die disparate Aktenlage sollte dazu motivieren, im Nachgang zu dieser ersten Studie – mit etwas mehr Zeit – weitere Erkundungstouren durch nationale und internationale Archive zu starten. Der von der früheren Firmenleitung gerne genutzte Vorwand, man könne die eigene Geschichte nicht rekonstruieren, kann heute kein Argument mehr sein.

Inhaltlich umfasst dieser Band drei Essays, die unterschiedliche Aspekte der Konzerngeschichte im NS beleuchten und bereits partiell miteinander verknüpfen. Der Beitrag von Rainer Karlsch befasst sich mit dem ökonomischen Aufstieg der Wintershall AG seit den späten 1920er Jahren. Er skizziert den Wandel, den das Unternehmen im Rahmen einer strategischen Differenzierung ihrer Aktionsfelder von einem führenden Mitglied des deutschen Kali-Syndikats zu einem bis in die besetzten Gebiete Europas agierenden Mineralölkonzern werden ließ. Dabei wird die Einbindung des Unternehmens in das dirigistische Wirtschaftssystem, die Autarkie- und Kriegswirtschaft ebenso in den Mittelpunkt gerückt wie die wirtschaftspolitischen Zielvorstellungen seines omnipräsenten Direktors August Rosterg. Der Essay von Ingo Köhler greift diese akteursorientierte Perspektive auf und analysiert, wie sich August Rosterg in einem ambivalenten Vabanquespiel zwischen Nähe und Distanz im Beziehungsnetzwerk des NS-Regimes bewegte. Er sucht nach Motiven, Formen und Funktionen der persönlichen Verstrickung und zeigt, wie Rosterg und seine Geschäftspartner das Unternehmen auf der Grundlage eines pragmatischen Opportunismus aktiv in die Expansions-, „Arisierungs"- und Germanisierungsgeschäfte involvierte. Schließlich stellt die Studie von Manfred Grieger den Betriebsalltag der Wintershall-Belegschaft in den Fokus. Hier werden der reibungslose Übergang der Betriebe in das NS-System und die ideologischen Verformungen der Arbeitsbeziehungen in der nationalsozialistischen „Betriebsgemeinschaft" skizziert und bis hin zum skrupellosen Einsatz von Zwangsarbeitern verfolgt. Die Etablierung einer auf rassistischer Diskriminierung basierenden ethnischen Hierarchisierung der Arbeit gab einerseits den Unternehmensleitungen die Möglichkeit an die Hand, die schrumpfenden Belegschaften durch ausländische Zwangsarbeitergruppen aufzufüllen und die Produktion fortzusetzen. Andererseits empfanden viele deutsche Belegschaftsangehörige mit Ausnahme der kleinen Widerstandsgruppen die Unterschichtung eines ausländischen Subproletariats als sozialen Aufstieg, was deren Betriebs- und Regimeloyalität unterstützte.

Die Gliederung des Bandes orientiert sich an den wesentlichen Aktions- und Kontaktfeldern des Unternehmens mit dem NS-Regime, wie sie nach 1945 auch von den Alliierten erkannt und beschrieben wurden. Nach dem Ende des Zweiten Weltkrieges berief sich der Konzern gerne darauf, als Kaliproduzent weitaus weniger kriegswichtig gewesen zu sein als andere deutsche Unternehmen. Auch der Einstieg in die Erdölwirtschaft sei in den 1930er Jahren aus rein betriebswirtschaftlichen Gründen erfolgt. Dass man durch eine Unterbeteiligung an der 1941 gegründeten Kontinentale Öl AG in die Expansions- und Raubpolitik eingebunden war, wurde unter dem Verweis auf die staatliche Kommandowirtschaft und die Lenkungsverantwortung des staatlichen Mehrheitseigners abgetan. Die unmittelbar nach Kriegsende verbreitete Legende vom regimefernen Unternehmen geriet allerdings früh ins Wanken. Insbesondere in den Spruchkammerverfahren gegen den am 13. November 1945 in Stockholm verstorbenen Generaldirektor August Rosterg traten enge Verstrickungen des Unternehmens mit dem NS-Regime zu Tage, die die Mär widerlegten. Zwar hatte Rosterg weder der NSDAP noch einer ihrer Gliederungen angehört, jedoch war er noch drei Jahre nach seinem Tod auf einer Liste von Kriegsverbrechern zu finden und wurde von den Alliierten der Vermögensverschleppung verdächtigt.[1]

Was bewog die für die Entnazifizierung in Kassel zuständige Spruchkammer, im Januar 1949 Klage gegen Rosterg zu erheben und einen Antrag auf Einziehung von 20 Prozent seines Privatvermögens zu stellen?[2] Der Hauptvorwurf lautete, er hätte durch freiwillige Zuwendungen an die NSDAP und höchste Funktionäre, insbesondere den Reichsführer SS, Heinrich Himmler, wesentlich zur Begründung, Stärkung und Erhaltung der nationalsozialistischen Gewaltherrschaft beigetragen. Die Verteidigung hielt der Anklage entgegen, dass Zahlungen der Wintershall AG an die NSADP erst nach 1933 unter Zwang geleistet worden seien. Rosterg wurde als unpolitischer Unternehmer charakterisiert, dem es allein ums Geschäft gegangen sei.[3] Das Spruchkammerverfahren endete damit, dass die Klage fallengelassen wurde. Bis auf einen Fall endeten auch alle weiteren Verfahren gegen Vorstände bzw. Direktoren mit Freisprüchen. Damit schien es aus ihrer Sicht keinerlei Notwendigkeit zu geben, sich mit der jüngsten Geschichte auseinanderzusetzen. Im Gegenteil, es wurde die große Kontinuität hervorgehoben und Rosterg als Lenker des Konzerns weiterhin bewundert. Die frühe Unterstützung der NSDAP, die Beteiligung an Autarkie- und Aufrüstungsprojekten, die Gewinne aus „Arisierungen", die Ausbeutung von Kriegsgefangenen, Zwangsarbeitern und KZ-Häftlingen, all dies waren Themen, denen sich das Unternehmen jahrzehntelang nicht stellte, die aber jetzt einer neuerlichen, erstmals systematischen Untersuchung auf der Basis partiell neuer Quellen unterzogen werden. Unser herzlicher Dank gebührt Herrn Michael Sasse, Kommunikationschef der

---

1 Vgl. Hessisches Hauptstaatsarchiv Wiesbaden (HHStAW), 520-22, Nr. 9591 (August Rosterg) Bl. 57, Hessisches Staatsministerium, Minister für politische Befreiung, 14.1.1948.

2 Vgl. ebd., Bl. 88f., Der öffentliche Kläger bei der Berufskammer Kassel erhebt Klage gegen Rosterg, 18.1.1949.

3 Vgl. ebd., Erklärung Karl Hartmann, Privatsekretär von Rosterg, 5.5.1947.

Wintershall Dea, der das Projekt initiiert hat, nachhaltig begleitet, unterstützt und vorangetrieben hat. Ein besonderer Dank gilt aufseiten der Gesellschaft für Unternehmensgeschichte Andrea Schneider-Braunberger für die Koordination des historischen Projektes, Michael Bermejo-Wenzel für die unermüdliche und engagierte Aktenrecherche und Kai Balazs-Bartesch für die redaktionelle Bearbeitung des Bandes. Marvin Brendel hat als Unternehmenshistoriker der Wintershall AG viele Hinweise und Hilfestellungen gegeben.

KRISENGEWINNER? DER EINSTIEG DES KALIKONZERNS IN DIE ERDÖLWIRTSCHAFT 1929–1945

Rainer Karlsch (Institut für Zeitgeschichte München-Berlin)

Einleitung

Im Frühjahr 1931 fasste der Vorstand der Wintershall AG den Beschluss zum Einstieg ins Erdölgeschäft. Damit wurde ein bereits begonnener Prozess zur Wandlung der Struktur des Kalikonzerns erheblich beschleunigt, der innerhalb weniger Jahre den Charakter der Wintershall AG auf Dauer verändern sollte. Der Hinwendung zum Erdöl folgten kurz nach der Machtübernahme der Nationalsozialisten im Jahr 1933 Beschlüsse zur Aufnahme der Produktion von synthetischen Mineralölen, Leichtmetallen und hochkonzentrierter Salpetersäure sowie zur Beteiligung an Kohlegruben. Auch wurden für das Militär stillgelegte Kaliwerke für die Einrichtung von Munitionsanstalten zur Verfügung gestellt.

Zwar blieben die Gewinnung und Verarbeitung von Kalisalzen und ihren Nebenprodukten auch in den Jahren der Diktatur das wichtigste Geschäftsfeld des Konzerns, doch ihr Anteil am Gesamtumsatz, und mehr noch an den Gewinnen, sanken gegenüber den Anteilen der neuen Sparten. Dies wirft Fragen nach der Affinität zwischen den Zielen des nationalsozialistischen Regimes und denen der Wintershall AG auf. Geschah die Hinwendung zu den neuen Geschäftsfeldern, die stark von den Bedürfnissen des Regimes nach Stärkung der Binnennachfrage und bald auch des Militärs geprägt waren, primär aus eigenem Antrieb, oder auf Druck des Staates? Wie kam es überhaupt dazu, dass ausgerechnet 1931, in einem nicht nur für die deutsche Wirtschaft, sondern die gesamte Weltwirtschaft außerordentlich kritischen Jahr, mit rasch steigender Arbeitslosigkeit, einer verheerenden Bankenkrise und Firmenzusammenbrüchen, die Wintershall AG einen tiefgreifenden Prozess des Konzernumbaus begann? Welche Rolle spielte dabei Generaldirektor August Rosterg, der den Konzern wie ein Patriarch leitete? Seit wann und aus welchen Gründen lehnte er, wie auch andere Kaliindustrielle, die Weimarer Republik ab? Wie kam es dazu, dass sich Unternehmer aus einer Branche, der es aufgrund ihrer Kartellstruktur immer noch besser ging als den meisten anderen Branchen in der Zeit der Weltwirtschaftskrise (1929–1933), der NSDAP zuwandten, diese Partei finanziell unterstützten und deren Machtübernahme begrüßten? Welche Konsequenzen hatte dies letztendlich für das Unternehmen?

Um Antworten auf diese und andere Fragen zu finden, soll zunächst kurz auf den Aufstieg der Wintershall AG zum Branchenführer in der Kaliindustrie zurückgeblickt werden. Sodann erfolgt eine Auseinandersetzung mit den wirtschaftspolitischen Ansichten Rostergs in der Endphase der Weimarer Republik. Im dritten Abschnitt werden die Hintergründe für den Einstieg der Wintershall AG ins Erdölgeschäft und im vierten die nach 1933 begonnen Autarkie- und Rüstungsinvestitionen behandelt. Speziell untersucht wird das Desaster beim Bau der Erdölraffinerie Lützkendorf, da in diesem Projekt die Probleme des Konzerns im Zuge der Aufrüstungs- und Kriegswirtschaft kulminierten. Abschließend werden die Kriegsfolgen für die Wintershall AG analysiert.

Aufstieg zum Branchenführer in der Kaliindustrie

Ende April 1929 schlug der Vorstand der „Kali-Industrie AG“ dem Aufsichtsrat die Änderung des Namens der Gesellschaft in „Wintershall AG“ vor. In der Vergangenheit hatte es im Geschäftsverkehr mitunter Verwechslungen mit anderen Firmen gegeben.[1] Die Namensänderung erfolgte am 20. Juli 1929 durch Eintragung in das Handelsregister.[2] Damit knüpfte die Konzerngruppe an den einst für die Bohrgesellschaft geschaffenen und später für die Gewerkschaft übernommen Namen „Wintershall" wieder an, der sich zu einem Qualitätsbegriff entwickelt hatte.

Zum Zeitpunkt der Namensänderung stand die Wintershall AG glänzend da. Der Konzern hatte sich im Konkurrenzkampf der Kaliproduzenten nicht nur behauptet, sondern war zum größten und leistungsfähigsten Unternehmen der Branche aufgestiegen. Eine solche Entwicklung war nur wenige Jahre zuvor keinesfalls absehbar gewesen. Es lohnt sich deshalb kurz auf die Umstände und Personen zurückzublicken, die den Aufstieg des Unternehmens ermöglichten und prägten.

Noch vor dem Ersten Weltkrieg entstanden mit der Kaliwerke Salzdetfurth AG, der Gewerkschaft Burbach (ab 1928 Burbach Kaliwerke AG) und der Gewerkschaft Wintershall (ab 1921 Kali-Industrie AG) verschachtelte Konzerne, die das Geschehen in der Kaliindustrie fortan bestimmen sollten. Diese und noch eine Reihe weiterer Unternehmen schlossen sich 1888 freiwillig, und ab 1910 durch das Reichskaligesetz vorgegeben, zu einem Syndikat zusammen, um einen ruinösen Preiswettkampf zu vermeiden.[3] Dennoch konnte der Gesamtabsatz mit den durch weitere Neuaufschlüsse geschaffenen Produktionskapazitäten nicht mithalten. Daher versuchten die Unternehmen ihre durch das Syndikat vorgegebenen Quoten zu steigern, indem sie neue Schächte anlegten, diese aber gar nicht in Betrieb nahmen. Es ging lediglich um den Erwerb von Beteiligungsziffern,

---

1 Vgl. Bundesarchiv (künftig BA) Berlin, R 8119F, Nr. 1966/1, Aufsichtsratssitzung der Kali-Industrie AG, 24.4.1929.

2 Vgl. *Chronik der Wintershall AG*, unveröffentlichtes Manuskript, Kassel 1981, 222.

3 Vgl. K + S Aktiengesellschaft (Hg.), *Wachstum erleben. Die Geschichte der K + S-Gruppe 1856-2006*, Kassel 2006, 33f.

die auf bestehende Werke verlagert werden konnten.[4] Auf die Krise nach dem Ersten Weltkrieg und den Verlust des Weltkalimonopols reagierte der Staat nicht, wie von den Unternehmen befürchtet, mit einer Verstaatlichung der Branche, sondern im April 1919 mit dem Kaliwirtschaftsgesetz und einer Quoten- und Stilllegungsverordnung, die freiwillige Werksschließungen vorsah. Bis 1933 wurden auf diesem Weg 125 Schachtanlagen von insgesamt 229 stillgelegt. Nur noch 38 Schächte befanden sich 1928 in Betrieb, während 66 auf Reserve gehalten wurden.[5]

Der prägende Mann an der Spitze der Wintershall AG bzw. ihrer Vorläufer war der 1870 in Niedermassen (heute Unna, Westfalen) geborene August Rosterg. Aus einer kinderreichen Bergmannsfamilie stammend, besuchte er die Bergvorschule und Maschinenbauschule in Dortmund und die Bergschule in Bochum, und später die Bergakademie Clausthal. Nach einer ersten Anstellung als Steiger im Kalischacht Schüssel bei Salzgitter und als Betriebsführer des Kaliwerks Messinghausen (Sauerland) wechselte er 1898 zur Kali-Bohrgesellschaft Wintershall in Heringen/Werra. Als junger Mann hatte er als Betriebsführer mit Autoritätsproblemen zu kämpfen und entzog sich jeder Diskussion mit Untergebenen, indem er seine Anweisungen, Mahnungen und Rügen nur noch schriftlich gab. Diese Methode behielt er bei.[6] Dank seines technischen Geschicks und wirtschaftlichen Sachverstands wurde er 1906 zum technischen Direktor und 1914 zum Generaldirektor des Kalibergwerks Heringen/Werra berufen. Als Generaldirektor für die Werke der Wintershall-Gruppe verfolge er einen aggressiven Konzentrations- und Rationalisierungskurs. Im Jahr 1921 gründete Rosterg mit der Dresdner Bank

---

4 Vgl. Hans-Heinz Emons, *Die Kaliindustrie. Geschichte eines deutschen Wirtschaftszweiges?* in: Sitzungsberichte der Leibniz-Sozietät 6 (2001), 5-74, hier 19.

5 Vgl. Ebd., 23.

6 Vgl. Manfred Rasch, *Rosterg, August*, in: Neue Deutsche Biographie 22 (2005), 98-99; Patrick Bormann, *August Rosterg (1870–1945)*, in: Patrick Bormann/Judith Michel/Joachim Scholtyseck (Hrsg.), Unternehmer in der Weimarer Republik, Stuttgart 2015, 161-175.

die „Kali-Industrie AG“, Kassel als Finanzierungs- und Holdinggesellschaft. 1926 übernahm Rosterg den Vorstandsvorsitz von Wintershall und sicherte sich die Mehrheit der Aktienanteile. Von vielen Zeitgenossen wurde er geschätzt und bewundert. Anderen galt er als Autokrat und skrupelloser Geschäftsmann. Im Januar 1931 schrieb der „Berliner Börsenkurier“ beispielsweise über die „Diktatur eines Einzelnen“ bei Wintershall, verhehlte aber nicht, dass Rosterg mit seinen wichtigsten Projekten bis dahin sehr erfolgreich gewesen war.[7] Neben ihm kam im Vorstand von Wintershall noch Curt Beil, Gustav Römer und Otto Werthmann einige Bedeutung zu. Sie besaßen allerdings keine oder nur sehr wenige Wintershall-Aktien und unterstützten den Kurs des Generaldirektors in der Regel vorbehaltlos.

Abb. 1: Porträt August Rosterg (um 1920).

7 Berliner Börsenkurier (25.1.1931).

Nach dem Ersten Weltkrieg mussten sich die deutschen Kaliindustriellen mit der Frage auseinandersetzen, wie mit dem Verlust der elsässischen Werke umgegangen werden sollte, die an Frankreich gefallen waren. Arnold Rechberg, der frankophile Bruder des Textilunternehmers Fritz Rechberg - er hatte vor 1914 Wintershall Kuxe gekauft und war zeitweilig der größte Konkurrent Rostergs beim Kampf um die Vorherrschaft in der Wintershall-Gruppe - und Rosterg waren sich darüber einig, dass mit der französischen Kaliindustrie eine Verständigung erzielt werden müsse. Auch der Generaldirektor des deutschen Kalisyndikats August Diehn unterstützte diese Linie.[8] Rosterg lehnte die bis Ende 1923 vorherrschende „Katastrophenpolitik", die auf eine Beendigung der deutschen Reparationen zielte, und zum Anheizen der Inflation sowie zur Besetzung des Ruhrgebiets durch französische Truppen geführt hatte, ab: „Die bisherige Reparationspolitik ist in ihren Wirkungen destruktiv sowohl für Deutschland wie für Frankreich gewesen. Sie muss durch produktive Konstruktionen ersetzt werden, oder beide Länder und mit ihnen Europa sind dem Untergang geweiht."[9] Rechberg schrieb dazu an Rosterg: „Die Einigung mit den Franzosen führte zur Wertsteigerung bei Kali. Dass begreifen selbst die Dümmsten."[10] Während der Verhandlungen mit den französischen Kaliunternehmern wurde Rosterg von seinem ältesten Sohn Heinz und seiner Tochter Tea unterstützt. Beide dolmetschten, da ihr Vater die französische Sprache nicht beherrschte.[11] Die von Rosterg und Diehn vertretene Politik der Verständigung führte im Frühjahr zum deutsch-französischen Kaliabkommen von Lugano und Ende 1926 zur Unterzeichnung eines Grundsatzvertrages in Paris. De facto wurde damit ein deutsch-französisches Kali-

8 Vgl. BA Koblenz, Nachlass Arnold Rechberg, N 1049/58, Rechberg an Rosterg, 1.1.1925.

9 Vgl. Ebd., Rosterg an Arnold Rechberg, 19.5.1924.

10 Vgl. Ebd., Arnold Rechberg an Rosterg, 12.9.1924.

11 Vgl. Ebd., Rosterg an französische Botschaft, 28.3.1925.

kartell begründet, das den größten Teil des Weltmarktes kontrollierte.[12]

Mitte der 1920er Jahre begann sich die deutsche Wirtschaft von den Folgen des verlorenen Weltkrieges, den Wirren von Revolution und Konterrevolution und der bis Ende 1923 andauernden Hyperinflation zu erholen. In dieser Zeit trieb Rosterg die Rationalisierung in der Wintershall-Gruppe voran. Mit der Fabrik Kaiseroda II/III, die 1925 nach nur zwei Jahren Bauzeit in Merkers eröffnet wurde, nahm die modernste und größte Kalifabrik der Welt ihren Betrieb auf.[13] Die Fabrik war so leistungsfähig, dass sie neben den Kalisalzen aus den eigenen Schächten auch Rohsalze aus den benachbarten Gruben verarbeiten konnte. Zugleich gewann die Verarbeitung von Nebenprodukten der Kaliförderung, wie Glaubersalz, Bittersalz und Brom, immer größere Bedeutung. Allein Merkers deckte mehr als zwei Drittel des Glaubersalzbedarfs der gesamten deutschen Textil- und Zelluloseindustrie. Wintershall baute auch die Produktion sulfatischer Kalidünger aus. Neben der höheren Ertragskraft dieser Düngemittel-Spezialitäten besaßen sie den zusätzlichen Vorteil, dass die französischen Werke in diesem Bereich keine Konkurrenz darstellten. Hier bestand die deutsche Alleinstellung faktisch weiter.

Unterdessen war die zunächst einvernehmliche Kooperation zwischen Fritz Rechberg und August Rosterg innerhalb der Gewerkschaft Wintershall in einen erbitterten Machtkampf umgeschlagen. Rechberg leitete den Grubenvorstand der Gewerkschaft Wintershall und war Vorsitzender des Aufsichtsrats der Kali-Industrie AG. Die Spannungen zwischen ihm und Rosterg, die beide einschließlich der mit ihnen Verbündeten annähernd gleich viele Wintershall-Kuxe besaßen, eskalierten im Herbst 1926. Der Machtkampf wurde entschieden, als sich Günther Quandt, der seit 1917 einige Wintershall-Kuxe

12 Vgl. K + S Aktiengesellschaft (Hg.), *Wachstum erleben* (wie Anm. 3), 93.

13 Vgl. Ebd.

besaß, an die Seite der Gruppe um Rosterg stellte.[14] Quandt setzte auf den Kalifachmann, da er dessen herausragenden technischen Sachverstand schätzte. Beide verband seitdem eine lebenslange Freundschaft. Quandt wurde zum Stellv. Aufsichtsratsvorsitzenden der Kali-Industrie AG bzw. der Wintershall AG gewählt, hielt sich aber aus unternehmerischen Entscheidungen in der Kaliindustrie heraus. Er war dennoch bei wichtigen Vorgängen ein verlässlicher kaufmännischer Partner und Ratgeber Rostergs. Die Gruppe um Rechberg gab Ende 1926 auf und verkaufte ihre Kuxe an den Burbach-Konzern, dessen Generaldirektor Gerhard Korte, einer der Pioniere der Kaliindustrie, nunmehr der größte Gegenspieler Rostergs im Kalisyndikat war. Das Ringen um Dominanz in der Branche ging in eine neue Runde.

Inzwischen arbeitete Rosterg daran, die Geschäftsfelder der Gewerkschaft Wintershall zu erweitern, um künftig nicht ausschließlich von der Kaliproduktion abhängig zu sein. Auf einer Arbeitsausschutzsitzung der Kali-Industrie AG erklärte er im September 1927: „Eine Weiterentwicklung der Kaliindustrie in ganz großen Stil ist nur in Verbindung mit der Stickstoffindustrie möglich.“[15] Rosterg wollte billigen Stickstoff erzeugen, um auch diese Sparte des Düngemittelgeschäfts, die bisher eine Domäne der „I.G. Farbenindustrie AG“ (I.G. Farben) war, zu bedienen. Zwar bezog die I.G. Farben Kalisalze für die Produktion ihres Mischdüngers „Nitrophoska“ zwangsläufig vom Kalisyndikat, doch wollte Rosterg nicht länger nur der „Rohstoff-Schimmel“ für die chemische Industrie sein.[16]

Die Chance für ein Vordringen in die chemische Industrie bot sich, nachdem es Wintershall gelungen war, von einem insolventen schwedischen Unternehmen Patente für das Verfahren zur Stick-

---

[14] Vgl. Joachim Scholtyseck, *Der Aufstieg der Quandts. Eine deutsche Unternehmerdynastie*, München 2011, 94-96.

[15] BA Berlin, R 8119F, Nr. 1966/1, Arbeitsausschusssitzung der Kali-Industrie AG in München, 5.9.1927.

[16] Landesarchiv Thüringen, Hauptstaatsarchiv Weimar (LATh, HStA Weimar), Thüringisches Wirtschaftsministerium, Bestand 6-32-0030; Nr. 5645, Bl. 310, Gegensätze in der Kaliindustrie, März 1931.

stoffgewinnung der französischen Gesellschaft Claude zu kaufen.[17] Rosterg führte Gespräche mit dem Stahlindustriellen Peter Klöckner. Gemeinsam beschlossen sie die Aufnahme einer Stickstoff-Produktion und gründeten die „Gewerkschaft Victor" in Castrop-Rauxel. Klöckner übernahm 52 Prozent der Anteile und Wintershall 48 Prozent.[18] Für Klöckner ging es darum, den Verkokungsprozess in seinem Stahlwerk durch die Verwertung des aus Steinkohle gewonnenen Koksofengases wirtschaftlicher zu gestalten. Bereits 1928 lief die Stickstoffproduktion an. Der flüssige Stickstoff wurde in Kesselwagen zur Weiterverarbeitung nach Sondershausen geliefert. Dort produzierte Wintershall Mischdünger.[19] Die Kosten für den Bau des Stickstoffwerks konnten durch die Aufnahme einer Gulden-Anleihe bei einem holländischen Bankenkonsortium abgesichert werden.[20]

Das Ringen um die Quoten im Kalikartell dauerte unterdessen an und war von wechselnden, oft nur schwer durchschaubaren Bündnissen und Winkelzügen geprägt. Vereinfacht gesagt standen sich auf der einen Seite der sogenannte Kaliblock, unter der Führung der Burbach Kaliwerke AG, und auf der anderen die Wintershall AG, die mit dem Staatskonzern „Preußische Bergwerks- und Hütten AG" (Preussag) verbündet war, gegenüber. Der Kaliblock wollte eine weitere Expansion der Wintershall AG verhindern. Burbach hatte sich jedoch mit der Übernahme eines Teils der Wintershall Kuxe finanziell übernommen. Als die Gewerkschaft Wintershall beschloss, keine Dividende zu bezahlen, die dem Burbach-Konzern die Refinanzierung der Kuxe ermöglicht hätte, verschärfte sich dessen Lage.[21] Angesichts der Überschuldung seines Konzerns näherte sich Korte

17 BA Berlin, R 8119F, Nr. 1966/1, Arbeitsausschusssitzung der Kali-Industrie AG in Berlin, 2.12.1927.

18 Vgl. Kurt Pritzkoleit, *Männer, Mächte, Monopole. Hinter den Türen der westdeutschen Wirtschaft*, Düsseldorf 1957, 339.

19 Vgl. *Chronik der Wintershall AG* (wie Anm. 2), 223.

20 Vgl. BA Berlin, R 8119F, 1962/2, Bl. 124, Auskunft betr. Anfrage der Banque Nationale Francaise du Commerce Exterieure, Paris vom 11.3.1931.

21 Vgl. *Chronik der Wintershall AG* (wie Anm. 2), 187f.

der Vision Rostergs von der Bildung eines einzigen großen deutschen Kalitrusts an. Als Vermittler zwischen beiden Kontrahenten tat sich der Generaldirektor des Kali-Syndikats Diehn hervor.

Rosterg gehörte nicht nur zu den besten Kennern der Kaliindustrie, sondern er war auch ein Unternehmer, der weniger auf den kurzfristigen Gewinn oder Börsenwert schaute, sondern mit großer Hartnäckigkeit strategische Ziele verfolgte. Früher als viele seiner Konkurrenten erkannte er, dass längerfristig nur wenige große und nach dem neusten technischen Standard ausgerüstete Kaliwerke Bestand haben würden. Ähnlich den Entwicklungen in der Chemie- und Stahlindustrie hielt er eine weitere Konzentration in der Kaliindustrie für unumgänglich. Von solchen Plänen wollte jedoch der zweitgrößte Kalikonzern, die Salzdetfurth AG, nichts wissen.

Anfang 1930 unternahm Rosterg dennoch einen Versuch zur Trustbildung und schrieb an den Vorstand der Deutsche Bank AG: „Wenn wir jetzt gemeinsam zufassen, dann machen wir damit für andere Geschäfte, die unsere Gegner ausführen könnten, die Tore zu.“[22] Die Deutsche Bank möge prüfen, ob der Zeitpunkt für den Zusammenschluss von Wintershall und Salzdetfurth gekommen sei, um sich eine Vorrangstellung in der Kaliindustrie zu sichern. Nach dieser Fusion, so Rosterg, „würde uns Burbach als reife Frucht in den Schoß fallen.“ Direktor Oscar Schlitter von der Deutschen Bank hielt jedoch „Zeit und Leute“ für solch eine Megafusion nicht für reif.[23]

Im Juli 1930 fasst Rosterg seine Überlegungen in einem Exposé zusammen.[24] Neben rein betriebswirtschaftlichen Argumenten sprachen aus seiner Sicht die „unwägbaren politischen und wirtschaftlichen Verhältnisse in der ganzen Welt“ für den Zusammenschluss

---

22 BA Berlin, R 8119F, 1962/1, Rosterg an Oscar Schlitter, Deutsche Bank, 24.1.1930 (streng vertraulich).

23 Ebd., Schlitter an Rosterg, 26.1.1930 (streng vertraulich).

24 Vgl. Ebd., Rosterg, Exposé: Für eine weitere Konzentration in der Kaliindustrie (Vertraulich), 25.7.1930.

der größten deutschen Kaliproduzenten. Rosterg, der am 20. Februar 1930 60 Jahre alt geworden war, versicherte, dass es ihm nicht um die alleinige Macht in einem solchen Großkonzern ginge. Noch stünde die deutsche Kaliindustrie gut da, aber wie lange noch, fragte er angesichts der Entdeckung neuer Kalivorkommen in anderen Ländern. In Polen (seit 1920), Spanien (seit 1925) und später auch in den USA (seit 1931) und der Sowjetunion (seit 1931) hatte die Erschließung großer Kalilagerstätten begonnen.[25] Die Direktoren der Salzdetfurth AG lehnten jedoch wie schon zuvor die Fusionspläne ab.[26]

Zumindest gelang Rosterg noch die Eingliederung des Dr. Sauer-Konzerns in die Wintershall AG. Am vorläufigen Ende des Konzentrationsprozesses blieben Anfang der 1930er Jahre in der Kaliindustrie nur noch sechs eigenständige Konzerne übrig.[27] Wintershall dominierte die Branche mit einer Syndikatsquote von rund 41 Prozent. Auf dem zweiten Platz folgte die Salzdetfurth AG. An dritter Stelle stand noch immer die Burbach Kaliwerke AG, gefolgt von der Preussag.

Absatzanteile der größten deutschen Kaliunternehmen im Jahr 1938[28]

Unternehmen	Absatzanteil in Prozent
Wintershall AG, Kassel	41,0
Salzdetfurth AG, Berlin	24,5
Burbach Kaliwerke AG, Magdeburg	14,7
Preussag, Berlin	13,0
Kali-Chemie AG, Berlin	4,4
Deutsche Solvay-Werke AG, Bernburg	2,4

25 Vgl. K + S Aktiengesellschaft (Hg.), *Wachstum erleben* (wie Anm. 3), 79.
26 Vgl. BA Berlin, R 8119F, 1962/2, Bl. 103, Schlitter an Rosterg, 8.11.1930.
27 Vgl. K + S Aktiengesellschaft (Hg.), *Wachstum erleben* (wie Anm. 3), 84.
28 Vgl. Emons, *Die Kaliindustrie* (wie Anm. 4), 25.

Bis auf die Burbach AG, die 1935 in weitgehende Abhängigkeit von Wintershall geriet, standen die anderen Konzerne auf solider Basis. Die Wintershall AG konzentrierte sich daher auf die weitere Diversifizierung ihres Produktionsprofils.[29] Trotz der nach wie vor guten wirtschaftlichen Lage seines Konzerns blickte Rosterg 1929/30 sorgenvoll in die Zukunft. Ihn beunruhigte vor allem die sich dramatisch zuspitzende innenpolitische Lage. Angesichts rasch steigender Arbeitslosenzahlen geriet das ohnehin fragile Gesellschaftsgefüge der Weimarer Republik ins Wanken.

Rostergs wirtschaftspolitische Ansichten

Rosterg war kein Mann, der große öffentliche Auftritte liebte, um seine politischen Ansichten darzulegen. Er bevorzugte es, sich im kleinen Kreis zu beraten und dann allein zu entscheiden. Dank seines Schriftwechsels mit Arnold Rechberg und mehrerer von ihm verfasster Grundsatzartikel zu wichtigen wirtschafts- und tagespolitischen Fragen können wir zumindest ansatzweise seine Positionen in der Endphase der Weimarer Republik nachvollziehen.[30]

Einige Jahre lang neigte Rosterg der nationalliberalen Deutsche Volkspartei (DVP) zu, deren Spitzenpolitiker Gustav Stresemann als Reichsminister des Auswärtigen auf eine Verständigung mit Frankreich setzte.[31] Zwar lehnte die DVP die Weimarer Verfassung anfangs ab, verband ihre Kritik aber mit durchaus systemkonformen Vorschlägen und entwickelte sich zu einer der Stützen der Republik. Stresemann setzte sich dafür ein, die außenpolitische Isolierung Deutschlands zu beenden. Er wollte eine Revision des Versailler Vertrages auf friedlichem Wege erreichen. Seine Außenpolitik trug Früchte, half beim Zustandekommen des Dawes-Planes, der

29 Vgl. Scholtyseck, *Aufstieg* (wie Anm. 14), 99.

30 Vgl. BA Koblenz, N 1049/58, Nachlass Arnold Rechberg.

31 Vgl. Ludwig Richter, *Die Deutsche Volkspartei 1918–1933*, Düsseldorf 2002.

die deutschen Reparationsleistungen an die Siegermächte des Ersten Weltkrieges regelte, und führte 1926 zur Aufnahme Deutschlands in den Völkerbund.[32] Unter den deutschen Industriellen gehörten die Vertreter der Kaliindustrie aus naheliegenden Gründen zu den größten Befürwortern einer Verständigung mit Frankreich. So publizierte Rosterg in der überregionalen „Kölnische Zeitung", die der DVP nahestand, und unterstützte die Kandidatur von Karl Jarres (DVP), Vizekanzler unter Gustav Stresemann und Wilhelm Marx (Zentrum), für die Reichspräsidentenwahl 1925. Auf innerparteilichen Druck hin musste Jarres, der im ersten Wahlgang mit 36,8 Prozent die meisten Stimmen vor Paul von Hindenburg erhalten hatte, seine Kandidatur für den zweiten Wahlgang zurückziehen.[33] Dazu Rosterg: „Persönlich wäre mir Jarres jedenfalls viel lieber gewesen als Hindenburg. [...] Jedenfalls wähle ich nur höchst widerwillig Hindenburg, und so wird es vielen Leuten gehen."[34]

Rostergs Sympathien für die DVP hielten ihn allerdings nicht davon ab, sich für unversöhnliche Feinde der Demokratie einzusetzen. Als Arnold Rechberg ihn darum bat, Wilhelm von Grolman, einen ehemaligen Offizier des Freikorps Reinhard,[35] Privatadjutant Ludendorffs und Teilnehmer am Hitlerputsch 1923, als kaufmännischen Angestellten einzustellen, da er aus dem bayerischen

---

32 Vgl. Albrecht Ritschl, *Deutschlands Krise und Konjunktur 1924-1934. Binnenkonjunktur, Auslandsverschuldung und Reparationsproblem zwischen Dawes-Plan und Transfersperre*, Berlin 2002.

33 Vgl. Heinrich August Winkler, *Weimar 1918-1933. Die Geschichte der ersten deutschen Demokratie*, München 1998, 279.

34 BA Koblenz, N 1049/58, Rosterg an A. Rechberg, 14.4.1925.

35 Die von Wilhelm Reinhard im Dezember 1918 gebildete Brigade war maßgeblich beteiligt an der Niederschlagung des Berliner Januaraufstands 1919 und entwickelte sich zu einem Sammelbecken für den organisierten Rechtsradikalismus.

Staatsdienst entlassen worden war, prüfte Rosterg dieses Ansinnen wohlwollend.[36]

Ein Befürworter des Parlamentarismus war Rosterg sicherlich nicht. Sein Verhältnis zur Weimarer Parteienlandschaft wurde hauptsächlich von seinen wirtschaftlichen Interessen bestimmt. Besonders kritisch sah er das Erstarken der Gewerkschaften.

Die wirtschaftliche Stabilisierung der Weimarer Republik war nur von kurzer Dauer. Früher als viele seiner Zeitgenossen sah Rosterg eine Wirtschaftskrise kommen. Am 7. Mai 1929 prognostizierte er im „Kasseler Tageblatt" eine schwere Krise.[37] Dabei hatte die kartellierte Kaliindustrie weniger stark unter der sich abschwächenden Konjunktur zu leiden als die meisten anderen Branchen.[38] Rosterg ging es um die gesamtwirtschaftliche Situation, die er als höchst fragil bewertete. Seiner Meinung nach musste die Handelsbilanz durch Senkung der Einfuhren, vor allem von Agrarprodukten, verbessert und die Produktivität der einheimischen Landwirtschaft erhöht werden. Es versteht sich, dass dafür der Kali- und Düngemittelabsatz eine zentrale Rolle spielen sollte. Ganz allgemein gesprochen ging es ihm darum, dass sich die inzwischen von der SPD-geführte Reichsregierung mehr um die Aufrechterhaltung der Leistungsfähigkeit der deutschen Volkswirtschaft, als um Verteilungsfragen kümmern sollte.

Nebenher unterstützte Rosterg in enger Absprache mit Diehn noch bis Ende der 1920er Jahre die privaten außenpolitischen Initiativen Rechbergs, die auf ein politisch-militärisches Bündnis mit

---

36 Vgl. Ob Wilhelm von Grolman tatsächlich von der Wintershall AG eingestellt wurde, geht aus den Quellen nicht hervor. Grolman gab nur an, er sei kaufmännisch tätig gewesen, bevor er 1929 eine Karriere als hauptamtlicher SS und SA-Führer begann. Seit November 1933 gehörte er für die NSDAP dem Reichstag an. Vgl. Joachim Lilla/Martin Döring/Andreas Schulz, *Statisten in Uniform: Die Mitglieder des Reichstags 1933-1945. Ein biographisches Handbuch. Unter Einbeziehung der völkischen und nationalsozialistischen Reichstagsabgeordneten ab Mai 1924*, Düsseldorf 2004.

37 Vgl. August Rosterg, *Wirtschaftspolitik und Tatsachen*, in: Kasseler Tageblatt (7.5.1929).

38 Vgl. z.B.: BA Berlin, R 8119F, Nr. 1966/1, Aufsichtsratssitzung der Wintershall AG, 20.12.1929.

Frankreich, samt starker antibolschewistischer Ausrichtung zielten.[39] Sie überwiesen 100.000 Reichsmark von der Kali-Bank AG an Rechberg und stellten weitere 150.000 Reichsmark in Aussicht. Als sich abzeichnete, dass Rechbergs Bemühungen ergebnislos bleiben würden, zumal die Reichswehr heimlich mit der Roten Armee kooperierte, stellten Rosterg und Diehn die Förderung der „Nebenaußenpolitik" ein und begannen sich neu zu orientieren.[40]

Aufschlussreich am Agieren der beiden mächtigsten Männer der Kaliindustrie waren ihre Versuche, mit hohen Geldbeträgen Einfluss auf die Presse und bis zu einem gewissen Grad auch auf die Politik zu nehmen. Mit dieser Art der „Landschaftspflege" versuchten sie die Interessen ihrer Branche abzusichern. Dies war ihnen bei den Verhandlungen mit der französischen Kaliindustrie gelungen und sollte sich fortsetzen, als sich in der deutschen Innenpolitik neue Konstellationen abzeichneten.

Mit dem „Schwarzen Donnerstag" an der New Yorker Börse begann am 25. Oktober 1929 die Weltwirtschaftskrise, die sich zur bisher verheerendsten Krise der Weltwirtschaft überhaupt auswuchs.[41] Der konjunkturelle Rückgang des Welthandels wurde durch die beginnende Flucht in abgeschottete nationale Wirtschaftsräume noch dramatisch verstärkt. Unter dem Eindruck der Krise wurden Rostergs wirtschaftspolitische Ansichten radikaler. Im Februar 1930 bat er Arnold Rechberg um die Abfassung eines Grundsatzartikels für die „Kölnische Zeitung" in seinem Namen: „Der gesamte Inhalt des Artikels […] müsste darin gipfeln, darzutun, dass seit der Beendigung des Krieges alle Regierungen in Deutschland willenlose Werkzeuge der Gewerkschaften gewesen sind. Die Gewerkschaften konnten ihre stillschweigende Herrschaft nur ausüben, weil das rechtspolitische Lager vollkommen uneinig war. […] Nun wür-

39 BA Koblenz, N 1049/58, Rosterg an A. Rechberg, 26.11.1928.

40 Ebd., Rosterg an A. Rechberg, 10.9.1929 (Vertraulich).

41 Vgl. Werner Plumpe, *Das kalte Herz. Kapitalismus: Die Geschichte einer andauernden Revolution*, Berlin 2019, 353–356.

de mir an und für sich eine Diktatur in unserem Lande recht sein, wenn die Parteipolitik dabei völlig ausgeschaltet würde."[42] Ihm war es dabei nicht so wichtig, wer der kommende Diktator sein würde. Selbst einen Politiker der SPD wollte er als Diktator akzeptieren, sofern dieser zuvor aus der Partei austräte: „Jeder Parteiklüngel, mag er nun von rechts oder von links kommen, muss in der Regierung ausgeschaltet werden, wenn wir nur wieder vorwärtskommen wollen."[43] Rosterg ging es in erster Linie um Änderungen in der Wirtschafts- und Sozialpolitik. Er plädierte für eine Absenkung der Sozialausgaben, die Einschränkung des öffentlich geförderten Siedlungsbaus und eine Steigerung der Ausfuhr, bei gleichzeitiger Senkung der Einfuhren.[44] Rosterg fürchtete den wirtschaftlichen und politischen Zusammenbruch Deutschlands, sah bei weiterem Steigen der Arbeitslosigkeit die Gefahr des Bolschewismus voraus und gab die Hoffnung auf ein nochmaliges Erstarken des national-bürgerlichen Lagers mehr und mehr auf. Einen Ausweg sah er nur noch in einer „Regierung der nationalen Einheit". Die immer offener zu Tage tretende Ablehnung der Demokratie durch die führenden Männer der Kaliindustrie hatte auch mit den politischen Verhältnissen in den Ländern zu tun, in denen sich die meisten Kalischächte befanden. In Thüringen und Hessen zeichnete sich noch etwas zeitiger und deutlicher als in den anderen Regionen des Reiches ein Rechtsruck ab.

Die politische Landschaft des erst im Mai 1920 aus dem Zusammenschluss von acht Herzog- und Fürstentümern neu konstituierten Freistaates Thüringen war von Anfang an tief gespalten.[45] Das Zusammenspiel des rechten Lagers im Landtag brachte es mit sich, dass Thüringen eine reichsweit beachtete Vorreiterrolle für die völkisch-antisemitische Bewegung und die NSDAP spielen konnte. Im

---

42 BA Koblenz, N 1049/58, Rosterg an A. Rechberg, 18.2.1930 (Vertraulich).

43 Ebd.

44 Ebd.

45 Vgl. Steffen Raßloff, *Der „Mustergau". Thüringen zur Zeit des Nationalsozialismus*, München 2015, 9.

Januar 1930 wurde in Thüringen erstmals in der Weimarer Republik eine Landesregierung unter Beteiligung der NSDAP gebildet.[46] Adolf Hitler schaltete sich in die Verhandlungen zur Regierungsbildung ein und empfing in Weimar Thüringer Industrielle.[47] Wilhelm Frick (NSDAP) wurde Staatsminister für Inneres und Volksbildung. Zwar schied die NSDAP im April 1931 infolge eines Misstrauensvotum gegen ihre beiden Minister wieder aus der Regierung aus, doch erzielte sie am 31. Juli 1932 bei den Landtagswahlen mit 42,5 Prozent aller Wählerstimmen einen triumphalen Sieg.[48] Danach kam es im August 1932 zu einer „vorgezogenen Machtübernahme" der NSDAP in Thüringen.[49] Die NSDAP konnte mit Gauleiter Fritz Sauckel an der Spitze eine neue Regierung bilden.

Vorstand und Aufsichtsrat der Wintershall AG beobachteten die Veränderungen in der Thüringer Landespolitik aufmerksam, zumal der Freistaat Beteiligungen an acht der wichtigsten Kali-Gewerkschaften besaß. Im Aufsichtsrat der Wintershall AG saßen mehrere Vertreter der thüringischen Landesregierung. Tendenzen zu einer Abstimmung zwischen Privatwirtschaft und Staat in der Kaliindustrie gab es praktisch seit Beginn der industriellen Kaliförderung. Dies fand unter anderem seinen Ausdruck im Vertrag zwischen dem früheren Freistaat Sachsen-Weimar-Eisenach mit der Gewerkschaft Wintershall im Jahr 1920. Die Vertragspartner räumten sich gegenseitig das Vorkaufsrecht an ihrem beiderseitigen Besitz an den Heiligenroda- und Alexandershall-Kuxen ein. In den Jahren der Inflati-

---

46 Vgl. Steffen Raßloff, *Geschichte Thüringens*, München 2010, 85.

47 Vgl. Otto Wagener, *Hitler aus nächster Nähe. Aufzeichnungen eines Vertrauten 1929-1932* (hg. von Henry A. Turner), Kiel 1987, 309-313. Die Namen der Wirtschaftsvertreter nennt Wagener nicht. Es kann aber davon ausgegangen werden, dass auch Manager der für Thüringen besonders wichtigen Kaliindustrie eingeladen wurden.

48 Vgl. Bernhard Post, *Nationalsozialistische Machtergreifung und ihre Folgen*, in: Bernhard Post/Volker Wahl (Hrsg.), *Thüringen-Handbuch. Territorium. Verfassung, Parlament, Regierung und Verwaltung in Thüringen 1920 bis 1995*, Weimar 1999, 247.

49 Vgl. Frank Boblenz/Bernhard Post, *Die Machtübernahme in Thüringen 1932/33*, Erfurt 2013.

on und wirtschaftlichen Not lag der Gedanke nahe, die schwebende Staatsschuld durch Veräußerung von Teilen des Landesvermögens zu mindern. Dem hatten aber die Väter der Thüringer Verfassung mit dem § 62 („Das Staatsvermögen ist in seinem Bestande zu erhalten") einen Riegel vorgeschoben. Daher konnte die Landesregierung ihre Kalipapiere nicht veräußern. Die Gewerkschaft Wintershall bot dem Land Thüringen den Abschluss eines zehnjährigen Poolvertrages für die Gewerkschaft „Glückauf" an. Der Vertrag wurde im Januar 1923 unterzeichnet und sah in seinem allgemeinen Teil eine Interessenabstimmung und ein gleichgerichtetes Stimmverhalten vor. Damit sicherte sich Wintershall große unternehmerische Gestaltungsspielräume. Ab Mitte 1924 verzichtete Thüringen auf die Erhebung der Förderabgabe. Im Gegenzug erhielt das Land 4.000 Aktien der Kali-Bank AG (später Wintershall AG).

Im März 1928 wurde der Poolvertrag zwischen der Gewerkschaft Liebenwalde, die nur als Holding diente und die Mehrheit der Aktien der Kali-Bank AG hielt, und dem Land Thüringen noch erweitert und verlängert.[50] Der stark verschuldete Freistaat bekam ein Darlehen in Höhe von 3,51 Mio. Reichsmark und erhielt jährlich knapp 400.000 Reichsmark Dividende. Noch wichtiger als die Dividendengarantie war die Verpflichtung der Wintershall AG, auch künftig hauptsächlich in Thüringen zu investieren.

Zu Spannungen mit der thüringischen Landesregierung kam es zu Beginn des Jahres 1930, als das Land die Gewerbesteuern erhöhte. Rosterg drohte daraufhin die Kaliförderung auf Standorte außerhalb Thüringens zu konzentrieren.[51] Er schaltete sich wiederholt in die entscheidenden Gespräche mit Vertretern der Landesregierung, darunter Staatsminister Erwin Baum,[52] Finanzminister

50 Vgl. LATh, HStA Weimar, Thüringisches Finanzministerium, Nr. 7598, Bl. 23-28, Bemerkungen zum Poolvertrag vom März 1928, 11.5.1930.

51 Vgl. BA Berlin, R 8119F, Nr. 1966/1, Aufsichtsratssitzung der Wintershall AG, 17.5.1930.

52 Vgl. Jochen Lengemann, *Thüringische Landesparlamente 1919-1952*: Biographisches Handbuch, Köln 2013, 157-159.

und Vorsitzender des Thüringer Landbundes und Vorsitzender des Minderheitskabinetts, das von April 1931 bis Juli 1932 regierte, ein.[53] Rosterg war schon aufgrund dieser Gespräche mit den Interna der thüringischen Landespolitik und Stimmungslagen gut vertraut. Die vorgezogene Machtübernahme durch die NSDAP in Thüringen berührte den Poolvertrag nicht. Angesichts der Weltwirtschaftskrise war der Freistaat mehr denn je auf Einnahmen aus diesem Vertrag angewiesen. Später, im Frühjahr 1936, wurde der Poolvertrag nochmals um zehn Jahre verlängert.[54]

Nachdem in Thüringen bereits im Januar 1930 der wachsende Erfolg der NSDAP unübersehbar war, erzielte die bis dahin von der Großindustrie kaum wahrgenommene Partei bei den Reichstagswahlen am 14. September 1930 erdrutschartige Stimmengewinne und stieg mit 18,3 Prozent zur zweitstärksten Kraft auf. Auch die KPD erzielte einen erheblichen Stimmenzuwachs und erreichte 13,1 Prozent. Alle anderen Parteien gehörten zu den Wahlverlierern.[55] Rosterg gab nun nichts mehr auf die noch zuvor von ihm favorisierte DVP, die nur noch 4,7 Prozent der Stimmen erhalten hatte und bald darauf in der Bedeutungslosigkeit versank. Spätestens nach den Reichstagswahlen vom September 1930 stand für ihn fest, dass die parlamentarische Demokratie ihrem Ende entgegensteuerte. Wie viele Großindustrielle, so fürchtete er wirtschaftliches Chaos, Unruhen und einen kommunistischen Umsturz. So übertrieben sich die Angst vor einem weiteren Erstarken der KPD im Nachhinein auch darstellt, so real erschien die Gefahr eines Bürgerkriegs den Zeitgenossen zu sein.[56] Die NSDAP wollte darauf vorbereitet sein und suchte nach Geldgebern für die Bewaffnung ihrer Sturmabteilungen. Auf Betrei-

53 Vgl. LATh, HStA Weimar, Thüringisches Finanzministerium, Nr. 7598, Bl. 31, Wintershall AG an Ministerialdirektor Erwin Baum, 26.3.1931.

54 Vgl. Ebd., Bl. 36, Thüringisches Finanzministerium an Wintershall AG, 29.4.1936. Zwei Jahre später wurde Gewerkschaft Liebenwalde aufgelöst und ihr Vermögen allein auf den einzigen Gewerken, August Rosterg, übertragen.

55 Vgl. Winkler, *Weimar* (wie Anm. 33), 388.

56 Vgl. Richard J. Evans, *Das Dritte Reich. Aufstieg*, Bd. I, München 2004, 332-339.

ben des zeitweiligen Wirtschaftsberaters von Hitler, Otto Wagener, und des Börsenjournalisten Walther Funk, ab 1937 Wirtschaftsminister, wurden mehrere Großindustrielle und Bankiers in eine gerade von Hitler bezogene Suite im Berliner Hotel Kaiserhof eingeladen. Wagener gibt an, dass zuerst der Generaldirektor der Allianz, Kurt Schmitt und der Allianz Aufsichtsratsvorsitzende August von Finck erschienen. Für den Fall von bürgerkriegsähnlichen Unruhen stellten sie fünf Mio. Reichsmark in Aussicht.[57] Am nächsten Tag kamen Diehn, Rosterg und Quandt zu Hitler. Auch sie sollen Hitler für den Krisenfall Unterstützung in Millionenhöhe versprochen haben. Hitler soll anschließend sinngemäß geäußert haben: „Da erkennt man erst, was die Großwirtschaft für eine Macht besitzt. Denn diese Millionen sind Macht."[58] Auch wenn es sich nur um unverbindliche Zusagen für den Krisenfall handelte, zeigt diese Episode doch auf, dass die Kaliindustriellen nichts mehr fürchteten als einen Linksruck und eine neue Revolution.

Nach diesem Treffen näherten sich die Kaliindustriellen in zentralen Fragen den Positionen der NSDAP an. Beredter Ausdruck dessen war ein wirtschaftspolitischer Grundsatzartikel, den Rosterg in der „Deutsche Bergwerks-Zeitung" im August 1931 veröffentlichte.[59] Er warf den Regierenden vor, die Krise mit völlig untauglichen Mitteln zu bekämpfen. Seit dem 31. März 1930 regierte ein Kabinett unter Leitung des Zentrumspolitikers Heinrich Brüning.[60] Rosterg lehnte Reichskanzler Brüning, der seit Mitte Juli 1930 nur noch mit Notverordnungen regierte, und dessen Politik, wie auch schon die der sozialdemokratisch geführten Vorgängerregierung, strikt ab. Die Staatsausgaben waren seiner Meinung nach viel zu rasch gestiegen. Ein „neuer politischer Führer" müsse den Tarifstaat zerschlagen, die einheimische Produktion fördern, die Importe senken und „wieder

57 Vgl. Wagener, *Hitler aus nächster Nähe* (wie Anm. 47), 368-374.

58 Ebd., 373.

59 Deutsche Bergwerks-Zeitung (21.8.1931).

60 Vgl. Herbert Hömig, *Brüning. Kanzler in der Krise der Republik*, Paderborn 2000.

für Ordnung im Land sorgen". Rostergs Kernaussage lautete: „Der Krebsschaden allen Übels liegt in unserer Verfassung."[61] Ihm schwebte die Stärkung der Stellung des Reichspräsidenten vor, was auf die weitere Einschränkung der Rechte des Parlaments zielte.

In Kreisen der NSDAP war man von Rostergs Ansichten so angetan, dass der „Völkische Beobachter", das publizistische Parteiorgan der NSDAP, seinen Artikel komplett abdruckte. Ein Kommentator lobte den „aufsehenerregenden Aufsatz" und deutete diesen als ein Zeichen dafür, dass sich Teile der Großindustrie den Positionen der NSDAP annäherten.[62] Dem „Ruf nach dem politischen Führer aus dem Munde eines Großindustriellen" maß der Kommentator besondere Bedeutung bei. Er mahnte aber Rosterg, stellvertretend für die Großindustrie, es nicht bei der Kritik am herrschenden System zu belassen. Auch die Unternehmer sollten die wirtschaftlichen, sozialen und politischen Grundforderungen der NSDAP anerkennen.

Der Trend zur Radikalisierung und zum Erstarken der NSDAP wurde bei den Landtagswahlen in Hessen im November 1931 überdeutlich.[63] Am 28. November 1931, knapp zwei Wochen nach den Landtagswahlen in Hessen, nahm Rosterg erneut in der „Deutsche Bergwerks-Zeitung" zu wirtschaftspolitischen Fragen Stellung. „Die hessischen Wahlen waren für die Volksstimmung ein gutes Barometer", führte er aus.[64] Bei anhaltender Wirtschaftskrise sah er ein völliges Zerbröseln der politischen Mitte voraus: „Wenn aber durch einen politischen Umschwung bei den nächsten Wahlen die Majoritätsverhältnisse geändert werden, könnte ich mir denken, dass dann mit einem Ruck es möglich sein würde, das System zu verändern, um dann in verhältnismäßig kurzer Zeit in Deutschland ganz andere Wirtschaftsverhältnisse kommen zu sehen." Seine Hoff-

---

61 Deutsche Bergwerks-Zeitung (21.8.1931).

62 Vgl. Völkischer Beobachter (22.8.1931).

63 Vgl. Frank-Lothar Kroll, *Geschichte Hessens*, München 2006, 78; Winkler, *Weimar* (wie Anm. 33), 433.

64 Deutsche Bergwerks-Zeitung (28.11.1931).

nung richtete er auf die Überwindung der „verderbenden Parteipolitik" und einen „richtigen Führer". „Freilich müssen die Letzteren [die NSDAP – R.K.], wenn sie die Regierung übernehmen wollen, sich darüber klar werden, dass sie das System dann sofort ändern müssen. Dauernd behaupten werden sich die Nationalsozialisten nur dann, wenn sie ein vernünftiges Wirtschaftsprogramm zustande bringen, welches alle bisherigen Gebundenheiten abschafft und die Wirtschaft von allen Fesseln vollkommen befreit."

Damit traf er einen wunden Punkt. Die NSDAP verfügte kaum über wirtschaftspolitische Expertise. Rosterg sah sich berufen, der aufstrebenden Partei diesbezüglich seinen Rat anzubieten. Doch wer dafür die geeigneten Ansprechpartner waren, das musste sich erst noch herauskristallisieren. Im Januar 1931 hatte die NSDAP eine wirtschaftspolitische Abteilung in München gegründet, die ein Wirtschaftsprogramm ausarbeiten sollte.[65] Die Abteilung wurde vom Mitglied der Geschäftsführung des Reichsverbandes der deutschen Industrie Otto Wagener geleitet. Der wirtschaftspolitischen Abteilung stand ein Wirtschaftsrat unter dem Vorsitz des Journalisten Walther Funk vor. Diese beiden waren es auch, die, wie erwähnt, die Kaliindustriellen zu einem ersten Gespräch mit Hitler eingeladen hatten.

In Konkurrenz zur wirtschaftspolitischen Abteilung standen noch andere Stellen, darunter die „Arbeitsstelle Schacht" und der Keppler-Kreis. Die vom Banker Hjalmar Schacht im Juni 1932 gegründete Arbeitsstelle beteiligte sich ebenfalls am Entwurf eines Wirtschaftsprogramms für die NSDAP. Mit dessen Ausarbeitung wurde Carl Krämer vom „Hamburger Wirtschaftsdienst" betraut. Die parteiinternen Ränkeleien waren für Außenstehende kaum durchschaubar. Rosterg und Diehn bemühten sich daher um möglichst vielfältige Kontakte. Sie beteiligten sich neben anderen Groß-

---

65 Vgl. Avraham Barkai, *Das Wirtschaftssystem des Nationalsozialismus: Ideologie, Theorie, Politik. 1933–1945*, Frankfurt a. M. 1988, 34-41.

industriellen an der Finanzierung der „Arbeitsstelle Schacht".[66] Auf Veranlassung Hitlers wurde im Frühjahr 1932 auch noch ein „Studienkreis für Wirtschaftsfragen" gebildet, den der mittelständische Unternehmer Wilhelm Keppler leitete. Das Gremium wurde auch als Keppler-Kreis bekannt. Dem Keppler-Kreis gehörten anfangs rund 20 Industrielle und Banker an.[67] Rosterg und Diehn waren von Anfang an dabei.[68] Als Keppler später an Einfluss verlor, konzentrierte sich Rosterg stärker auf die Verbindung zum Reichsführer SS, Heinrich Himmler.[69]

Der Einstieg ins Erdölgeschäft

Der deutsche Mineralölmarkt wurde in den 1920er Jahren von den großen internationalen Erdölkonzernen bzw. ihren Tochtergesellschaften, Deutsch-Amerikanische Petroleum Gesellschaft (Standard Oil) und Rhenania-Ossag (Royal Dutch Shell), dominiert.[70] Sie verfügten über die modernsten Raffinerien und flächendeckende Vertriebsnetze. Zumeist aus den USA kommende technische Neuerungen, wie die Zapfsäulen und Großtankstellen wurden von ihnen rasch eingeführt und neue Produkte, darunter Spezialöle, auf den Markt

---

66 Vgl. Dirk Stegmann, *Zum Verhältnis von Großindustrie und Nationalsozialismus 1930–1933. Ein Beitrag zur Geschichte der sogenannten. Machtergreifung*, in: Archiv für Sozialgeschichte 13 (1973), 399–482; hier 449 ff.

67 Vgl. Henry A. Turner, *Die Großunternehmer und der Aufstieg Hitlers*, Berlin 1985, 299f.; Manfred Asendorf, *Hamburger Nationalklub, Keppler-Kreis, Arbeitsstelle Schacht und der Aufstieg Hitlers*, in: Zeitschrift für Sozialgeschichte des 20. und 21. Jahrhunderts 3 (1999), 106-150; Thomas Trumpp, *Zur Finanzierung der NSDAP durch die deutsche Großindustrie*, in: Karl Dietrich Bracher/Manfred Funke/Hans-Adolf Jacobsen (Hrsg.), *Nationalsozialistische Diktatur 1933–1945*, 132-154.

68 Vgl. dazu den Beitrag von Ingo Köhler in diesem Band.

69 Vgl. Hessisches Hauptstaatsarchiv Wiesbaden (HHStAW), 520-22, Nr. 9591 (August Rosterg), Bl. 42, Erklärung Dr. Fritz Ratig, Vorstand Wintershall AG, 30.4.1947.

70 Vgl. Rainer Karlsch/Raymond Stokes, *Faktor Öl. Die Mineralölwirtschaft in Deutschland 1859–1974*, München 2003, 122-127.

gebracht. Anders als in Frankreich und Italien, in denen staatliche Ölkonzerne ein Gegengewicht gegen die Majors bildeten, war die deutsche Ölwirtschaft stark zersplittert und hatte durch den Verlust ihrer Auslandsbeteiligungen nach dem Ersten Weltkrieg an Bedeutung eingebüßt.[71] Den anglo-amerikanischen Erdölkonzernen auch nur entfernt vergleichbare deutsche Unternehmen gab es nicht, da ihnen die wichtigste Voraussetzung für eine Expansion fehlte: der Zugang zu ergiebigen Rohölvorkommen. Die ohnehin nur geringe inländische Förderung, hauptsächlich in der Region um Wietze und Nienhagen (Niedersachsen, Landkreis Celle), stagnierte. Die „Deutsche Erdöl-AG", Hamburg (DEA), bis 1918 das größte deutsche Erdölunternehmen, verlagert notgedrungen ihre Geschäftstätigkeit überwiegend auf die Kohlewirtschaft. Ihre Erdölinteressen beschränkten sich nur noch auf ihre alten Fördergebiete in Wietze. Komplett aus dem Erdölgeschäft zurück zog sich die Deutsche Bank und verkaufte die „Deutsche Petroleum AG".[72] Nur die „Gewerkschaft Elwerath", ein mittelständisches Unternehmen, befasste sich noch ausschließlich mit der Erdölförderung.[73] Haupteigner war Theo Seifer, dessen Familie mehr als drei Viertel aller Kuxe hielt.[74] Auf die Erkundung von Erdölfeldern hatten sich die „Anton Raky Tiefbohrungen AG", Salzgitter, die „Deutsche Tiefbohr-AG", Dortmund (Deutag) und die „Internationale Tiefbohr-AG", Celle (ITAG) spezialisiert.

Die strukturellen Probleme der deutschen Erdölwirtschaft nutzte die „Anglo-Persian-Oil Company" (APOC), spätere British Petroleum (BP), um sich ab 1926 neben Standard Oil und Royal Dutch Shell als dritter großer Player auf dem deutschen Markt zu positionieren. Angesichts eines Überangebots von Erdöl auf dem Welt-

---

71 Vgl. Erich Emme, *Deutschlands Mineralölindustrie und Handel. Eine Untersuchung unter Berücksichtigung des Standort- und Konzentrationsproblems*, Dissertation 1924.

72 Vgl. Karlsch/Stokes, *Faktor Öl* (wie Anm. 70), 116–120.

73 Vgl. *Die Gewerkschaft Elwerath. Chronik eines Erdölunternehmens 1866–1969*, Hannover 1987, 5.

74 Vgl. Günter Schlicht, *Erdöl*, in: Die Bergwerke Deutschlands, Stuttgart 1930, 369.

markt schlossen die großen amerikanischen und britisch-niederländischen Erdölkonzerne 1928 das sogenannte Achnacarry-Agreement. Sie begrenzten den Ausbau ihrer Förderkapazitäten und bildeten ein Kartell zum Hochhalten der Ölpreise.[75] Ihre Tochtergesellschaften in Deutschland folgten dieser Linie und schlossen sich mit anderen Anbietern zu einem Kartell zusammen, das jedem Mitglied eine Quote zuwies. Das Deutsche Reich galt wegen seiner verspäteten Motorisierung als Zukunftsmarkt. Dies rief Außenseiter auf den Plan, die dem Kartell Marktanteile streitig machten.[76]

Ende der 1920er Jahre kam noch mehr Bewegung in den deutschen Mineralölmarkt. Dies hing zum einen mit den Versuchen der I.G. Farben zusammen, im großtechnischen Maßstab Benzin aus Kohle herzustellen und zum anderen mit neuen Erdölfunden in Norddeutschland. Zwar war noch vollkommen unklar, ob das Hydrierverfahren der I.G. Farben je wirtschaftlich werden würde, und auch die Größe der neu entdeckten Lagerstätten war noch nicht seriös zu bewerten. Dennoch setzte ein spekulativer Run auf Erdölkonzessionen ein, der im Herbst 1930 einen Höhepunkt erreichte, als der US-Outsider Harry Ford Sinclair persönlich die Hannoverschen Ölfelder besuchte.[77] Die Geschichte der amerikanischen Ölindustrie bot zahlreiche Beispiele dafür, dass sogenannte Wildcatter große Erdölvorkommen ohne geologische Expertise entdeckt hatten. Unter amerikanischen und deutschen Erdölgeologen wurden zu dieser Zeit die Theorie eines unmittelbaren Zusammenhangs von Salz- und Öllagerstätten diskutiert. Auch boten die Fortschritte in der Geophysik und Bohrtechnik neue Möglichkeiten für die Erdölsuche.

75 Vgl. Daniel Yergin, *Der Preis: Die Jagd nach Öl, Geld und Macht*, Frankfurt a. M. 1991, 289-291, 343-350.

76 Vgl. Titus Kockel, *Zickzackkurs in den Krieg. Deutsche Ölpolitik von Achnacarry Castle bis Karinhall (1928-1938)*, in: Dietrich Eichholtz, Deutsche Ölpolitik im Zeitalter der Weltkriege. Studien und Dokumente, Berlin 2010, 192f.

77 Vgl. Kockel, *Zickzackkurs in den Krieg* (wie Anm. 76), 194.

Ein zusätzlicher Anreiz zur verstärkten Erdölprospektion ging von der mehrfachen Erhöhung des Mineralölzolls aus. Zwischen April 1930 und Juni 1931 wurden die Zölle für Petroleum, Benzin, Benzol und Gasöl von sechs Reichsmark je 100 Kilogramm auf 17 Reichsmark je 100 Kilogramm angehoben.[78] Zwar wurde 1930 erstmals auch für inländische Produzenten eine „Ausgleichssteuer für Mineralöle" eingeführt, jedoch lag diese mit 3,80 Reichsmark je 100 Kilogramm im Verhältnis zu den Zollsätzen recht niedrig.[79] Die Tochtergesellschaften der internationalen Mineralölkonzerne reagierten auf den zunehmenden Protektionismus mit dem Abschluss neuer Kartellverträge und beteiligten sich nun ebenfalls an der Erdölsuche in Deutschland. Sie wollten der Reichsregierung demonstrieren, dass sie gewillt waren, deutsches Rohöl trotz eines weltweiten Überangebots an Öl zu verarbeiten. Auch suchten sie nach Anlagemöglichkeiten für ihr Kapital.

Die deutschen Behörden betrachteten das plötzlich erwachte Interesse der Majors an Erdölkonzessionen mit gemischten Gefühlen. Man schätzte ihr Know-how, wollte aber die schwachen einheimischen Produzenten nicht noch weiter ins Hintertreffen geraten lassen. Ein entscheidender Anstoß für gesteigerte Aktivitäten des preußischen Staates und privater Unternehmen im Erdölsektor ging von der Entdeckung einer Erdöllagerstätte im Kalibergwerk Volkenroda (Thüringen) aus. Dort hatte die Burbach-Kaliwerke AG bereits 1924 bei einer Bohrung einen Erdölhorizont erreicht. Auch spätere Bohrungen deuteten darauf hin, dass der Zechstein erdölhöffig war.[80] Nach einer schweren Grubenexplosion traten am 2. Juni 1930 große Mengen Erdöl aus. Das Volkenrodaer Öl kam für den finanziell angeschlagenen Burbach Konzern gerade noch zu rechten Zeit. Der Vorstand konnte gegenüber den Banken und Gläubigern auf die Erd-

---

78 Vgl. *Jahrbuch der deutschen Mineralölwirtschaft 1939/40*, Frankfurt a. M. 1939, 164.

79 Vgl. Helmuth Bollmann, *Der deutsche Treibstoffmarkt unter besonderer Berücksichtigung der Marktbedingungen*, Dissertation Universität Göttingen 1933, 55ff.

80 Vgl. *Chronik der Wintershall AG* (wie Anm. 2), 233ff.

ölfunde verweisen und von längerfristigen Perspektiven sprechen. Damit konnte man die finanzielle Schieflage des Unternehmens kaschieren. Burbach förderte allein im Jahr 1931 in Volkenroda mehr als 51.000 Tonnen Rohöl, für Deutschland damals ein Rekordwert.[81] Trotz der Wirtschaftskrise stieg der Burbach-Aktienkurs stark an. Das Problem dabei war allerdings, dass zwar rund ein Drittel aller Bohrungen fündig wurden, nach kurzer Zeit aber bereits versiegten.

Der unerwartete Erdölfund der Burbach-Kaliwerke AG, an deren Spitze mit Korte einer der härtesten Gegner Rostergs stand, motivierte Letztgenannten auch ins neue Geschäftsfeld zu investieren. Dazu erklärte Rosterg im März 1931: „Wir sind entschlossen, auch auf diesem Gebiet in Deutschland die Führung zu übernehmen.“[82] In den Folgemonaten versuchte Wintershall ebenfalls den Ölhorizont von Volkenroda zu erreichen. Der Feldbesitz der Gewerkschaft Volkenroda wurde durch Kaliberechtigungen der Wintershall von Gebra, Mühlhausen und Sondershausen her eingeschlossen. Daher konnte Wintershall von zwei Schächten aus Stollen in Richtung Volkenroda vortreiben.[83] Die Ernüchterung kam jedoch 1932. Ein dreimonatiger Brand zerstörte einen Teil der Volkenrodaer Lagerstätte und die Förderung sank gegen Null. Burbach musste Beteiligungen veräußern, geriet später in Abhängigkeit vom Konkurrenten Wintershall und zog sich schließlich ganz aus dem Erdölgeschäft zurück.[84]

Bereits 1926 hatte sich die Preussag - in diesem Konzern waren alle Bergbauaktivitäten des preußischen Staates mit Ausnahme des Ruhrbergbaus zusammengeführt worden - an der Anton Raky AG beteiligt und zusammen mit dieser Gesellschaft Konsortialboh-

---

81 Vgl. Alfred Bentz, *Über die Herkunft des Erdöls in Deutschland*, Clausthal-Zellerfeld 1955, 362.

82 Vgl. LATh, HStA Weimar, Thüringisches Wirtschaftsministerium, Bestand 6-32-0030, Nr. 5645, Bl. 310, Gegensätze in der Kaliindustrie, März 1931.

83 Vgl. BA Berlin, R 811, Aufsichtsratssitzung der Wintershall AG in Berlin, 4.9.1931.

84 Vgl. *Die Gewerkschaft Elwerath* (wie Anm. 73), 260ff.; Pritzkoleit, *Männer, Mächte, Monopole* (wie Anm. 18), 346f.

rungen auf Erdöl im Raum Wietze durchgeführt. Da diese keinen Erfolg hatten, stieß die Preussag ihre verlustreiche Beteiligung bereits 1927 wieder ab. Im Jahr 1930 unternahm der Staatskonzern einen neuen Anlauf zum Einstieg in die Erdölprospektion, mit dem Ziel, eine „heimische" Mineralölindustrie aufzubauen.[85] Der preußische Fiskus sicherte das Unternehmen dabei mit Ausfallbürgschaften und Bohrdarlehen ab. Die Preussag und die Wintershall AG pflegten seit Jahren eine Kooperation in der Kaliwirtschaft. Sie waren nunmehr auch gewillt, den ausländischen Ölgesellschaften ein eigenes Engagement entgegenzusetzen. Bis zu einem gewissen Grad kam es zu einem abgestimmten Vorgehen, wie noch zu zeigen sein wird.

Rosterg hatte den vermeintlichen deutschen Erdölboom mit wachsendem Interesse verfolgt.[86] Als Kalifachmann wusste er, dass dort, wo Zechstein-Salzstöcke vorhanden sind, auch Erdöllagerstätten auftreten können. Einige Wochen vor der Entdeckung der Lagerstätte Volkenroda war er gemeinsam mit Diehn und Beil in die USA gereist. Sie verhandelten nicht nur über Fragen des Kaliabsatzes, sondern sammelten auch Eindrücke von der Leistungsfähigkeit der amerikanischen Erdölindustrie.[87]

Im Frühjahr 1931, in einer Zeit der sich weiter verschärfenden Wirtschaftskrise, ergab sich für Wintershall die Chance für den Einstieg ins Erdölgeschäft. Der Kalikonzern litt zwar ebenfalls unter Absatzrückgängen, stand aber dennoch besser da als die meisten anderen Unternehmen. Sowohl die Gewerkschaft Elwerath als auch die Tiefbohrfirma von Raky befanden sich hingegen in großen finanziellen Nöten. Rosterg verhandelte mit Seifer und Raky über Beteiligun-

---

85 Vgl. Dietrich Hoffmann, *Die Erdölgewinnung in Norddeutschland. Von den Anfängen vor über 400 Jahren bis heute*, Hamburg 1970, 90; Bernhard Stier/Johannes Laufer, *Von der Preussag zur TUI, Wege und Wandlungen eines Unternehmens 1923-2003*, Essen 2005, 142.

86 Vgl. Pritzkoleit, *Männer, Mächte, Monopole* (wie Anm. 18), 340.

87 Vgl. *Chronik der Wintershall AG* (wie Anm. 2), 234.

gen an ihren Firmen. Ob dies wirklich zu einer „engen Zusammenarbeit, dieser drei von unermüdlicher Tatkraft beseelten Männer“[88] führte, wie Wilhelm Zentgraf rückschauend 1957 behauptete, ist mehr als fraglich. Seifer und Raky waren gezwungen, einen Teil ihrer Kuxe bzw. Firmenanteile zu verkaufen, um dem Bankrott zu entgehen.

Die Gewerkschaft Elwerath hatte bis Anfang 1931 bereits die Hälfte des Personals entlassen müssen.[89] Ihr wichtigstes Kapital bestand in einigen Bohrungen bei Nienhagen, die ungewöhnlich ergiebig waren. Allerdings besaß Elwerath keine Raffineriekapazitäten und auch keine Vertriebsorganisation. Der Versuch in Berlin eine eigene Raffinerie nach einem deutschen Patent zu betreiben, war 1928 an technischen Problemen gescheitert.[90] So sehr Rosterg die fachliche Kompetenz der Gewerkschaft Elwerath auch schätzte, so war ihm doch klar, dass eine Beteiligung an dieser Gesellschaft nur den ersten Schritt ins neue Geschäftsfeld darstellte. Elwerath trat 312 ihrer insgesamt 1.000 Kuxe an Wintershall ab. Rosterg führte dazu auf der Gewerkenversammlung im April 1931 aus: „Wir haben uns kurz entschlossen an dem größten und besten Vorkommen beteiligt, und seitdem wir beteiligt sind, wurden bei der Gesellschaft noch gute Aufschlüsse gemacht. Die Aufschlüsse bei Elwerath sind so groß, dass wir ohne weiteres das Vielfache dessen liefern könnten, was wir heute produzieren. Die Gewerkschaft Elwerath hat aber keine Lust, ihr gutes Öl zu den heutigen billigen Preisen zu verschleudern.”[91]

Nachdem Elwerath mit Wintershall einen Kapitalgeber gefunden hatte, konnte sie mit der Preussag und der Schaffgotsch GmbH ein Konsortium zum Neubau einer Raffinerie bilden und im

---

88 Vgl. Wintershall AG (Hg.), *Ansprache in der Feierstunde aus Anlass der Enthüllung einer Büste des Schöpfers des Wintershall-Konzerns sowie der Fertigstellung des Gebäudes der Hauptverwaltung in Kassel, gehalten von Wilhelm Zentgraf, Vors. d. Vorstands der Wintershall Aktiengesellschaft*, Kassel 1957.

89 Vgl. *Die Gewerkschaft Elwerath* (wie Anm. 73), 26.

90 Vgl. Titus Kockel, *Deutsche Ölpolitik 1928-1938*, Berlin 2005, 43.

91 Zitiert in: *Chronik der Wintershall AG* (wie Anm. 2), 235.

April 1931 die „Deutsche Erdöl-Raffinerie" (Deurag) in Misburg bei Hannover gründen. Elwerath übernahm 600 von 1.000 Kuxen.[92] Die Raffinerie ging im März 1932 in Betrieb und konnte bis zu 110.000 Tonnen Rohöl pro Jahr nach dem amerikanischen Dubbs-Verfahren verarbeiten. Einer der Hauptkunden der Deurag war die Deutsche Reichspost.[93]

Dank der Elwerath-Beteiligung war Wintershall der Einstieg in die Erdölförderung und -verarbeitung gelungen. Rosterg hatte aber noch größere Pläne. Wintershall sollte künftig ebenfalls bei der Erdölerkundung sowie beim Handel mit Mineralölprodukten eine Rolle spielen. Dazu führte er Gespräche mit Raky. Dessen Unternehmen, die „Anton Raky Tiefbohrungen AG", Salzgitter hatte im Mai 1930 die Erdölraffinerie Salzbergen von der „Dr. W.H. Lepenau & Co. GmbH" (Tochter der Nordöl AG) gepachtet und mit deren Modernisierung sowie dem Bau neuer Öltanks begonnen.[94]

Raky war einer der bekanntesten Bohringenieure seiner Zeit, hatte sich große Verdienste bei der Entwicklung neuer Tiefbohrausrüstungen und -technologien erworben und war maßgeblich an der Erschließung von Kali-, Kohlen-, Eisenerz- und Erdöllagerstätten in Deutschland, Russland und Rumänien beteiligt.[95] Die risikoreichen und kostspieligen Aufschlussarbeiten neuer linksrheinischer Braunkohlenfelder gemeinsam mit der „Gräflich Schaffgotschen Werken

---

92 Vgl. Stier/Laufer, *Von der Preussag zur TUI*, (wie Anm. 85), 144; Kurt Pritzkoleit, *Wem gehört Deutschland. Eine Chronik von Besitz und Macht*, Wien/München/Basel 1959, 533.

93 Vgl. *Chronik der Wintershall AG* (wie Anm. 2), 237.

94 Die Raffinerie Salzbergen war bereits 1860 gegründet und 1862 vom neuen Werkleiter Wilhelm Lepenau auf die Verarbeitung von Erdöl umgestellt worden. Nach Jahrzehnten einer wechselvollen Entwicklung ging die Raffinerie im Oktober 1926 aus Familienbesitz in das Eigentum der Norddeutsche Mineralöl AG, Hannover über. Die wirtschaftliche Stabilisierung der Raffinerie gelang dem neuen Eigentümer nicht. Die Norddeutsche Mineralöl AG verpachtete die Raffinerie im Mai 1930 an die Anton-Raky-Tiefbohrungen AG. Vgl. Karin Geerdes, *Das Ölwerk in Salzbergen. 150 Jahre lebendige Industriegeschichte*, Salzbergen 2009, 15-19.

95 Vgl. Ann-Katrin Struken, *Höhen und Tiefen. Das Leben des Tiefbohrpioniers Anton Raky*, Erkelenz 2012.

Abb. 2: Bohrtürme im Erdölfeld Nienhagen (um 1935).

GmbH“ (kurz Schaffgotsch) – die 50 Prozent der Aktien der Raky AG hielten - und von Erdölfeldern bei Hannover überforderten jedoch zunehmend die Kapitalkraft seines Unternehmens. Als Schaffgotsch in finanzielle Schwierigkeiten geriet und der Raky AG die Rechnungen kürzte, drohte dem Bohrunternehmen eine feindliche Übernahme. Im November 1930 musste Raky die erst ein Jahr zuvor erschlossenen Berkhöpener Ölfelder für rund 5,6 Mio. Reichsmark an die Preussag verkaufen, mit der er schon einige Jahre zuvor gemeinsam, allerdings vergeblich, nach Erdöl gebohrt hatte.[96]

In dieser Situation bot Rosterg seinem „alten Freund und Kampfgenossen“ Raky Unterstützung an.[97] Rosterg signalisierte Interesse an einer Beteiligung an der Gewerkschaft Nienhagen, unter

96 Vgl. Ebd., 217-221.

97 Vgl. Ebd., 227.

der Bedingung, dass Wintershall die Führung des Konsortiums übernimmt. Im Gegenzug wollte er Raky helfen, die verpfändeten Raky-Aktien den Schaffgotsch-Werken gegenüber wieder auszulösen.[98] Am 3. April 1931 schlossen daraufhin die Wintershall AG und die Anton Raky Tiefbohrungen AG einen Konsortialvertrag. Wintershall erwarb für eine Million Reichsmark 50,05 Prozent der Anteile an der Gewerkschaft Nienhagen.[99] Geschäftszweck des Raky-Wintershall-Konsortiums war die weitere Erschließung von Erdölvorkommen in den Gemarkungen Nienhagen und Westercelle, Kreis Celle. Damit war Rosterg ein weiterer Coup beim Einstieg in die Erdölwirtschaft gelungen.

Auch für Raky schien sich der Vertrag mit Wintershall zu lohnen. Er konnte die Aktienanteile von Schaffgotsch an der Raky AG zurückkaufen und war nun wieder ihr alleiniger Aktionär.[100] Die finanzielle Lage seines Unternehmens blieb jedoch äußerst prekär. Rosterg nutzte dies aus. Die ursprünglich paritätisch besetzte Gewerkschaft Nienhagen wurde schon bald von Wintershall dominiert. Wintershall verweigerte der Raky AG die überlebenswichtigen Bohraufträge.[101] Auch wurde im Konsortialvertrag eine Klausel dahingehend geändert, dass der Gewinn künftig vorzutragen sei. Damit wurde der Niedergang der Raky AG beschleunigt. Ende Mai 1931 war das Unternehmen zahlungsunfähig.

Raky musste sich daraufhin auch vom Raffineriebetrieb trennen. Er trat gegen eine Entschädigung aus dem Pachtvertrag mit der Dr. W.H. Lepenau & Co. GmbH (Nordöl AG) aus und überließ die künftige Nutzung der Raffinerie allein der Wintershall AG. Diese gründete im Oktober 1931 eine Tochtergesellschaft, die „Erdöl-Raf-

---

98 Vgl. NWA 2, Nr. 7654/2, Anton Raky, Eidesstattliche Versicherung gegenüber dem Amtsgericht Liebenburg, 17.2.1937.

99 Vgl. Wintershall AG, *Geschäftsbericht für 1931*, 5.

100 Vgl. Struken, *Höhen und Tiefen* (wie Anm. 95), 218f.

101 Vgl. Ebd., 228.

finerie Salzbergen GmbH" (Ersag). Die Ersag übernahm alle Rechte und Pflichten der Raky AG.[102]

Wintershall begab sich damit auf ein ihr bisher unbekanntes technisches Terrain. Die veraltete Raffinerie befand sich in einem desolaten Zustand. In einem ersten Schritt wurde eine gebrauchte Crackanlage aus dem Raky-Werk in Salzgitter nach Salzbergen geschafft und dort installiert. Mit dieser Anlage konnte die Benzinausbeute bei der Erdölverarbeitung gesteigert werden.[103]

Auch die Verpachtung der Raffinerie in Salzbergen half der Raky AG nicht mehr aus ihrer Notlage. Im Dezember 1932 meldete die Nordöl AG Konkurs an. Die Raffinerie Salzbergen wurde zur Versteigerung ausgeschrieben. Wintershall als neuer Pächter zögerte mit der Abgabe eines Kaufgebots. Die Raffinerie bedurfte einer kostspieligen Erweiterung und Modernisierung. Erwogen wurde daher ein Neubau an anderer Stelle. Erst in der zweiten Bieterrunde gab Wintershall ein Gebot ab, das in etwa der bis dahin vom Kasseler Konzern in Salzbergen investierten Summe entsprach. Für 275.000 Reichsmark erwarb Wintershall die Raffinerie. Der Anwalt der vom Verfahren ausgeschlossenen Raky AG machte geltend, dass allein sein Mandant 570.000 Reichsmark auf den Ausbau der Raffinerie verwendet hatte und deren Substanzwert mit 1,5 Mio. Reichsmark zu veranschlagen sei.[104]

Die juristischen Auseinandersetzungen zwischen Raky-Gläubigern und der Wintershall AG widerlegen die Erzählung vom einvernehmlichen Verhältnis zwischen Raky und Rosterg. Trotz des Verkaufs großer Teile seines Unternehmens konnte Raky sein Lebenswerk nicht mehr retten. Die Raky AG ging im April 1933 in Konkurs. Der Raffinerie Salzbergen blieb die Schließung erspart, da

102 Vgl. Geerdes, *Das Ölwerk in Salzbergen* (wie Anm. 94), 61.
103 Vgl. Landesarchiv Osnabrück, Rep. 430, Dez. 307, Akz 13/43, Nr. 45, Oberregierungs- und Gewerberat Osnabrück an Regierungspräsidenten in Aurich, 6.8.1932.
104 Vgl. Ebd., Rechtsanwalt Amrhein an Amtsgericht Lingen, 23.8.1933.

Wintershall am Fortbestand der Erdöl-Raffinerie Salzbergen GmbH interessiert war.

Inwiefern Rosterg die Raky AG tatsächlich „ausgehungert" hatte, um zunächst die Gewerkschaft Nienhagen zu majorisieren und dann günstig die Raffinerie Salzbergen zu übernehmen, wie das Bankgeschäft Hohmeyer KG, Hannover im Jahr 1936 behauptete, ist nicht mehr zu klären. Rakys Unternehmen wäre wohl auch ohne den Konsortialvertrag mit Wintershall untergegangen. Unbestreitbar ist hingegen, dass die Übernahme von Teilen der Raky AG neben dem Erwerb von Kuxen der Gewerkschaft Elwerath für Wintershall entscheidende Zäsuren auf dem Weg ins Erdölgeschäft darstellten.

Noch bis 1937 versuchte Konkursverwalter Amrhein, ein langjähriger Freund der Familie Raky, gegen Wintershall Forderungen durchzusetzen.[105] Die Verfahren endeten nachdem die in Gründung befindlichen Reichswerke „Herrmann Göring", Salzgitter die Konkursmasse der Raky AG übernahmen.[106] Die Reichswerke verkauften sodann der Wintershall AG sämtliche Ölfeldrechte.

Raky geriet in seinen letzten Lebensjahren in wirtschaftliche Not. Während andere Großindustrielle es ablehnten, ihm zu helfen, setzte sich Rosterg für ihn ein. Wintershall überwies Raky monatlich 500 Reichsmark. An den Leiter der Rechtsabteilung der Reichswerke, Georg Strickrodt, schrieb Rosterg Anfang 1939: „Wir haben Herrn Raky zum Teil zu verdanken, dass wir in die Ölindustrie hineingekommen sind, und die Reichswerke haben ihn zuletzt durch die Übernahme seiner Fabriken die weitere Arbeit unterbunden. Moralisch sind nach meinem Dafürhalten die Reichswerke in viel höherem Grade verpflichtete als wir, für Herrn Raky zu sorgen, dass er wenigstens leben kann."[107] Die Reichswerke ließen Raky daraufhin monatlich 100 Reichsmark zukommen.

---

105 Vgl. Struken, *Höhen und Tiefen* (wie Anm. 95), 241.

106 Vgl. Ebd., 235.

107 Zitiert nach: Ebd., 247f.

Kehren wir zur Chronologie zurück. Nachdem mit der Pachtung der Raffinerie Salzbergen der Einstieg in die Erdölverarbeitung gelungen war, gründete Wintershall im April 1932 die „Mineralölprodukten-Handels AG“, Kassel (Mihag).[108] Ihre Position im Mineralölhandel baute Wintershall 1935 durch den Abschluss eines mehrjährigen Liefervertrages mit der „Europäischen Tanklager- und Transport-Aktiengesellschaft“, Hamburg (Eurotank) über 30.000 Tonnen Rohöl pro Jahr und den Erwerb von 75 Prozent der Anteile an der „Naphta Industrie- und Tankanlagen AG“, Berlin (Nitag) weiter aus.[109] Die restlichen 25 Prozent der Nitag-Anteile übernahm Eurotank.

Bei der Nitag handelt es sich um eine 1922 von der jüdisch-russischen Emigrantenfamilie Kahan in Berlin gegründete Mineralölhandelsfirma.[110] Dank der Muttergesellschaft „Caucasian Oil Company“ verfügte die Nitag über Devisen, Transportkapazitäten und internationale Verbindungen. Die Nitag besaß drei Öltanker, mehrere Tochtergesellschaften und ein Tankstellennetz mit 650 Zapfsäulen im gesamten Reichsgebiet. Als Außenseiter im Mineralölgeschäft hatte sich das Unternehmen bis 1930 gut behauptet. In der Weltwirtschaftskrise verschlechterte sich die Lage der Nitag jedoch dramatisch. Als sich der Schwenk der Reichsregierung zu einer dezidiert protektionistischen Politik abzeichnete, schwanden die Handlungsspielräume für die von Emigranten aufgebaute Firma. Nachdem die Muttergesellschaft in England in Schwierigkeiten geraten war und 1931 zusammenbrach, mussten die Kahans die Nitag Aktien an das Bankhaus Hardy &. Co. veräußern.[111] Hardy &. Co. verkaufte dann die Nitag 1935 an die Wintershall AG und Eurotank. Die Gesellschaft wurde, dem Zeitgeist folgend, 1937 in „Deutsche Treibstoffe

---

108 Vgl. *Chronik der Wintershall AG* (wie Anm. 2), 245.

109 Wintershall AG, *Geschäftsbericht für 1935*, 5.

110 Vgl. Verena Dohrn, *Die Kahans aus Baku. Eine Familienbiographie*, Göttingen 2018, 303-325.

111 Vgl. Ebd., 323.

AG“ umbenannt, behielt aber das Kürzel „Nitag“ in der Firmenbezeichnung bei.[112]

Bei Eurotank handelte es sich um eine Gründung der „Crusader Petroleum Industries“, London, die wiederum in Besitz von „Davis & Co.“ war.[113] Dies zu erwähnen ist relevant, da William R. Davis ein Außenseiter in der amerikanischen Ölindustrie war, der zur Unterstützung seiner Pläne frühzeitig Kontakte zu wichtigen Wirtschaftspolitikern des nationalsozialistischen Regimes, darunter Feder und Keppler, aufgenommen hatte.[114] Davis ließ die Raffinerie Eurotank zu einer der modernsten im gesamten Deutschen Reich ausbauen. Eurotank belieferte vorzugsweise die Luftwaffe und die Kriegsmarine.

Mit der mexikanischen Regierung handelte Davis exklusive Erdölverträge zur Versorgung des Deutschen Reiches aus. Nach dem Krieg stellte sich heraus, dass Davis mit Wissen Hitlers und Görings als Agent für die deutsche Abwehr tätig gewesen war und versucht hatte, auf die amerikanische Innenpolitik Einfluss zu nehmen.[115] Davis, der im August 1941 starb, war nicht nur ein skrupelloser Geschäftsmann, sondern auch Antisemit und aktiver Unterstützer der Nazis.[116]

Der größte Teil der von der Nitag vertriebenen Mineralölprodukte kam in den ersten Jahren nach der Übernahme durch Wintershall von der Eurotank-Raffinerie in Hamburg.[117] Das Zusammenspiel zweier Außenseiter im Erdölgeschäft - Crusader und Wintershall – erklärt sich nicht zuletzt aus deren besonders engen Beziehungen zu den Reichsbehörden.

Das neue Geschäftsfeld Erdöl wollte Wintershall auch durch eigene Aufschlussarbeiten ausbauen. Im Dezember 1931 schloss

---

112 Vgl. Wintershall AG, *Geschäftsbericht für 1937*, 6.

113 Vgl. Karlsch/Stokes, *Faktor Öl* (wie Anm. 70), 168f.

114 Vgl. Kockel, *Zickzackkurs* (wie Anm. 92), 255-260.

115 Vgl. Dale Harrington, *Mystery Man: William Rhodes Davis, Nazi Agent of Influence*, New York 2001.

116 Dohrn, *Die Kahans* (wie Anm. 110), 396.

117 Vgl. *Chronik der Wintershall AG* (wie Anm. 2), 295.

Wintershall dafür einen Vertrag mit dem Freistaat Thüringen und gründete die „Thüringer Erdöl AG“, Sondershausen.[118] An der Neugründung beteiligten sich die Nachfolger der früheren elsässischen Gewerkschaften.[119] Der Thüringer Erdöl AG wurde das ausschließliche Aufsuchungs- und Gewinnungsrecht in den Landkreisen Sondershausen, Eisenach, Gotha, Arnstadt, Rudolstadt sowie im Amtsbezirk Allstedt übertragen. Ausgangspunkt für die Erkundung waren die von Wintershall betriebenen Kalischächte, was die Kosten begrenzte. Außerdem waren noch die zum Wintershall-Konzern gehörenden Gewerkschaften Langensalza und Windeberg gemeinsam mit der Preussag und der Gewerkschaft Elwerath an Prospektionen in Thüringen beteiligt. Preussag, Elwerath und Wintershall gründeten im Mai 1932 die Erdölbetriebsgemeinschaft Mühlhausen GmbH.[120] Schürfungen erfolgten ebenfalls im Nachbargebiet von Nienhagen, in Baden und in Hessen. Doch lediglich in Baden wurden kleine Vorkommen entdeckt.[121] Nach jahrelangen Bemühungen kam die Thüringer Erdöl AG Mitte 1937 zu dem Schluss, dass eine Fortsetzung der Erdölsuche keine Erfolgsaussichten bot und stellte ihre Aktivitäten 1938 komplett ein.[122]

Den Einstieg ins Erdölgeschäft finanzierte Wintershall mit den Einnahmen aus dem Kaligeschäft und aus Rücklagen. Allein im Jahr 1931 wendete der Konzern für seine Erdölaktivitäten rund

118 Vgl. Wintershall AG, *Geschäftsbericht für 1931*, 5f.

119 Nach langwierigen Verhandlungen erkannte das Reich 1929 als Entschädigungsgrundlage für die zehn an Frankreich gefallenen elsässischen Kaliwerke eine Summe von 220 Mio. Reichsmark an. Davon sollten 15 Prozent als Entschädigung erstattet werden. Wintershall überführte die elsässischen Gewerkschaften in preußische Gewerkschaften. Im Anschluss daran machte Wintershall die Buchforderungen gegen das Reich im Wert von 22 Mio. Reichsmark für eine Anleihe in holländischen Gulden flüssig. Die Gulden-Anleihe stärkte die Finanzbasis des Konzerns. Vgl. *Chronik der Wintershall AG* (wie Anm. 2), 224.

120 Vgl. Ebd., 253f.

121 Vgl. Wintershall AG, *Geschäftsbericht für 1936*, 5.

122 Vgl. Archiv der Bundesanstalt für Geowissenschaften und Rohstoffe (Archiv der BGR), Hannover, Nr. 0047863, Schreiben der Thüringer Erdöl AG an die Thüringische Geologische Landesuntersuchung vom 3. Juni 1937.

12 Mio. Reichsmark auf. Davon wurden für den Erwerb der 312 Elwerath Kuxe 6,25 Mio. Reichsmark und für die Beteiligungen an der Deurag 2 Mio. Reichsmark sowie Ersag 1,3 Mio. Reichsmark eingesetzt. Der Rest entfiel auf die Beteiligungen an der Gewerkschaft Nienhagen und die Thüringer Erdöl AG.[123]

Anfang der 1930er Jahre gab es mit der Gewerkschaft Elwerath, Wintershall, Preussag und DEA vier deutsche Unternehmen, die Erdöl förderten und verarbeiteten. Sie wurden auch als die „großen Vier" bezeichnet. Diese zeitgenössische Charakteristik war reichlich übertrieben, denn im Vergleich zu den internationalen Ölgesellschaften blieben die Genannten im Mineralölgeschäft Zwerge.[124]

Zum Einstieg der Wintershall AG ins Erdölgeschäft bleibt festzuhalten: Es war kein Einzelereignis, sondern ein Bündel von Entwicklungen und Motiven, die Rosterg Anfang 1931 zu diesem Schritt veranlassten. Das Geschäft mit den einfachen Kalidüngemitteln hatte sich rückläufig entwickelt. Andererseits bot die Entdeckung neuer Erdöllagerstätten in Thüringen und Niedersachsen gerade einem Kalikonzern Ansatzpunkte für eigene Aktivitäten. Dass anfangs ausgerechnet der konkurrierende Burbach-Konzern davon profitierte, spornte Rosterg zu eigenen Aktivitäten an. Um rasch im neuen Geschäftsfeld Fuß zu fassen und Know-how zu erwerben, brauchte Wintershall strategische Partner. Diese wurden mit der Gewerkschaft Elwerath, der Preussag, und 1935 auch noch mit dem Außenseiter Eurotank gefunden. Flankiert wurden die Erdölaktivitäten durch Gespräche mit Vertretern der Reichsregierung, der Preußischen Geologischen Landesanstalt und der jeweiligen Länderregierungen. Unter ihnen bildete sich schon vor der Machtübernahme Hitlers insoweit ein Konsens heraus, als dass sie Willens waren, die deutschen Erdölproduzenten zu fördern.

---

123 Vgl. *Chronik der Wintershall AG*, (wie Anm. 2), 241.

124 Vgl. BIOS Final Report Nr. 1017, Oil Field Investigation, Part IV, Section 2, London 1945, The war structure of the German crude oil industry 1934–1945.

Autarkie- und Rüstungsinvestitionen

Die Kaliindustriellen befürworteten die Machtübernahme der Nationalsozialisten und legten Loyalitätsbekundungen zum Führerstaat ab.[125] Der Aufsichtsratsvorsitzende der Wintershall AG, Heinrich Schmidt beschloss das Jahr 1933 mit einem „freudigen Ausblick für den Wiederanstieg des Deutschen Reiches und einem vertrauensvollen Bekenntnis zur Führung des Reiches".[126] Vorstand und Aufsichtsrat erhofften sich eine Wiederbelebung der Wirtschaft und den Erhalt ihrer unternehmerischen Handlungsspielräume.

Die konjunkturelle Erholung hatte schon kurz vor der Ernennung Hitlers zum Reichskanzler eingesetzt. Allerdings waren die Unsicherheiten über den Kurs der neuen Machthaber anfangs noch recht groß. Die antikapitalistischen Strömungen in der NSDAP hofften auf eine „zweite Revolution". Bergwerksdirektoren mit NSDAP-Parteibuch und NS-Aktivisten, die den Ideen von einer „ständischen Wirtschaft" zuneigten, hielten 1933 ihre Stunde für gekommen, und forderten eine grundsätzliche Veränderung der Strukturen der Kaliindustrie. Eugen Burghardt sah in der Kaliindustrie ein „System des Wahnsinns" am Werk. „Überspitzter Ehrgeiz einiger Gewaltnaturen, gepaart mit unersättlicher Profitgier, ließen Machtkämpfe entstehen, die eine Kapitalverwüstung und Wertvernichtung ohnegleichen zur Folge hatte."[127] Er mahnte die Wiederinbetriebnahme geschlossener Kalischächte an, um für mehr Beschäftigung zu sorgen. Auch wurden die Forderungen nach einer Herabsetzung der Kalipreise immer lauter.[128] Dies war angesichts der andauernden Agrarkrise, mit fallen-

125 Vgl. K + S Aktiengesellschaft (Hg.), *Wachstum erleben* (wie Anm. 3), 104.

126 BA Berlin, R 8119F, Nr. 1966/2, Aufsichtsratssitzung der Wintershall AG in Berlin, 20.12.1933.

127 Eugen Burghardt, *Will die Kali-Industrie Schätze sammeln?*, in: Der Deutsche (11.9.1934), Bl. 319.

128 Vgl. LATh, HStA Weimar, Thüringisches Wirtschaftsministerium, Bestand 6-32-0030; Nr. 5645, Bl. 314, Westermann, Bergwerksdirektor a.D. Göttingen, an Ministerium des Innern des Landes Thüringen, 8.9.1933.

den Erzeugerpreisen, einer Überschuldung vieler Höfe und der Verringerung des Lebensmittelaufkommens bei zunehmender Devisenknappheit, nachvollziehbar.

Die verbalen Angriffe aus den Reihen der NSDAP auf die „Gewaltnaturen" waren nicht zuletzt auf Rosterg gemünzt, mussten ihn und auch die anderen Direktoren der Kaliwirtschaft aber nicht sonderlich beunruhigen, da sie sich bereits gut mit den neuen Machthabern arrangiert hatten.

Ausweitung der Erdölsuche und -verarbeitung

Nachdem sich Wintershall für einen Einstieg in die Erdölwirtschaft entschieden hatte, hing seit 1933 viel davon ab, welchen Weg die Hitler-Regierung in der Ölpolitik einschlagen würde. In der Konsolidierungsphase des Regimes blieb dies monatelang in der Schwebe.[129] Mehrere Interessengruppen konkurrierten miteinander und versuchten die staatlichen Stellen in ihrem Sinne zu beeinflussen. Die deutschen Erdölproduzenten, in der zeitgenössischen Literatur nicht ganz zutreffend als „preußische Erdölkonzerne" bezeichnet, setzten den Plänen der Konkurrenz eine Initiative für ein vom Reich gefördertes Bohrprogramm entgegen. Rosterg und Beil spielten dabei maßgebliche Rollen.[130]

Am 10. Januar 1934 fand im Reichswirtschaftsministerium eine Sitzung mit den wichtigsten deutschen Erdölunternehmen statt.[131] Die Reichsregierung gab bekannt, dass sie Darlehen für die Aufschließung neuer Erdölgebiete zur Verfügung stellen werde. Sie erklärte sich bereit, im Rahmen eines von der Geologischen Landesanstalt auszuarbeitenden Plans – später Reichsbohrprogramm

129 Vgl. Kockel, *Deutsche Ölpolitik* (wie Anm. 90), 68–99.

130 Vgl. Henry A. Turner, *Die Großunternehmer und der Aufstieg Hitlers*, Berlin 1985, 295-297.

131 Vgl. Archiv der BGR Hannover, Nr. 58293, Bericht über die geplanten Reichsdarlehen für Erdölaufschlüsse.

genannt – die Hälfte der reinen Bohrkosten zu übernehmen. Das Reichsbohrprogramm bot den Anlass für einschneidende Veränderungen der Rechtsgrundlagen bei der Erdölgewinnung. Preußen führte Ende 1934 den Staatsvorbehalt bei Erdöl ein. Die neuen Bestimmungen ermöglichten es dem Staat, einheitliche, meist auf fünf Jahre befristete Konzessionsverträge zu vergeben. In dieser Zeit musste mindestens eine Bohrung erfolgen. Der Abbau wurde dann für 30 Jahre gegen einen Förderzins von fünf Prozent gewährt.[132] Das Prinzip der Solidarhaftung veranlasste die Firmen zur Gründung von Aufschlussgemeinschaften, um die Zersplitterung des Konzessionsbesitzes auszugleichen.

Der Reichswirtschaftsminister erließ im November bzw. Dezember 1934 Gesetze „über die Durchforschung des Reichsgebietes nach nutzbaren Lagerstätten" (Lagerstättengesetz) und „über die Übernahme von Garantien zum Ausbau der Rohstoffwirtschaft" (Garantiegesetz).[133] Damit wurde die Vergabe von Subventionen für die Gewinnung der heimischen Bodenschätze und die Produktion von Ersatzstoffen geregelt.

Mehr als vier Fünftel aller konzessionierten Flächen entfielen auf Konzerne bzw. Unternehmensgruppen, wobei die Bayerische Mineralindustrie AG und die Vingerhoets-Gruppe, die zusammen fast die Hälfte aller Konzessionen hielten, diese hauptsächlich zu spekulativen Zwecken erworben hatten und mit neuen Aufschlüssen kaum in Erscheinung traten.

---

132 Vgl. Hanns-Heinz Kasper, *Die Erdölgewinnung Deutschlands*, Dissertation Bergakademie Freiberg 1977, 317.

133 Vgl. Ralf Banken, *Die wirtschaftspolitische Achillesferse des „Dritten Reiches": Das Reichswirtschaftsministerium und die NS-Außenwirtschaftspolitik 1933-1939*, in: Albrecht Ritschl (Hg.), Das Reichswirtschaftsministerium in der NS-Zeit. Wirtschaftsordnung und Verbrechenskomplex, Berlin 2016, 193f.

Konzessionsbesitz ausgewählter Unternehmen 1937[134]

Unternehmen	Fläche	Anteil an den Gesamtkonzessionen
Bayerische Mineralindustrie AG	1 600 007 ha	35,7 %
Wintershall AG	666 756 ha	14,9 %
Vingerhoets Konzern	610 000 ha	13,0 %
Deutsche Petroleum AG	347 000 ha	7,5 %
Gewerkschaft Brigitta	327 981 ha	7,3 %
Gewerkschaft Elwerath	228 000 ha	5,0 %
Gewerkschaft Zingel, Brassert, Bergsglück	94 000 ha	2,1 %
Schachtbau Thyssen	92 989 ha	2,1 %
Deutsche Vacuum Öl AG	93 685 ha	2,1 %
Preussag	75 000 ha	1,6 %
I.G. Farbenindustrie AG	45 772 ha	1,0 %

Die größten Aktivitäten bei der Erdölsuche entwickelten die Gewerkschaft Elwerath, Wintershall, DEA und Preussag. Auf diese vier entfielen rund drei Viertel aller Bohrleistungen und der größte Teil der ausgereichten Bohrdarlehen.[135] Insgesamt wurden im Rahmen des Reichsbohrplans in Deutschland 643 Bohrungen mit über einer halben Mio. Bohrmetern durchgeführt und 25 abbauwürdige Lagerstätten erschlossen.[136] Die Erdölindustrie erhielt rund 52 Mio. Reichsmark an Darlehen, wovon 14 Mio. Reichsmark aufgrund von Fündigkeit wieder zurückgezahlt wurden.[137] Das Reichsbohrpro-

134 Zusammengestellt nach: Archiv der BGR Hannover, Nr. 0088394, Nr. 0086439 und Nr. 0086424.

135 Vgl. Archiv der BGR Hannover, Nr. 0088394, Der Anteil der einzelnen Erdölfirmen an den vergebenen Reichszuschüssen 1934-1944.

136 Vgl. Kockel, *Deutsche Ölpolitik* (wie Anm. 90), 288.

137 Vgl. Archiv der BGR Hannover, Nr. 86424, Über die Reichsdarlehen für Erdölbohrungen.

gramm führte zu einem Aufschwung der Erdölerkundung und -förderung in Deutschland und ab 1939 auch in Österreich.[138]

Wintershall konzentrierte sich anfangs auf Erkundungsarbeiten in Thüringen. Nachdem diese erfolglos blieben, bemühte sich der Konzern gemeinsam mit der ITAG um Konzessionen in Baden.[139] Doch auch dort kam es nicht zu nennenswerten Erdölfunden. Das Engagement bei der Erdölsuche begann sich dennoch auszuzahlen, da der Wintershall AG wichtige Aufschlüsse im Hannoverschen Revier gelangen. Diese ermöglichten 1935 die Gründung der „Erdölwerke Nienhagen GmbH". Zuvor hatte Wintershall noch nicht über eigene Bohrausrüstungen verfügt und musste die Bohrungen Konsortialpartnern überlassen. Nunmehr wurde der Grundstein für einen eigenen Bohrgerätepark gelegt. Auch erwies sich die Beteiligung an der Gewerkschaft Elwerath von Beginn an als profitables Geschäft. Infolgedessen entfiel seit Mitte der 1930er Jahre ein wachsender Teil der Gewinne der Wintershall AG auf die junge Erdölsparte.

Innerhalb weniger Jahre hatte sich der einstige Kalikonzern in der Erdölwirtschaft etabliert. Mit einem Anteil von rund 20 Prozent an der gesamten deutschen Erdölförderung lag Wintershall 1936 bereits in etwa gleichauf mit DEA. Nimmt man noch die Beteiligung an Elwerath hinzu, so hatte sich Wintershall den Spitzenplatz erarbeitet.

---

138 Kockels Einschätzung, dass das Reichsbohrprogramm ein „gigantischer Flopp" (Kockel, *Deutsche Ölpolitik* (wie Anm. 90), 176) gewesen sei, ist angesichts der im Deutschen Reich und nach 1938 vor allem auch Österreich neu aufgeschlossenen Erdölfelder und steigender Förderzahlen nicht haltbar.

139 Vgl. Kockel, *Deutsche Ölpolitik* (wie Anm. 90), 169.

Anteile einzelner Unternehmen an der deutschen Erdölförderung 1930–1938 in Prozent[140]

Jahr	DEA	Elwerath	Wintershall	Burbach	Preussag
1930	36,0	29,0	0	2,5	3,7
1933	22,8	48,9	7,2	2,4	7,6
1936	20,1	38,9	19,7	0	1,6
1938	19,3	30,9	18,8	0	7,2

Zeitweilig war Wintershall auch an der Verarbeitung von Importrohöl aus Mexico und Ecuador interessiert. Der Wintershall-Techniker Hermann Wolff reiste im Februar 1936 gemeinsam mit Alfred Bentz von der Preußischen Geologischen Landesanstalt nach Mexiko. Gut ein Jahr später waren diese Projekte jedoch vom Tisch. Direktor Beil erklärte, dass sich Wintershall nicht mehr um Konzessionen in Ecuador und den Rohölimport aus Mexico bemühen werde.[141]

Bis Ende der 1930er Jahre blieb die deutsche Erdölförderung hauptsächlich auf die hannoverschen Felder beschränkt. Dies änderte sich mit der Erkundung und Erschließung neuer Lagerstätten nahe Reitbrook bei Hamburg und Heide in Schleswig-Holstein. Wintershall, Elwerath und Preussag erschlossen außerdem im Emsland neue Erdöl- und Erdgasfelder.[142] Der bedeutendste Erdölfund gelang Wintershall 1943 nahe Emlichheim.[143]

Mehr und mehr verlagerte sich der Schwerpunkt der Erdölförderung nach Norddeutschland.[144]

---

140 Zusammengestellt nach: Ebd., 290.

141 Vgl. Kockel: *Deutsche Ölpolitik* (wie Anm. 90), 269.

142 Vgl. *Chronik der Wintershall AG* (wie Anm. 2), 332f.

143 Vgl. Ebd., 379.

144 Vgl. *Öl und Kohle Zeitschrift für d. gesamte Gebiet d. Kraftstoffe, Mineralöle, Bitumen, Teere u. verwandten Stoffe*, Jg. 1939, 38f.

Abb. 3: Ölverladung im Emsland (1944).

Anteile verschiedener Regionen an der deutschen Erdölgewinnung (in Prozent)[145]

Jahr	hannoversche Felder	norddeutsche Felder	Thüringen	Baden
1933	97,5	0	2,5	0
1936	92,6	6,1	0,2	1,1
1939	50,9	47,1	0	2,0
1942	43,5	55,2	0	1,3
1944	38,9	56,3	0	1,2

Der größte Teil des heimischen Erdöls wurde zu Schmieröl verarbeitet. Im Gegensatz zu den Treibstoffen war eine synthetische Gewinnung von Schmierölen nicht gelungen. Es lag daher nahe, die

145 Zusammengestellt nach Hanns-Heinz Kasper, *Die Erdölgewinnung Deutschlands* (wie Anm. 132), 128, 137.

wachsende deutsche Rohölförderung auch weiterhin vorwiegend für die Schmierölproduktion einzusetzen.

Innerhalb weniger Jahre konnte Wintershall die Rohölverarbeitung in der Raffinerie Salzbergen fast verdreifachen. Damit erreichte das Werk seine Kapazitätsgrenzen, was den Vorstand veranlasste, den Neubau einer Raffinerie in Mitteldeutschland in Angriff zu nehmen.

Rohöldurchsatz in der Raffinerie Salzbergen[146]

Jahr	Rohölverarbeitung (in Tonnen)
1932	15.227
1933	15.817
1934	28.220
1935	42.637

Außerdem wurden die Schmierölkapazitäten im Jahr 1936 durch den Bau der „Neuen Erdölraffinerie" (Nerag) bei Hannover-Misburg noch erweitert. Die Gründung dieses Unternehmens, an dem Wintershall indirekt durch die Gewerkschaft Elwerath beteiligt war, stand bereits im Zusammenhang mit der Kriegsvorbereitung. Die Nerag sollte mehr als ein Drittel des Bedarfs an Motorenölen und fast zwei Drittel des Bedarfs an den übrigen hochwertigen Schmierölen decken.[147]

Kaliproduktion unter dem Kaliwirtschaftsgesetz vom Dezember 1933

Im Geschäftsbericht der Wintershall AG für das Jahr 1933 ist von einer „durchgreifenden Neuregelung auf agrarpolitischem Gebiet, die die Kaufkraft der Landwirtschaft, als der Hauptabnehmerin der

146 *Chronik der Wintershall AG* (wie Anm. 2), 293.

147 Vgl. Stier/Laufer, *Von der Preussag zur TUI* (wie Anm. 85), 209f.

Kalierzeugnisse, gehoben hat", zu lesen.[148] Damit war vor allem die Gründung des „Reichsnährstandes" im September 1933 gemeint.[149] Diese Pflichtorganisation trat an die Stelle der alten landwirtschaftlichen Verbände und sollte für die Stabilisierung der Betriebsstrukturen in der Landwirtschaft und die Steigerung der heimischen Agrarproduktion sorgen, um die Abhängigkeit von Importen zu mindern. Der Reichsnährstand setzte von Anfang an auf eine staatlich gelenkte Preispolitik für Agrarprodukte. Diese erfolgte auf Grundlage einer umfassenden Zwangskartellierung der Nahrungsmittelproduzenten, einschließlich des Handels.

Die Kaliindustrie sollte ihrerseits einen wichtigen Beitrag zur „Erzeugungsschlacht" leisten und den steigenden Düngemittelbedarf der Landwirtschaft möglichst preiswert decken. Der gesetzliche Rahmen dafür wurde am 18. Dezember 1933 mit dem Kaliwirtschaftsgesetz vorgegeben. Die Quotenverteilung im Kalisyndikat blieb bestehen. Auch blieb das Syndikat für die Festsetzung der Inlandspreise verantwortlich. Jedoch sicherte sich der Reichswirtschaftsminister die Oberaufsicht über die Kaliwirtschaft und wurde ermächtigt, Eingriffe in die Gestaltung des Gesellschaftsvertrages des Syndikats vorzunehmen. Auch konnte er direkten Einfluss auf die Preisgestaltung nehmen.[150]

Die auf eine Stärkung der Binnennachfrage und Reduzierung der Arbeitslosigkeit gerichtete Politik des nationalsozialistischen Regimes wurde von der Kaliindustrie begrüßt, da diese zur Belebung der Konjunktur beitrug und zu einer erhöhten Nachfrage nach Dün-

148 Wintershall AG, *Geschäftsbericht 1933*, 5.

149 Vgl. Uffa Jensen, *Reichsnährstand*, in: Wolfgang Benz u.a. (Hrsg.), *Enzyklopädie des Nationalsozialismus*, Stuttgart 2007, 750.

150 Vgl. *Chronik der Wintershall AG* (wie Anm. 2), 265ff.

gemitteln führte.[151] Ab 1933 konnten die Kaliwerke wieder Personal einstellen.

Entwicklung der Beschäftigtenzahl der Wintershall AG und der Kaliproduktion des Syndikats 1930–1938[152]

Jahr	**Beschäftigte**	**Davon in der Kaliproduktion** in Prozent	**Kaliproduktion des Syndikats** (in Mio. Doppelzentner)
1930	4.301	100	13,6
1932	4.743	95	9,2
1934	6.657	90	12,2
1936	8.696	80	13,6
1938	13.340	67	16,8

Die Kaliunternehmen profitierten von der Belebung der Konjunktur jedoch nur eingeschränkt, da der Reichsnährstand auf eine allgemeine Reduktion der Kalipreise gedrängt hatte und das Kalisyndikat dem im Oktober 1934 zustimmte.[153] Die je nach Sorte um elf bis 38 Prozent reduzierten Preise konnten durch eine Erhöhung des Absatzes ausgeglichen werden.

Auch in das Exportgeschäft griff der Staat regulierend ein. Ab 1934 wurden sämtliche Aus- und Einfuhrgeschäfte der Kaliindustrie einer „Überwachungsstelle" unterstellt. Insgesamt entwickelte sich der Binnenmarkt deutlich dynamischer als der Export.

Im Frühjahr 1937 folgte ein weiterer staatlicher Eingriff in die Preise für stickstoffhaltige Düngemittel und Kalisalze, die um 30 bzw. 25 Prozent gesenkt wurden. Ausgenommen von den Preis-

151 Vgl. Dagmar Mehnert, *Der Aufbau des Kalireviers und die Jahre bis 1945*, in: Hermann-Josef Hohmann/Dagmar Mehnert (Hrsg.), Bunte Salze, Weiße Berge. Wachstum und Wandel der Kaliindustrie zwischen Thüringer Wald, Röhn und Vogelsberg, Hünfeld 2004, 75.

152 Zusammengestellt und errechnet nach: *Geschäftsberichte der Wintershall AG*, lfd.

153 Vgl. Wintershall AG, *Geschäftsbericht 1934*, 5.

senkungen wurden nur höherwertige Kalisalze.[154] Mit diesem erneuten massiven Eingriff hatte man bei Wintershall nicht gerechnet.[155] Über die Steigerung des Absatzes und der Produktivität war dies nicht mehr abzufangen. Vertreter der Hausbank rechneten daher mit Rückgriffen auf die Substanz. Der Aufsichtsratsvorsitzende Schmidt beruhigte die Aktionäre mit dem Hinweis, dass die geringere Ertragsfähigkeit auf der Kaliseite in etwa ausgeglichen werden könne „durch Gewinne, die wir auf anderem Gebiet erzielen."[156] In der Tat erwirtschaftete der Konzern einen wachsenden Teil seiner Gewinne in den neuen Geschäftsfeldern, hauptsächlich der Mineralölproduktion.

Heeresmunitionsanstalten und Hoko-Anlage

Mit dem Versailler Vertrag war das deutsche Heer auf 100.000 Mann beschränkt und die deutsche Waffen- und Munitionsfertigung streng limitiert worden. Daher durfte das Deutsche Reich auch nur sieben Munitionsanstalten unterhalten. Um diese Regelung zu umgehen, entwickelte die Reichswehr den Plan, heimlich unterirdische Munitionsanstalten einzurichten. Dafür boten sich stillgelegte Kalischächte an. Der Wintershall AG sollte dabei eine Vorreiterrolle zukommen. Bereits im Frühjahr 1934 verhandelte das Unternehmen mit der Reichswehr über den Umbau des seit März 1931 stillgelegten Kaliwerkes Bernterode zu einem Munitionsdepot für das Heer.[157] Mit der heimlichen Aufrüstung wurde der Versailler Vertrag verletzt, was dem Vorstand des Unternehmens bekannt gewesen sein dürfte, aber billigend in Kauf genommen wurde.

---

154 Vgl. *Chronik der Wintershall AG* (wie Anm. 2), 328.

155 Vgl. BA Berlin, R 8119F, Nr. 1961/2, Oswald Rösler, Vorstandsmitglied an Otto Ullmann, Direktor Filiale Kassel, 10.4.1937.

156 Zitiert nach: *Chronik der Wintershall AG* (wie Anm. 2), 314.

157 Vgl. Frank Baranowski, *Heeresmunitionsanstalten in stillgelegten Kaliwerken im Südharz- und Werragebiet*, Bad Langensalza 2018, 15-28.

Die Einlagerung von Munition und Sprengstoffen in Kalischächten stellte ein Novum in der deutschen Militärgeschichte dar. Nach mehreren Besichtigungen unterbreitete Wintershall dem Heer im Herbst 1934 ein erstes Angebot für die Nutzung der Grubenräume für Einlagerungszwecke. Im Spätsommer 1936 begann die Munitionseinlagerung. Der endgültige Nutzungsvertrag ratifizierten die Wintershall AG und der Reichsfiskus im Juli 1939, rückwirkend für den Zeitraum ab Juli 1934.[158]

In gewisser Weise kann die Heeresmunitionsanstalt Bernterode als Beispiel für die „Ökonomie der Zerstörung" gelten. Im Frühsommer 1942 war ihr Fortbestand wegen starker Laugenzuflüsse gefährdet. Unter Friedensbedingungen wären Teile der Anlage aufgegeben worden. In Kriegszeiten hingegen wurden nur provisorische Sicherungsmaßnahmen durchgeführt und die Munitionseinlagerung fortgesetzt.

Nach dem Vorbild von Bernterode wurden noch zahlreiche weitere stillgelegte Kalischächte zu Munitionsanstalten umfunktioniert. Dies führte zunehmend zu Interessenkonflikten zwischen Wintershall und dem Militär. Der Konzern hatte bis Mitte 1937 bereits neun Kaliwerke dem Heer zur Nutzung überlassen. Im Fall des Kaliwerks Alexandershall spitzte sich der Konflikt zu. Wintershall wollte das Werk als Reserveanlage vorhalten. Das Thüringische Wirtschaftsministerium unterstützte diesen Plan. Gegen die Interessen des Heeres und des Reichswirtschaftsministeriums hatte das Unternehmen jedoch keine Chance.[159] Wintershall forderte eine Entschädigung in Höhe von 4,85 Mio. Reichsmark, das Reichswirtschaftsministerium hielt nur 2,35 Mio. Reichsmark für angemessen und bezweifelte, ob Wintershall überhaupt ernsthaft an der Wiederinbetriebnahme der genannten Schächte interessiert war.

---

158 Vgl. Ebd., 18.

159 LATh, HStA Weimar, Thüringisches Wirtschaftsministerium, Bestand 6-32-0030, Nr. 4818/341 und Nr. 4181/288, Vermerk: Besprechung beim OKH, 19.5.1937.

Letztendlich erhielt Wintershall die geforderte Summe und trat dafür die Schachtanlagen Alexandershall und Abteroda an das Heer ab.

Welche Risiken der Betrieb von Munitionsanstalten barg, zeigte sich jedoch nicht nur bei Laugeneinbrüchen, sondern viel mehr noch bei der unsachgemäßen Einlagerung von Munition. So kam es im Schacht Ludwigshall am 29. Juli 1942 zu einem schweren Unfall, bei dem über 5.000 Granaten detonierten. Es gab 145 Tote.[160]

Im Herbst 1936 wurde die Wintershall AG von der „Wirtschaftlichen Forschungsgesellschaft GmbH" (Wifo) – einer vom Reichswirtschaftsministerium gegründeten Tarnfirma zur logistischen Kriegsvorbereitung – beauftragt, auf dem Gelände ihrer Mischdüngerfabrik in Sondershausen eine Anlage zur Herstellung von hochkonzentrierter Salpetersäure (Hoko-Anlage) nach dem Muster einer bereits in Piesteritz laufenden Anlage zu bauen.[161] Die Anlage wurde mit Staatsmitteln errichtet und gehörte dem Reich. Betreiber war die Wintershall AG. Der Probebetrieb begann im Sommer 1938.[162] Die hochkonzentrierte Salpetersäure wurde an mehrere Sprengstoffwerke geliefert. Als sich Ende 1940 die militärische Lage entspannte, diskutierten Wifo und Wintershall über eine Stilllegung der Anlage. Im Frühjahr 1941 musste der Betrieb dann aber wieder aufgenommen werden. Auch die Mischdüngerfabrik in Sondershausen wurde in die Rüstungsproduktion eingebunden und belieferte die Heeresmunitionsanstalten und andere Rüstungsbetriebe mit Primär-Stickstoff.

Leichtmetallproduktion in Heringen und Berlin

Ende des 19. Jahrhunderts hatte die industrielle Gewinnung von Magnesium aus dem Mineral Carnallit in den von Walther Rathenau, Vorstand der Allgemeinen Elektrizitätsgesellschaft (AEG), Berlin

160 Vgl. Baranowski, *Heeresmunitionsanstalten* (wie Anm. 157), 72.

161 Vgl. LATh, HStA Weimar, Thüringisches Wirtschaftsministerium, Bestand 6-32-0030, Nr. 5746, Bl. 25, Thüringisches Bergamt an Wirtschaftsminister, 23.9.1936.

162 Vgl. Ebd., Bl. 52, Thüringisches Bergamt an Wirtschaftsminister, 16.8.1938.

und ab 1912 Aufsichtsratsvorsitzender der AEG, gegründeten Elektrochemischen Werken in Bitterfeld begonnen. Die direkte Verarbeitung von Carnallit in Elektrolysen war technisch aufwendig und entsprechend teuer. Die Wirtschaftlichkeit des Magnesiumverfahrens hing wesentlich von den Energiekosten ab.[163]

Weltweit gab es mit der I.G. Farben und Dow Chemical nur zwei Konzerne, die nennenswerte Mengen an Magnesium herstellten. Ende der 1920er Jahre entwickelten Chemiker der I.G. Farben in Bitterfeld ein neues Verfahren zur Magnesiumproduktion aus Magnesit bzw. später auch Dolomit, das an die Stelle des Carnallit-Verfahrens trat.[164] Der Energieaufwand für das „I.G.-Verfahren" lag deutlich unter dem des Carnallit-Verfahrens. Mit wachsendem Erfolg vermarktete die I.G. Farben ihre Magnesium-Legierungen unter dem Namen „Elektron" im Ausland, vor allem in Großbritannien und den USA. Magnesium fand nun unter anderem als Werkstoff für die Autoindustrie und die Elektroindustrie Anwendung.[165]

Bei der Wintershall AG wurde die Entwicklung auf den Leichtmetallmärkten aufmerksam beobachtet. Als wichtigster Produzent von Kali-Salzen lag es nahe, dass der Konzern mit dem Aufbau einer eigenen Magnesium-Produktion liebäugelte. Dies umso mehr, als dass die I.G. Farben ihre Bezüge von chemisch reinem Carnallit aus dem Wintershall-Werk „Großherzog von Sachsen" Mitte 1929 einstellte, da ihr neues Verfahren den Einsatz anderer Salze ermöglichte, die nicht von Wintershall bezogen werden mussten.[166] Das Wintershall-Werk musste nach dem Wegfall des Hauptkunden geschlossen werden.

---

163 Vgl. Gottfried Plumpe, *Die I.G. Farbenindustrie AG. Wirtschaft, Technik und Politik 1904–1945*, Berlin 1990, 399.

164 Vgl. Günter Matter, *Elektron. Geschichte und Renaissance eines außergewöhnlichen Metalls*, Essen 2019, 96.

165 Vgl. Ebd., 121ff.

166 Vgl. BA Berlin, R 8119F, Nr. 1966/1, Aufsichtsratssitzung der Kali-Industrie AG in Berlin, 12.6.1929.

Die bisherige Abhängigkeit von der I.G. Farben bei der Vermarktung von Carnallit veranlasste den Wintershall-Vorstand zur Suche nach Alternativen. Es wurden Verhandlungen mit britischen und französischen Firmen über den Import von Knowhow geführt.[167] Nachdem diese scheiterten, entschloss sich Wintershall zur Entwicklung eines eigenen Verfahrens zur Leichtmetallproduktion. Ab 1930 begannen im Werk Kaiseroda bei Bad Salzungen streng geheime Versuche, um in Heringen gefördertes Carnallit in einer Schmelzfluss-Elektrolyse zu Magnesium zu verarbeiten.[168] In Verbindung mit Aluminium konnten nach entsprechender Weiterverarbeitung Gussteile aller Art hergestellt werden.

Das Wintershall-Verfahren funktionierte, war allerdings sehr energieintensiv und dem neuen, auf der Verarbeitung von Magnesit oder Dolomit beruhenden I.G.-Verfahren unterlegen. Auch blieb abzuwägen, ob sich für einen Außenseiter, wie es Wintershall auf diesem Gebiet nun einmal war, überhaupt eine Wirtschaftlichkeit bei der Magnesium-Produktion erreichen ließ. Nur mit Hilfe staatlicher Garantiepreise erschien der Einstieg in die Magnesium-Herstellung gerechtfertigt. Ob Wintershall in Zeiten einer funktionierenden Weltwirtschaft in die großtechnische Herstellung von Magnesium eingestiegen wäre, bleibt daher fraglich. Als jedoch Hitler im Januar 1933 an die Macht kam und sich eine Verstetigung der Autarkiepolitik abzeichnete, sah der Vorstand der Wintershall AG die Chance, sich mit dem eigenen Verfahren als Magnesium Anbieter zu positionieren. Magnesium galt als „volldeutsches" Metall, da es unabhängig von Rohstofflieferungen aus dem Ausland hergestellt werden konnte. Im Herbst 1934 beschloss der Vorstand den Bau einer Leichtmetallfabrik für 1,25 Mio. Reichsmark in Heringen. Wichtigster Abneh-

167 Vgl. *Chronik der Wintershall AG*, (wie Anm. 2), 284f.

168 Vgl. Elke Reitermayer/Arndt Karschin, *Die Produktion von Magnesiummetall im Kaliwerk Wintershall in Heringen (Werra) - Eine historische Betrachtung*, in: Kali und Steinsalz 3 (2013), 14-27, hier 19; BA Berlin, R 8119F, Nr. 1966/1, Aufsichtsratssitzung der Wintershall AG in Berlin, 17.9.1932.

mer sollten die zur Quandt-Gruppe gehörenden Dürener Metallwerke werden.[169] Hinzu kam mit dem Reichsluftfahrtministerium noch ein zweiter Großabnehmer. Sehr zur Überraschung und Verärgerung der I.G. Farben hatte nämlich das Reichsluftfahrtministerium Anfang 1935 auch mit der Wintershall AG einen Vertrag über die Lieferung von Magnesium abgeschlossen.[170]

Bereits im Oktober 1935 begann die Produktion. Sowohl das Rohmagnesium als auch die Magnesium-Legierungen erhielten den Namen MAGNEWIN (Magnesium von Wintershall). Neben Halbzeugen wurden verschiedenste Produkte für Autos, Werkzeugmaschinen, Montagevorrichtungen und Büromaschinen gefertigt. Besonders stolz war man auf die Verwendung von MAGNEWIN für den Bau der Focke-Wulf 200, bekannt unter dem Namen „CONDOR", des ersten viermotorigen Langstreckenflugzeugs der Welt.

Für den Metallbau völlig neu war das Spritzgießen. Dafür mussten Spezialmaschinen entwickelt werden. Das Spritzgießen von Magnesium-Legierungen war ein von der I.G. Farben lange gehütetes Geheimnis.[171] Ende 1933 unterzeichnete die zur I.G. Farben gehörende Chemische Werke Bitterfeld GmbH ein Gießlizenzabkommen mit der Fusor Präzisions-Spritz- und Pressguss GmbH Berlin.[172] Kurz nach Baubeginn ihres Magnesium-Werks in Heringen erwarb Wintershall das mittelständische Berliner Unternehmen für 120.000 Reichsmark und kam so auch in den Besitz einer modernen Gieß-

169 Vgl. BA Berlin, R 8119F, Nr. 1961/1, Deutsche Bank, Aktenvermerk 20.10.1934.

170 Vgl. Plumpe, *I.G. Farbenindustrie AG* (wie Anm. 163), 410, 414.

171 Vgl. Günter Matter, *Elektron: Geschichte und Renaissance eines außergewöhnlichen Metalls*, Essen 2019, 133.

172 Vgl. Landesarchiv Sachsen-Anhalt, Merseburg, I 506, Nr. 2008.
Das Unternehmen war 1920 in Birkenwerder gegründet worden und verlegte 1922 seinen Sitz nach Berlin, nachdem zuvor Fabrikdirektor Alfred Kummer aus Berlin-Neukölln die Geschäftsanteile der anderen beiden Gesellschaftsgründer erworben hatte. Vgl. LA Berlin, A Rep. 342-02 (Amtsgericht Charlottenburg, Handelsregister), Nr. 64125: Fusor Präzisions-Spritz- u. Pressguss GmbH, hierin Bl. 1-6: Schreiben des Notars Fritz Jacke an das AG Oranienburg, betr. Errichtung der Firma „Fusor" Praecisions-, Spritz- und Pressguss-Gesellschaft mbH, vom 25. August 1920.

technologie.[173] Von der Fusor GmbH wurden in der Folgezeit MAGNEWIN-Legierungen zu Druckgussteilen weiterverarbeitet.[174]

Nach der Verkündung des Vierjahresplans im Herbst 1936, mit dem die deutsche Wirtschaft innerhalb von vier Jahren kriegsfähig werden sollte, nahm die Nachfrage der Rüstungsindustrie zu Lasten der zivilen Nachfrage sprunghaft zu. Die Herstellung von MAGNEWIN diente seitdem überwiegend dem Flugzeugbau. Im Geschäftsbericht wurde dazu festgehalten: „Diese rein deutschen Erzeugnisse [gemeint sind die Magnesiumlegierungen – R.K.] erfreuen sich der besonderen Förderung der amtlichen Stellen.“[175] Noch 1936 wurde das Leichtmetallwerk Heringen II vom Wehrwirtschafts- und Rüstungsamt zum Rüstungsbetrieb erklärt.[176] Auch die Fusor GmbH Berlin wurde mit Rüstungsaufträgen ausgelastet.[177]

Ende 1939 wurde die Kapazitätsgrenze bei der Magnesium-Produktion in Heringen II erreicht. Angesichts der kriegsbedingt rasch weiter steigenden staatlichen Nachfrage beschloss der Vorstand der Wintershall AG den Bau einer weiteren Elektrolyseanlage in Heringen.[178] Mit deren Inbetriebnahme konnte die Magnesium-Produktion weiter gesteigert werden.

---

173 Vgl. *Geschäftsbericht der Wintershall AG Berlin für 1935*, 7.

174 Vgl. Fusor Präcisions-Spritz- und Pressguss GmbH, *Fusor-Guss. Fusor-Spritzguss, Fusor Mangewin-Spritzguss. Konvolut von vier Prospekten und einem Sonderdruck*, Berlin 1937.

175 *Geschäftsbericht der Wintershall AG für 1937*, 6.

176 Vgl. Reitermayer/Karschin, *Die Produktion von Magnesiummetall* (wie Anm. 168), 21.

177 Vgl. BA Freiburg, RL 3/5121, Schriftverkehr mit Firmen, Besichtigung von Firmen, Erkundungs-Berichte als Grundlage für die Auswahl zur Erteilung von Rüstungsaufträgen.

178 Vgl. *Geschäftsbericht der Wintershall AG für 1939*, 10.

Magnesium-Produktion der Wintershall AG in Heringen von 1936 bis 1944 in Tonnen[179]

Jahr	Magnesium-Produktion
1936	1.233
1937	905
1938	1.206
1939	1.771
1940	1.772
1941	3.540
1942	5.243
1943	5.549
1944	6.264

Auf das Werk Heringen II entfiel ein beachtlicher und bis Kriegsende wachsender Anteil an der deutschen Magnesiumproduktion. Neben den Werken der I.G. Farben in Bitterfeld Nord und Süd sowie in Aken und Staßfurt leistete die Wintershall AG auch auf diesem Gebiet einen nicht zu unterschätzenden Beitrag für die Rüstungswirtschaft des nationalsozialistischen Regimes.

Anteil der Wintershall AG an der deutschen Magnesiumproduktion von 1936 bis 1944[180]

Jahr	Deutschland insgesamt (in Tonnen)	Wintershall AG (in Tonnen)	Anteil der Wintershall AG in Prozent
1937	12.080	905	7,5
1940	14.100	1.772	12,6
1943	32.400	5.549	17,1

179 Vgl. Reitermayer/Karschin, *Die Produktion von Magnesiummetall* (wie Anm. 168), 15.
180 Vgl. Ebd., 15.

Mit fortschreitenden Kriegsverlauf kamen im Werk Heringen II zunehmend Kriegsgefangene und Zwangsarbeiter zum Einsatz. Sie waren in den Elektrolysehallen tätig und mussten das Magnesium mittels Lochlöffel von Hand unter gesundheitsschädlichen Bedingungen abschöpfen.[181] Bei Fusor in Berlin waren auch zahlreiche „Rüstungsjuden"[182], ein Zeuge sprach nach dem Krieg von mehreren hundert jüdischen Arbeitern,[183] und Zwangsarbeiter aus osteuropäischen Ländern eingesetzt. Es kam zu Misshandlungen und Strafaktionen durch deutsche Vorarbeiter.

Zur Magnesium-Produktion der Wintershall AG bleibt festzuhalten: Aus rein betriebswirtschaftlicher Sicht lohnte die industrielle Magnesiumherstellung nicht. Die Produktion war teuer und es gab Alternativen zu diesem Werkstoff. Nur unter den Bedingungen einer rasch wachsenden staatlichen Nachfrage war der Einstieg in dieses Geschäftsfeld mit einer zweitklassigen Technologie und in Konkurrenz zum Branchenführer I.G. Farben eine Option. Beim Auf- und Ausbau der Magnesium-Produktion begab sich die Wintershall AG in eine völlige Abhängigkeit vom Reichsluftfahrtministerium. Der Bau der Magnesium-Fabrik in Heringen war eine reine Autarkieinvestition.

Steinkohlenzechen sowie Eisen- und Hüttenwerke

Anfang 1936 gab die Wintershall AG den Erwerb von Anteilen an der Bergbau Aktiengesellschaft Lothringen, Bochum bekannt.[184]

---

181 Vgl. Matter, *Elektron* (wie Anm. 171), 215.

182 Allein in der Berliner Industrie waren bis Anfang 1943 mehr als 10.000 Juden als Zwangsarbeiter tätig. Sie wurden im Zuge der sogenannten Fabrik-Aktion ab Ende Februar 1943 deportiert und größtenteils in Auschwitz ermordet. Vgl. Wolf Gruner, *Widerstand in der Rosenstraße. Die Fabrikaktion und die Verfolgung der „Mischehen"*, Frankfurt a. M. 2005.

183 LA Berlin, B Rep. 058, Nr. 4526, Staatsanwaltschaft beim Landgericht Berlin: Strafsache gegen Walter Hoffmann wegen Misshandlung eines jüdischen Zwangsarbeiters der Firma Fusor Wintershall.

184 Vgl. *Chronik der Wintershall AG* (wie Anm. 2), 302f.

Diese Gesellschaft war während der Weltwirtschaftskrise in existentielle Nöte geraten. Mit ihrem Direktor Otto Gehres, der 1932 verstarb, verband Rosterg eine lange Freundschaft. Was Rosterg schließlich veranlasste, für fast vier Mio. Reichsmark die Mehrheit der Anteile der Bergbau Aktiengesellschaft Lothringen, mit ihren Steinkohlenzechen, Kokereien sowie Eisen- und Hüttenwerken zu kaufen, und die Restrukturierung des Unternehmens in Angriff zu nehmen, geht aus den wenigen dazu noch vorhandenen Quellen nicht eindeutig hervor. Pritzkoleit vermutete, dass Wintershall nach dem Beginn der Kohlehydrierung in Castrop-Rauxel den Bereich der Energiewirtschaft und Kohleveredelung weiter stärken wollte. Zumindest deutete der rasche Weiterverkauf aller nicht mit dem Zechenbetrieb in Zusammenhang stehenden Eisen- und Hüttenwerke sowie Erzgruben in diese Richtung.[185] Allerdings mussten im Mai 1943 auch die Zechenbetriebe der Bergbaugesellschaft an die für die Rüstung wichtigere Friedrich Krupp AG abgetreten werden.

Ebenfalls im Jahr 1936 beteiligte sich die Wintershall AG an der Thüringischen Rohstoffgesellschaft AG, Weimar.[186] Diese unter der Führung des Freistaates Thüringen stehende Gesellschaft sollte geophysikalische Untersuchungen betreiben und Bodenschätze erkunden. Wintershall sah sich zu einer 20-prozentigen Beteiligung genötigt, da zum 1. Dezember 1936 ein Gesetz zur Erschließung von Bodenschätzen erlassen worden war, das jedes Unternehmen zur Ausbeutung von Rohstoffvorkommen verpflichtete.

185 Vgl. Pritzkoleit, *Männer, Mächte, Monopole* (wie Anm. 18), 344f.

186 Vgl. BA Berlin, R 8119F, Nr. 1961, Aktennotiz, 22.12.1936.

Desaster beim Bau der Erdölraffinerie Lützkendorf

Noch unglücklicher als die Beteiligung an der Bergbau Aktiengesellschaft Lothringen sollte sich das ebenfalls 1936 begonnene große Investment der Wintershall AG in der Erdölverarbeitung in Lützkendorf entwickeln. Zwei Jahre zuvor hatte die Gewerkschaft Victor dem Deutschen Stickstoffsyndikat beitreten müssen. Das 1919 gegründete Syndikat vereinigte die größten deutschen Stickstoffproduzenten und wurde von der BASF bzw. später der I.G. Farben dominiert.[187] Die Reichsregierung zwang angesichts von Überkapazitäten auf dem Weltmarkt auch noch die letzten Außenseiter ins Kartell. Infolgedessen konnten die Kapazitäten der Stickstoffanlage in Castrop-Rauxel nur noch zu 35 bis 40 Prozent ausgelastet werden.[188]

In dieser Situation spielte das Interesse des Staates am schnellstmöglichen Aufbau der deutschen Treibstoffsyntheseindustrie den Eignern der Gewerkschaft Victor in die Karten. Nachdem das Reich mit der I.G. Farben im Dezember 1933 einen Vertrag zum Bau von Benzinhydrieranlagen im Leuna-Werk geschlossen und im Oktober 1934 die Braunkohle-Benzin AG (BRABAG) als Pflichtgemeinschaft der größten Braunkohlenproduzenten gegründet hatte, sollte auch die Ruhrchemie AG - das gemeinsame Chemieunternehmen der Ruhrkonzerne - in die Projekte zur Treibstoffautarkie einbezogen werden.

Eine aussichtsreiche Alternative zum Hydrierverfahren der I.G. Farben stellte die vom Kaiser-Wilhelm Institut für Kohlenforschung in Mühlheim entwickelte Fischer-Tropsch-Synthese dar. Auf Initiative von Keppler übernahm die Ruhrchemie AG das Fischer-Tropsch-Verfahren in Generallizenz und begann mit Versuchen.[189]

---

187 Vgl. Harm G. Schröter, *Das internationale Stickstoffkartell 1929-1939*, in: Harm G. Schröter/Clemens A. Wurm (Hrsg.), Politik, Wirtschaft und internationale Beziehungen, Studien zu ihrem Verhältnis in der Zeit zwischen den Weltkriegen, Mainz 1991, 117-137.

188 Vgl. *Chronik der Wintershall AG* (wie Anm. 2), 276.

189 Vgl. Plumpe, *I.G. Farbenindustrie AG* (wie Anm. 163), 282f.

Die technischen Entwicklungsarbeiten wurden von der Gewerkschaft Victor in Castrop-Rauxel und im Werk Holten von der Ruhrchemie durchgeführt.

Die Klöckner-Werke und Wintershall einigten sich auf den Bau einer Anlage mit einer Jahreskapazität von 25.000 Tonnen Mineralöl.[190] Die Entscheidung für diese Investition fiel den Partnern umso leichter, da die Reichsregierung die Abnahme der Mineralölprodukte zu festgesetzten Mengen und Preisen garantierte.[191] Rosterg gab gegenüber Vertretern der Deutschen Bank für die Kohlehydrierung eine günstige Prognose.[192] Außerdem versprach sich Wintershall längerfristige wirtschaftliche Vorteile durch die erstmalige großtechnische Erprobung eines von Ingenieur Hans Schmalfeldt in Castrop-Rauxel entwickelten Verfahrens zur Vergasung von Rohbraunkohle ohne vorherige Brikettierung.[193] Damit konnte eine Prozessstufe eingespart werden.[194] Schmalfeldts Leistungen wurden durch seine Aufnahme in den Vorstand der Wintershall AG gewürdigt.

Im Juli 1937 ging die Fischer-Tropsch-Anlage in Castrop-Rauxel als erste ihrer Art in Deutschland in Betrieb. Ihre Jahreskapazität wurde später noch auf 50.000 Tonnen erweitert. Wintershall verzichtete dann doch auf Abnahme- und Preisgarantien, um unabhängig zu bleiben.[195]

Noch während sich die neue Anlage im Probebetrieb befand, fiel die Entscheidung zum Bau einer zweiten Fischer-Tropsch-Anlage. Am 25. März 1936 wurde dafür die „Mitteldeutsche Treibstoff- und Ölwerke AG“ als hundertprozentige Tochtergesellschaft

---

190 Vgl. Pritzkoleit, *Männer, Mächte, Monopole* (wie Anm. 18), 339.

191 Vgl. BA Berlin, R 8119F, Nr. 1965, Aufsichtsratssitzung, 19.10.1934.

192 Vgl. BA Berlin, R 8119F, Nr. 1961/1, Deutsche Bank, Aktenvermerk 20.10.1934.

193 Vgl. Franz Kainer, *Die Kohlewasserstoff Synthese nach Fischer-Tropsch*, Berlin 1950; Verfahren zur Vergasung von Kohlenstaub in der Schwebe, von Wintershall AG und Hans Schmalfeldt, Castrop-Rauxel zum Patent angemeldet, DRP 746818, DRP 686761.

194 Vgl. BA Berlin, R 8119F, Nr. 1961/2, Otto Ullmann, Direktor Filiale Kassel, an Oswald Rösler, Vorstandsmitglied Deutsche Bank, 21.11.1938.

195 Vgl. BA Berlin, R 8119F, Nr. 1961/1, Aktennotiz, 28.10.36.

der Wintershall AG gegründet.[196] Als Standort wurde Lützkendorf (Krumpa) im Geiseltal westlich von Merseburg gewählt.[197] Für Lützkendorf sprachen die zentrale Lage in Mitteldeutschland, fern der Reichsgrenzen, das Vorhandensein eines bereits während des Ersten Weltkrieges erschlossenen Industriegeländes, die unmittelbare Nähe zu großen Braunkohlenvorkommen (Grube „Cecilie") und ebenfalls schon vorhandene Verkehrsanbindungen. Mit den zum Julius-Petschek-Konzern gehörenden Anhaltischen Kohlewerken schloss Wintershall einen Kohlenliefervertrag.[198] Mit den Schmalfeldt-Verfahren und den Einsatz von Braunkohle anstelle von Steinkohle hoffte Wintershall die Fischer-Tropsch-Synthese in Lützkendorf deutlich wirtschaftlicher als in Castrop-Rauxel betreiben zu können.[199]

Der Aufbau des Werkes begann im Oktober 1936. Die Reichsbehörden drängten alsbald auf eine wesentliche Vergrößerung der Erdölverarbeitungskapazitäten. Wintershall sollte in Lützkendorf nun auch noch eine Schmierölfabrik und eine Hydrieranlage bauen. Dies war für Wintershall durchaus sinnvoll, da die Raffinerie Salzbergen das im Erdölrevier Nienhagen geförderte Rohöl nicht mehr komplett verarbeiten konnte. Die Schmierölanlage sollte mit einer nachgeschalteten Hydrieranlage nach dem Bergius-Pier-Verfahren kombiniert werden.

Die Dreikombination bot folgende Vorteile: der in der Fischer-Tropsch-Anlage anfallende Wasserstoff konnte für die Hydrierung verwendet werden. In der Hydrierung wiederum konnten die bei der Erdölverarbeitung anfallenden Rückstände zu Benzin weiterverarbeitet werden. Das hochwertige Benzin aus der Hydrierung ermöglichte eine Verbesserung des leichteren Benzins aus der Fischer-

196 Vgl. *Chronik der Wintershall AG* (wie Anm. 2), 300.

197 Vgl. Wolfgang Mertsching, *Die Geschichte des Mineralölwerkes Lützkendorf*, in: Merseburger Beiträge zur Geschichte der chemischen Industrie Mitteldeutschlands 1 (2000), 4-70.

198 Vgl. BA Berlin, R 8112, Nr. 1119/2, Besprechung Mitteldeutsche Stahlwerke - Wintershall, 25.11.1938.

199 Vgl. *Chronik der Wintershall AG* (wie Anm. 2), 336.

Tropsch-Anlage.[200] Außerdem wurde noch eine je zur Hälfte von der Ruhrchemie AG und der Wintershall AG finanzierte Katalysatoren-Fabrik (Katorfabrik) gebaut.

Geplante Verarbeitungskapazitäten des Werkes Lützkendorf (Stand 1939)[201]

Erzeugnis	**geplante Kapazität** (in Tonnen pro Jahr)	**Lizenzgeber**
Kraftstoffe	75.000	Ruhr-Chemie
Schmieröle	50.000	I.G. Farben
Hydrierung	30.000	I.G. Farben
Gesamt	155.000	

Statt der ursprünglich geplanten Verarbeitungskapazität von 50.000 Tonnen pro Jahr war jetzt von 125.000 Tonnen und später sogar von 155.000 Tonnen die Rede.[202] Die mehrfache Änderung der Baupläne verkomplizierte das Projekt und ließ dessen Kosten steigen. Die Zuführung des benötigten Wassers erwies sich als schwierig. Zudem war das im Geiseltal gewonnene Wasser extrem kalkhaltig. Auch die Abwässer bereiteten Sorgen, was zu Beschwerden der Anrainer angesichts dramatischer Umweltbelastungen führte.[203] Ein weiteres Problem war die Kohle. Mit zunehmendem Abbau wurde die Kohle sandiger und schwefelhaltiger und verunreinigte so das Synthesegas. Dies wiederum wirkte sich negativ auf die Katalysatoren und deren Lebensdauer aus. Die Fischer-Tropsch-Anlage war dadurch unwirtschaftlich und oft in Wartung. Hinzu kamen eine unglückliche Konstruktion und schlechte Bauausführung der Anlage, fehlende Ersatzteile, die schlechte Disziplin von Teilen der Be-

200 Vgl. *Chronik der Wintershall AG* (wie Anm. 2), 365.

201 Zusammengestellt nach: Mertsching, *Lützkendorf* (wie Anm. 197), 18.

202 Vgl. BA Berlin, R 8119F, Nr. 1965, Aufsichtsratssitzung, 4.5.1938.

203 Vgl. BA Berlin, R 154, Nr. 11170, Regierungspräsident von Merseburg an GebChem Krauch, 26.6.1941.

legschaft sowie ein permanenter Mangel an qualifizierten Arbeitskräften.

Im Aufsichtsrat der Wintershall AG geriet das Projekt unter Beschuss. Rosterg und Schmidt versuchten die Kritiker mit dem Hinweis zu beruhigen, dass die zwei anderen Anlagen nach bewährten Verfahren der I.G. Farben gebaut werden. Indirekt gaben sie damit zu, dass der ambitionierte Versuch, in die Mineralölverarbeitung unabhängig von der I.G. Farben einzusteigen, gescheitert war.

Die Probleme wuchsen Wintershall über den Kopf, so dass die Reichsstelle für Mineralöl die I.G. Farben in das Projekt mit einbezog. Das benachbarte Leuna-Werk, das größte Werk der I.G. Farben, stellte im Oktober 1939 eine Gruppe von ca. 200 Ingenieuren, Technikern und Arbeitern ab, um die Anlagen in Lützkendorf in Betrieb zu bringen.[204] Der Bau der Benzinsynthese und wichtiger Teile der Schmierstoffanlage geschah nunmehr in Regie von I.G.-Ingenieuren.[205]

Ende 1939 musste Rosterg eingestehen, dass die Fischer-Tropsch-Anlage noch immer sehr störanfällig war. Sämtliche Schweißstellen der Dampfleitung mussten erneuert werden. Auch die Fertigstellung der Hydrier- und Schmierölanlage verzögerte sich weiter.[206] Die Kosten des Gesamtkomplexes wurden inzwischen auf mehr als 100 Mio. Reichsmark beziffert.

Im Frühjahr 1940 erörterten Ingenieure der Leuna-Werke die Vorteile einer Stilllegung der Fischer-Tropsch-Synthese in Lützkendorf. Die vorhandenen Kapazitäten sollten besser auf andere Betriebsteile verlagert werden und die freiwerdenden Arbeitskräfte im Leuna-Werk zum Einsatz kommen. Unter den Bedingungen der Kriegswirtschaft fanden solche Überlegungen bei den verant-

---

204 Vgl. *Die Chemie stimmt nicht - Lützkendorf bis 1945*, www.dasgeiseltal.de/treibstoffwerk-luetzkendorf (letzter Zugriff: 12.12.2019).

205 Vgl. BA Berlin, R 8119F, Nr. 1961/3, Aktennotiz zur Aufsichtsratssitzung vom 2.7.1940.

206 Vgl. BA Berlin, R 8119F, Nr. 1961/3, Rösler, Aktennotiz, betr.: Aufsichtsratssitzung am 13.12.1939.

wortlichen Stellen aber kein Gehör. Es ging längst nicht mehr um die Betriebskosten, sondern um die Verfügbarkeit strategischer Produkte.

Die Schmierölfabrik und die Hochdruckhydrierung nahmen zwischen 1939 und 1941 ihren Betrieb auf. Für die Schmierölgewinnung wurden einheimische Erdöle aus Nienhagen und aus Österreich eingesetzt. Erst 1943 konnten alle Anlagen technisch stabil gefahren werden. Die anvisierte Verarbeitung von 155.000 Tonnen Erdöl pro Jahr wurde allerdings bei weitem nicht erreicht.

Erdölverarbeitung im Werk Lützkendorf 1939-1944[207]

Jahr	Erdölverarbeitung (in Tonnen)
1939	65.100
1940	71.800
1941	98.300
1942	109.300
1943	112.800
1944	65.600

Inzwischen waren die Kosten für den Bau der Fabrik in Lützkendorf auf über 150 Mio. Reichsmark gestiegen.[208] Ungefähr die Hälfte aller Beschäftigten des Konzerns, darunter viele Kriegsgefangene und Zwangsarbeiter, waren zu dieser Zeit in Lützkendorf tätig. Allein schon diese Zahl verdeutlicht die Dimensionen dieses Großprojekts.[209]

Wenige Tage nach Kriegsende verhörten britische und amerikanische Spezialisten die leitenden Angestellten und Direktoren des

---

207 Vgl. Mertsching, *Lützkendorf* (wie Anm. 197), 24.

208 Vgl. BA Berlin, R 8119F, Nr. 1960, Bl. 43, Besprechung Rosterg-Plassmann, 12.8.1942.

209 Vgl. *Chronik der Wintershall AG* (wie Anm. 2), 419.

Treibstoffwerkes. Sie zeigten sich erstaunt über den geringen technischen Standard der Erdölverarbeitungsanlagen.[210]

Das Werk in Lützkendorf stand wie kein zweites Wintershall Werk für das Desaster, in das sich der Konzern seit der Machtübernahme der Nationalsozialisten hineinmanövriert hatte. Das zunächst durchaus maßvoll geplante und auf zivile Zwecke gerichtete Vorhaben, lief im Zuge der Kriegsvorbereitung immer mehr aus dem Ruder. Mit den staatlichen Vorgaben zur Verdreifachung der Verarbeitungskapazitäten war Wintershall überfordert und geriet bei der Realisierung des Projekts in eine immer stärkere technische Abhängigkeit vom ungeliebten Konkurrenten I.G. Farben.

Kriegswirtschaft und Kriegsfolgen

Die seit Mitte der 1930er Jahre getätigten Investitionen für den Aufbau des Werkes in Lützkendorf, den Ausbau des Tankstellennetzes der Nitag, die Leichtmetallfertigung und die Modernisierung der Kaliproduktion führten zu einem erheblich steigenden Finanzbedarf des Konzerns. Allein aus Gewinnen, Abschreibungen und laufenden Krediten konnten die neuen Projekte nicht finanziert werden. Im März 1940 beschloss der Konzern daher die Aufnahme einer Anleihe in Höhe von 50 Mio. Reichsmark zu einem Zinssatz von 5 Prozent und einer Laufzeit von 14 Jahren.[211] Die Anleihe wurde von einem Bankenkonsortium unter der gemeinsamen Führung der Dresdner Bank und der Deutschen Bank aufgelegt.[212] Außerdem wurde die Zulassung des gesamten Grundkapitals des Konzerns im Aktien-Wert

210 Vgl. BIOS, Final Report No. 1142, The Wintershall-Schmalfeldt Process for the Manufacture of Synthesis Gas at Lutzkendorf.

211 Vgl. BA Berlin, R 8119F, Nr. 1961/3, Wintershall AG an Aufsichtsrat, 8.3.1940.

212 Vgl. Archiv der Commerzbank; Frankfurt a. M. (HAC), 1-638, Bd. 1, Prospekt der Wintershall AG, September 1940.

Abb. 4: Wintershall-Aktie (1929).

125 Mio. Reichsmark an den Börsen in Frankfurt, Hamburg und Hannover beantragt.[213]

Der Großteil der Investitionen des Konzerns floss inzwischen in kriegswichtige Projekte. Hauptsächlich die Raffinerien, Tanklager und Erdölfelder wurden damit zu Zielobjekten für feindliche Angriffe. Als erster Standort der Wintershall bekam Salzbergen die Auswirkungen des von Hitler entfesselten Weltkrieges zu spüren. Überraschend griffen britische Bomber die Raffinerie in der Nacht

213 Vgl. Ebd., Commerzbank AG: betr.: Wintershall Aktiengesellschaft, Berlin, Börseneinführung, 3.1.1941.

zum 20. Mai 1940 an. Einen nennenswerten Schutz gab es nicht. Der größte Teil der Tanklager wurde zerstört, ebenso die gerade erst fertiggestellte Ethylen-Mischanlage.[214] In Auswertung dieses Luftangriffs beschloss die Werksleitung den Neubau von Tanks außerhalb des Werksgeländes.

Pläne für den Um- und Ausbau der Raffinerie gab es bereits seit einiger Zeit. Anlagen sollten umgruppiert und eine neue Crackanlage gebaut werden. Diese Investitionen waren unverzichtbar für die Verbesserung der Wirtschaftlichkeit der Raffinerie.[215] Sie konnten bis zum Frühjahr 1940 nicht getätigt werden, da dafür auf dem bestehenden Werksgelände der Platz fehlte. Wintershall hatte bereits im März 1940 beim Regierungspräsidenten von Osnabrück einen Antrag auf die Erteilung des Enteignungsrechts für die benötigten Grundstücke gestellt.[216] Dem Antrag wurde nach dem Luftangriff stattgegeben.[217] Später stellte die Raffinerie auch noch einen Antrag für die Enteignung von Waldgrundstücken, auf denen dringend benötigte Werkswohnungen gebaut werden sollten. Begründet wurde dies mit dem Hinweis auf die Kriegswichtigkeit der Raffinerie und ihre Einstufung als Spezialbetrieb des Oberkommandos der Wehrmacht (OKW).[218]

Die erste strategische Bomberoffensive der Briten gegen Treibstoff- und Verkehrsziele wurde vom Bomber Command in ihren Wirkungen überschätzt.[219] Ende 1940 wurde ein Plan zur Aus-

---

214 Vgl. Niedersächsisches Landesarchiv Osnabrück (NLAO), Rep. 430, Dez207, Akz 14/42, Nr. 32, Erdölraffinerie Salzbergen an Regierungspräsidenten zu Osnabrück, 17.6.1940.

215 Vgl. Ebd., Preußisches Gewerbeaufsichtsamt Osnabrück an Regierungspräsidenten von Osnabrück, 9.4.1940.

216 Ebd., Erdölraffinerie Salzbergen an Regierungspräsidenten zu Osnabrück, 1.3.1940.

217 Vgl. Ebd., Rep. 430, Dez207, Akz 14/42, Nr. 32, Reichswirtschaftsminister an Regierungspräsident Osnabrück, 23.7.1940.

218 Vgl. Ebd., Rep. 430, Dez207, Nr. 7, Rep. 430, Dez108, Akz 11-67II, Nr. 49, Bd. 1, Erdölraffinerie Salzbergen an Regierungspräsidenten zu Osnabrück, 28.5.1942.

219 Vgl. Charles Webster/Noble Frankland, *The Strategic Air Offensive against Germany 1939-1945*, Bd. I, London 1961, 144.

schaltung aller deutschen Hydrierwerke ausgearbeitet und am 7. Januar 1941 vom Kriegskabinett gebilligt.[220] Die Kriegslage zwang dann jedoch das Bomber Command zur Aufschiebung dieses Plans. Briten und später auch Amerikaner änderten ihre Luftkriegsstrategie grundlegend und gingen zum Angriff auf Flächenziele über. Während die deutsche Wirtschaft bis Mitte 1944 nahezu intakt blieb, versanken die deutschen Städte in Schutt und Asche.

Am 22. Oktober 1943 traf es Kassel. Bei dem Luftangriff wurde das Verwaltungsgebäude der Wintershall AG schwer beschädigt.[221] Einzelne Abteilungen mussten nach Thüringen verlagert werden. In Kassel stellte Rosterg seine Villa als Ausweichquartier für die Verwaltung zur Verfügung. Auch die „Ölabteilung" in Berlin musste nach der Teilzerstörung ihrer Büros im Sommer 1943 umziehen, zunächst nach Nienhagen, später nach Dessow, westlich von Neuruppin, und kurz vor Kriegsende nach Celle.[222]

Die Raffinerien in Salzbergen und Lützkendorf arbeiteten noch bis zum Frühjahr 1944 kontinuierlich. Dies sollte sich mit Beginn der alliierten „Öloffensive" ändern. Am 12. Mai 1944 griffen 935 alliierter Bomber die wichtigsten Hydrierwerke an.[223] Damit wurde ein Lebensnerv der deutschen Kriegswirtschaft getroffen. Das Lützkendorfer Werk erlitt beim ersten Angriff im Mai noch keine größeren Schäden, hatte aber viele Tote zu beklagen.[224] Weitere schwere Luftangriffe folgten, wobei im Juli 1944 die Fischer-Tropsch-Anlage so schwer getroffen wurde, dass ihr Wiederaufbau

220 Vgl. Ebd., Bd. IV, 121ff.

221 Vgl. BA Berlin, R 8119F, Nr. 1960, Bl. 102, Wintershall AG an Mitglieder des AR, 1.11.1943.

222 Vgl. *Chronik der Wintershall AG* (wie Anm. 2), 400.

223 Vgl. Wolfgang Birkenfeld, *Der synthetische Treibstoff 1939-1945*, Göttingen 1964, 179-185.

224 Vgl. BA Berlin, R 8119F, 1970/3, Wintershall an Mitglieder des Aufsichtsrats, 16.5.1944.

nicht mehr in Frage kam und vom Ministerium für Rüstung und Kriegsproduktion im Januar 1945 endgültig abgelehnt wurde.[225]

Rosterg, der den Aufbau dieses Werks 1936 maßgeblich betrieben hatte, dürfte es spätestens Mitte 1944 abgeschrieben haben. Dank seiner guten Kontakte zum Reichsführer SS Heinrich Himmler gelang es ihm, zunächst ein Visum für die Schweiz und dann ein Dauervisum für Schweden zu erhalten. Er hielt den Krieg für verloren und fürchtete um seine persönliche Sicherheit. Ganz unberechtigt waren seine Ängste nicht.[226]

Rosterg kooperierte in der Endphase des Krieges mit dem amerikanischen Ölunternehmer Eric Erickson, der in Schweden lebte, mit deutschen Firmen Geschäfte machte und sich als Unterstützer der Nazis ausgab. Tatsächlich sollte Ericson im Auftrag des amerikanischen Geheimdienstes Office of Strategic Services (OSS) die deutsche Ölindustrie ausspionieren. Dafür wurde der Plan entworfen, dem Deutschen Reich zum Schein den Bau eines Hydrierwerks im neutralen Schweden anzubieten. Auf Vermittlung Rostergs und mit Genehmigung Himmlers durfte Ericson im Oktober 1944 deutsche Hydrierwerke, darunter auch Lützkendorf, besuchen.[227] Rosterg selbst und auch der Direktor der Gewerkschaft Elwerath, Hans Brochhaus wurden vom OSS nach dem Krieg als wichtige „Quellen" bezeichnet.[228] Inwieweit Rosterg das Spiel Ericksons durchschaute, sei dahingestellt. Auch dürfte es ihm nicht um widerständisches Verhalten gegen das nationalsozialistische Regime gegangen sein. Sein Bestreben galt der Sicherung seines Lebenswerkes. Im November 1944 verließ er Deutschland für immer und kehrte nach Stockholm zu-

225 Vgl. Landesarchiv Sachsen-Anhalt, Abteilung Merseburg, Wintershall AG, Werk Lützkendorf, Nr. 24c, Bl. 161, Speer an Direktor Strauß, 24.1.1945.

226 Vgl. *Chronik der Wintershall AG* (wie Anm. 2), 389f.

227 Vgl. Patrick K. O'Donnell, *Operatives, Spies, and Saboteurs. The unknown story of the men and women pf World War II's OSS*, New York 2004, 283f.

228 Vgl. OSS Operation „POD", zitiert nach: Das Geiseltal.de (letzter Zugriff: 12.12.2019).

rück, wo er noch seine Testamentsangelegenheiten regelte und am 13. November 1945 verstarb.

Die maßgeblich von Rosterg aufgebaute Wintershall AG büßte infolge des Krieges rund 80 Prozent ihres Anlagevermögens sowie sämtliche Auslandsbeteiligungen ein.[229] Alle in der sowjetischen Besatzungszone (SBZ) gelegenen Kaliwerke, darunter die leistungsfähigen Werke Kaiseroda, Heiligenroda, Sachsen-Weimar, Bismarckshall und Bernburg sowie Glückauf-Sondershausen samt Mischdüngerfabrik, sowie die Tankstellen und Betriebsanlagen der Nitag wurden von der sowjetischen Besatzungsmacht beschlagnahmt und 1946 verstaatlicht. Das Erdölwerk in Lützkendorf, die größte jemals von Wintershall getätigte Investition, hatte sich zum technischen Problemfall entwickelt, gehörte zu den am schwersten getroffenen deutschen Mineralölwerken und lag in Trümmern. Überspitzt formuliert war Rosterg selbst indirekt an der Zerstörung dieses Werks durch seine Kontakte zu Erickson beteiligt gewesen. Das, was vom Lützkendorfer Werk noch übriggeblieben war, samt der zugehörigen Kohlegruben, wurde 1946 enteignet.

Unter erheblichen Mühen wurde das Synthesewerk in Castrop-Rauxel bis 1949 wiederaufgebaut. Britische Pläne zur Demontage konnten abgewehrt werden. Jedoch blieb die Fischer-Tropsch-Hydrierung unwirtschaftlich und wurde bald stillgelegt.[230] Damit trennte sich Wintershall noch etwas zeitiger als andere westdeutsche Mineralölproduzenten vom kriegswirtschaftlichen Erbe.

Auch die im Bereich der Leichtmetallproduktion getätigten Investitionen mussten komplett abgeschrieben werden. Die Herstellung kriegswichtiger Metalle in Deutschland wurde von den Siegermächten verboten und die Magnesium-Produktion in Heringen stillgelegt. Zwar gab es später Überlegungen zu ihrer Wiederaufnahme,

229 Vgl. *Chronik der Wintershall AG* (wie Anm. 2), 432.
230 Ebd., 437.

Abb. 5: Pferdekopfpumpen im Erdölfeld Rühlertwist (um 1985).

doch nahm die Wintershall AG davon auf Grund der hohen Energiekosten Abstand.[231]

Angesichts dieser verheerenden Bilanz mag es erstaunen, dass der Wintershall AG in den 1950er Jahren ein schneller Wiederaufstieg gelang. Ausschlaggebend dafür waren mehrere Faktoren: Mit Ausnahme der Raffinerie in Salzbergen und der Erdölwerke Nienhagen, die noch in den letzten Kriegswochen schwer getroffen wurden, hatten die Kali- und Erdölbetriebe in Westdeutschland keine oder nur geringe Kriegsschäden erlitten. Die Kaliindustrie unterlag keinerlei alliierten Beschränkungen und durch die Majorisierung der Burbach-Kaliwerke AG, sowie den Wegfall der in der SBZ bzw. DDR gelegenen Kalischächte entfielen auf die Wintershall-Gruppe

231 Vgl. Reitermayer/Karschin, *Die Produktion von Magnesiummetall* (wie Anm. 168), 27.

im Jahr 1954 mehr als 53 Prozent der westdeutschen Kaliförderung.[232] Im Vergleich zur Vorkriegszeit war damit ihr Anteil sogar noch gestiegen. In den Jahren des Wiederaufbaus und des Wirtschaftswunders konnte mit diesen Kapazitäten ein schnell wachsender Markt bedient werden.

In der Erdölwirtschaft baute die Wintershall AG ihre Position aus. Das Fundament dafür bildeten die Beteiligung an der Gewerkschaft Elwerath, die hohen Anteile an den gesicherten Erdölreserven in Norddeutschland und die weitere Erschließung von Erdöllagerstätten im Emsland. Dort errichteten Wintershall und Elwerath in Holthausen 1950 eine neue Raffinerie. Als nächster großer Schritt erfolgte 1952 die Beteiligung an der Deutsche-Gasolin AG, die dann 1955 mit der Nitag Deutsche Treibstoffe AG zur Deutsche Gasolin-Nitag AG zusammengeschlossen wurde.[233]

Resümee

In den letzten Jahren der Weimarer Republik begann der Wandel der Wintershall AG vom Kali- zum Mischkonzern. Nachdem Generaldirektor Rosterg mit seiner Vision einer Megafusion aller deutschen Kalikonzerne nicht zum Zuge gekommen war, forcierte er den Einstieg der Wintershall AG in neue Geschäftsfelder. Naheliegend für einen Kalikonzern war der Versuch, in der Erdölwirtschaft Fuß zu fassen. Da die Wintershall AG aufgrund der Preispolitik des Kalisyndikats und der guten Wirtschaftlichkeit ihrer Werke über ausreichende Rücklagen verfügte, konnte der Konzern in der Zeit der Weltwirtschaftskrise finanziell angeschlagene Erdölunternehmen kaufen bzw. sich beteiligen.

232 Vgl. Pritzkoleit, *Wem gehört Deutschland* (wie Anm. 92), 531-535.

233 Vgl. Karlsch/Stokes, *Faktor Öl* (wie Anm. 70), 281-286.

Die Neuausrichtung des Konzerns fand in einer höchst nervösen Zeit statt. Die Kaliindustriellen fürchteten angesichts der dramatischen sozialen Folgen der Weltwirtschaftskrise und der zunehmenden innenpolitischen Spannungen eine neue Revolution. Sie hielten die Weimarer Demokratie für gescheitert. Die Kaliindustriellen gehörten zu den wenigen Vertretern der Großindustrie, die bereits vor 1933 auf gute Kontakte zur NSDAP setzten. Nach Hitlers Machtübernahme schien sich dies auszuzahlen. Die Wintershall AG konnte ihr Erdölgeschäft, begünstigt durch den Reichsbohrplan und die Übernahme der Nitag, rasch ausbauen. Auch die vom nationalsozialistischen Regime geforderte Stärkung der Binnennachfrage spielte ihr in die Karten. Mit dem Bau von Fischer-Tropsch-Anlagen und der Magnesium-Produktion wurden Projekte begonnen, die sich nur mit Hilfe staatlicher Garantien rechneten.

Allerdings erwies sich die von Rostergs eingeforderte unternehmerische Handlungsfreiheit unter den Bedingungen der nationalsozialistischen Diktatur als Illusion. Auch die Wintershall AG wurde im Zuge der Aufrüstung zunehmend zu Investitionen und Kapazitätserweiterungen und Verpachtungen von Werken verpflichtet, die nur militärischen Zwecken dienten. Zum Menetekel wurde der Bau des Erdölwerkes in Lützkendorf. Diese größte je von der Wintershall AG getätigte Investition lief technisch, personell und institutionell vollkommen aus dem Ruder und endete mit einem Totalverlust.

Rosterg hatte die fatale Hinwendung zum nationalsozialistischen Regime und damit letztendlich auch den Verlust von vier Fünfteln des Anlagevermögens der Wintershall AG maßgeblich zu verantworten. Dennoch gelang es ihm, einen Teil seines Lebenswerks durch seine Flucht nach Schweden und die testamentarische Verfügung zugunsten des Unternehmens zu bewahren. Dies dürfte auch ein Hauptgrund dafür gewesen sein, dass seine Vorstandskollegen und engsten Mitarbeiter, die in den Jahren der Diktatur alle Entscheidungen mitgetragen hatten, nach Kriegsende nichts unversucht ließen, um den langjährigen Patriarchen in ein möglichst günstiges Licht zu rücken. Eine Auseinandersetzung mit dessen Nähe zum nationalsozialistischen Regime, den kriegswichtigen Projekten, der Beteiligung der Wintershall AG an der Besatzungswirtschaft in Südosteuropa und Ausbeutung von Zwangsarbeitern wurde tunlichst vermieden.

ZWISCHEN OPPORTUNISMUS UND PRAGMATISMUS. DIE VERSTRICKUNG DER WINTERSHALL AG UND IHRER VORSTÄNDE MIT DEM NATIONALSOZIALISMUS

Ingo Köhler (Humboldt-Universität Berlin)

Die neuere historische Forschung zur Rolle der Unternehmen im „Dritten Reich" betont vor diesem Hintergrund die Frage, über welche Handlungsspielräume privatwirtschaftliche Akteure im NS-Wirtschaftssystem verfügten. Inwieweit ließen sich die Unternehmen durch gezielt gesetzte ökonomische Anreize des NS-Staates bereitwillig in die Pläne des Regimes einbinden? Wo sahen sie Chancen auf Gewinn und Wachstum im Zuge von Autarkie und Kriegswirtschaft, von Expansions- und „Arisierungsgeschäften"? Andererseits wurde ihre unternehmerische Handlungsfreiheit durch einen strukturell zunehmenden Lenkungsdruck, Sozialisierungsdrohungen und eine politische Überwölbung der nur noch scheinbar selbstverwalteten Institutionen der Privatwirtschaft unterwandert. Wo lenkten die Unternehmensleiter in der NS-Zeit also noch auf eigenem Kurs, wo wurden sie vom Regime gesteuert?[1]

1 Vgl. hierzu die Hayes-Buchheim/Scherner Debatte: Christoph Buchheim/Jonas Scherner, *The Role of Private Property in the Nazi Economy: The Case of Industry*, in: Journal of Economic History 4 (2006), 390-416; Jonas Scherner, *Das Verhältnis zwischen NS-Regime und Industrieunternehmen. Zwang oder Kooperation?*, in: Zeitschrift für Unternehmensgeschichte 2 (2006), 166-190; Peter Hayes, *Industrie und Ideologie. Die I.G. Farben in der Zeit des Nationalsozialismus*, in: Zeitschrift für Unternehmensgeschichte 2 (1987), 124-136.

Innerhalb des Spektrums zwischen aktiver Unterstützung und passiver Einbindung zeigte das Verhalten der Industrie je nach Branche und Unternehmen durchaus unterschiedliche Ausprägungen und war im Zeitverlauf zudem durchaus wandelbar. Um im Einzelfall zu bewerten, in welcher Nähe oder Distanz sie sich bewegten, bedarf es, die Motive, ökonomischen Interessen und ideologischen Überzeugungen zu analysieren, die die Unternehmer mit dem Regime verbanden und die ihr Verhalten bestimmten. Dabei gab es oft schwer ersichtliche Grauzonen zwischen Kooperation und Mittäterschaft.

Der Beitrag untersucht, wie tief der Wintershall-Konzern seit Beginn der 30er Jahre mit dem Unrechtsregime involviert war. Für die Analyse werden zwei Zugänge kombiniert: Zum einen liefert die Person des Generaldirektors August Rosterg einen wichtigen Schlüssel, da er als dominanter Entscheidungsträger und Anteilseigner den Kurs des Unternehmens in der Zeit des Nationalsozialismus maßgeblich bestimmte. Im Mittelpunkt stehen primär seine ökonomischen Handlungslogiken, politischen Einstellungen und Verhaltensweisen. Dabei wird die Suche nach Motiven, Formen und Funktionen der Verstrickung soweit wie möglich auf den ihm umgebenden Kontaktkreis sowohl innerhalb des Unternehmens – die weiteren Vorstände, Aufsichtsräte und Geschäftspartner – als auch auf seine Verbindungen zu Partei und Staat im NS-Regime erweitert. Zum anderen treten die Geschäfte des Konzerns mit und innerhalb des NS-Wirtschaftssystems in den Fokus. Die historische Analyse der konkreten Handlungs- und Managementstrategien dient dazu, den Grad zu bestimmen, wie sehr sich das Unternehmen in die Expansions-, „Arisierungs"- und Germanisierungsgeschäfte involvierte. An welchen Punkten im Verlauf der Rüstungs- und Kriegswirtschaft des „Dritten Reiches" agierte Wintershall zielgerichtet und aktiv als Profiteur des Regimes? Wie positionierte es sich im nationalistisch-rassisch aufgeladenen Wettlauf um Rohstoffe und Explorationsrechte? Aber auch: Wie gestalteten sich die Handlungsspielräume unternehmerischer Selbstverwaltung unter strikter dirigistischer Regulierung des NS-

Staates? Für die Wintershall AG gilt es somit, die Frage nach Nähe und Distanz somit gleichermaßen dahingehend zu beantworten, wie sehr sich das Unternehmen in der Ideologie des Nationalsozialismus, im schlichten Pragmatismus des Mitmachens oder im geschäftlichen Opportunismus des Profits verfing. Einleitend bleibt darauf hinzuweisen, dass die vorliegende Studie lediglich erste Untersuchungsergebnisse präsentieren kann, da die Quellenlage als eher vage und diffus zu bezeichnen ist. Leider fehlen geschäftliche Unterlagen ebenso wie persönliche Korrespondenzen der wichtigsten Firmenakteure weitgehend, so dass wesentliche Teile der Untersuchung aus fraktalen Gegenüberlieferungen, grauer zeitgenössischer Literatur und sekundären Berichtsquellen aus der Zeit nach 1945 zusammengestellt werden mussten. Gerade im Hinblick auf die schillernde Unternehmerfigur August Rosterg zu den Beweggründen seiner offensichtlich engen persönlichen Beziehungen zu NS-Größen, aber auch zu seinen undurchsichtigen Verhaltensmanövern am Kriegsende, existieren zahlreiche widersprüchliche Legenden, deren Wahrheitsgehalt es noch durch intensivere Recherchen zu bestimmen gilt. Der Beitrag entwirft daher ein erstes schemenhaftes Gesamtbild, das es in Zukunft noch durch weitere Mosaiksteine zu schärfen gilt.

Die Ausgangslage: Die Wintershall AG in Zeiten des Umbruchs, 1929–1933

Die Wintershall AG war ein Unternehmen im Aufbruch, als zu Beginn der 30er Jahre die Wirtschaft und das politische System der Weimarer Republik ins Wanken gerieten. Die unternehmerischen Perspektiven waren zwiegespalten: Sicherlich, der Konzern hatte sich in der zurückliegenden Dekade fest an der Spitze der deutschen Kaliindustrie etabliert. Jeder zweite Kalischacht in Deutschland wurde 1930 direkt unter Regie der Wintershall Gewerkschaften oder durch eine ihrer Beteiligungsgesellschaften betrieben. Zeitgleich entfielen allein rund 41 Prozent der Förderungen des Kalisyndikats auf das

Unternehmen.[2] Gleichwohl galten die Zukunftsaussichten im Kali-Bereich als zunehmend unsicher. Das deutsche bzw. deutsch-französische Kalisyndikat fürchtete die Konkurrenz neuer spanischer, russischer, polnischer und italienischer Produzenten, die in die internationalen Absatzmärkte drängten und auf die Preise drückten.[3] Parallel begann der Kaliverkauf auch infolge der Auswirkungen der Weltwirtschaftskrise zu stocken. Das Auslandsgeschäft ging allein 1932 um rund ein Drittel zurück, während die Inlandsnachfrage um 15 Prozent schrumpfte. War es dem Kalikartell bis dato gelungen, politische Forderungen der Landwirtschaft hinsichtlich einer Preissenkung abzuwehren, hatte man sich nun einer ersten, staatlich notverordneten Preisherabsetzung von zehn Prozent zu beugen.[4] Die Verhandlungen mit der Politik und den Landwirtschaftsverbänden wurden durch wachsenden Dissens innerhalb des Kalisyndikats noch erschwert. Hier spitzten sich insbesondere die seit Mitte der 20er Jahre schwelenden Konflikte zwischen Wintershall und ihrem Hauptkonkurrenten, der Burbach-Kaliwerke AG, über Quotenzuweisungen und einheitliche Dividendenzahlungen zu.[5]

Vor dem Hintergrund der vielfältigen Herausforderungen befand sich die deutsche Kaliwirtschaft und die Geschäftsführung der Wintershall AG Anfang der 30er Jahre auf der Suche nach Wegen zu neuer Stabilität. Dies galt zum einen im Hinblick auf die inneren Gefüge im Syndikat. Ein diszipliniertes, gemeinsames Krisenmanagement sollte es dem ehemaligen Monopolunternehmen ermöglichen, seine Position im sich verschärfenden internationalen Wettbewerb

2 Vgl. Rainer Karlsch/Raymond Stokes, *Faktor Öl. Die Mineralölwirtschaft in Deutschland 1859-1974*, München 2003, 144; *Chronik der Wintershall AG*, unveröffentlichtes Manuskript, Kassel 1981, 226.

3 Vgl. Bundesarchiv (künftig BA) Berlin, R 8119F, Nr. 1962/1, Bl. 72f., Exposé von August Rosterg zur Zukunft des Kalisyndikats, 25.7.1930.

4 Vgl. Wintershall AG, *Geschäftsbericht 1931*, Kassel 1932, 5; *Wintershall-Chronik* (wie Anm. 2), 245f.

5 Vgl. BA Berlin, R 8119F, Nr. 1962/1, Bl. 6, Rosterg an Schlitter, Vertrauliches Schreiben zu Burbach, 24.1.1930.

zu behaupten. Zum anderen wurde eine intensivere staatliche Obhut eingefordert – ein bereits im Kaiserreich und während der gesamten Weimarer Zeit gängiger Reflex von Industriekartellen, die mit dem Verweis auf die nationale Bedeutung ihrer Produktion politische Rückendeckung einforderten.[6]

Ein zweites Element der Krisenreaktion bestand im Fall Wintershall darin, die Geschäftsfelder auszuweiten, von der sich das Unternehmen neue Wachstumsimpulse versprach. Wie bereits im vorigen Beitrag beschrieben, diversifizierte die Wintershall AG in verwandte bergmännisch-chemische Bereiche der Düngemittelproduktion, Leichtmetallherstellung und allen voran in die Erdölförderung, die in Deutschland noch ganz in ihren Anfängen lag. Wintershall arbeitete weiterhin in Feldern, die schon vor 1933 durch eine starke staatliche Beaufsichtigung geprägt waren und auf denen privat- und gemischtwirtschaftliche Konzerne gemeinsam agierten. Mit der Wintershall AG und der Preussag traten Anfang der 30er Jahre zwei neue Akteure an die Seite der im Mineralölgeschäft bereits erfahrenen DEA und der Gewerkschaft Elwerath. Gemeinsam bildeten sie erstmals eine eigene deutsche Fraktion in der Erdölbranche.[7]

Wintershall profitierte bei seiner Diversifikationsstrategie davon, dass das Unternehmen in finanzieller Hinsicht durch die Folgen der Weltwirtschaftskrise kaum in Bedrängnis geriet. Dies war nicht zuletzt der klugen, doppelten Konzernstruktur zu verdanken, mit der die Direktion um August Rosterg die hohen Gewinne aus den überaus erfolgreichen Jahren des Kalimonopols geschickt zwischen der „neuen", 1929 gegründeten Wintershall AG (vormals Kali-Bank AG) und der „alten" Gewerkschaft Wintershall, die zugleich als Mehrheitsaktionär der Kapitalgesellschaft fungierte, aufteilte. Bis

---

6 Vgl. Harm Schröter, *Die internationale Kaliwirtschaft 1918–1939. Zum Verhältnis von industrieller Kartellpolitik und Staatsinterventionismus*, Kassel 1985.

7 Vgl. BA Berlin, R 8119F, Nr. 1962/1, Bl. 136 Albert Ahn an Schlitter, 21.4.1931; dort als Anlage auch mehrere Zeitungsberichte seit 1930; siehe zudem Karlsch/Stokes, *Faktor Öl* (wie Anm. 2), 143.

1930 schüttete die Wintershall AG regelmäßig hohe Dividenden von zwölf Prozent an ihre Anteilseigner aus und baute zugleich über die Gewinnthesaurierung in der Gewerkschaft eine strategische ‚Kriegskasse' auf, um über Beteiligungen und eigene Neugründungen Fuß in der Erdölwirtschaft zu fassen. Als starker Partner übernahm die Wintershall AG 1931 Beteiligungen an der wirtschaftlich angeschlagenen Gewerkschaft Elwerath, der Bohrgesellschaft Anton Raky und der Hannoverschen Industrie AG, was ihr u.a. den Einstieg in das ergiebige Fördergebiet um das norddeutsche Nienhagen sicherte. Zudem baute man das Engagement mit dem Land Thüringen aus, um durch gemeinsame Betriebsgesellschaften die im Gebiet Mühlhausen vermuteten Erdölvorkommen näher zu erkunden. Wie sehr die Börsen die Neuausrichtung des Wintershall-Konzerns goutierten, zeigte sich im Wert der Kuxe der Gewerkschaft, welcher bereits 1932/33 auf ein Rekordhoch von 55.000 Reichsmark im Mittel notierte.[8]

„Ein Mann unserer neuen Zeit": August Rosterg und der Aufstieg des Nationalsozialismus

Dass es Wintershall in einer Phase der massiven wirtschaftlichen und politischen Umbrüche überaus erfolgreich gelang, sich als diversifizierter Chemiekonzern neu zu positionieren, war vor allem seinem Geschäftsführer August Rosterg zu verdanken. Der versierte Ingenieur aus einer westfälischen Bergarbeiterfamilie vollzog im ersten Drittel des 20. Jahrhunderts einen rasanten sozialen Aufstieg und lenkte das Unternehmen in damals üblicher autoritär-patriarchalischer Manier. Seine grundlegende unternehmerische Vision basierte darauf, Wintershall zu einem vertikal integrierten Konzern zu entwickeln, der ausgehend von der starken bergmännischen Tradition der

8 Vgl. *Chronik der Wintershall AG* (wie Anm. 2), 259 u. 271; *Zur Lage des Wintershall-Konzerns*, in: Deutsche Bergwerks-Zeitung (18.1.1933).

Abb. 6: Historischer Portrait-Stich von August Rosterg, undatiert.

Rohstoffgewinnung auch die Weiterverarbeitung und die Distribution der Produkte in die eigene Hand nahm. Dieser Strategie folgte er mit dem Einstieg in die synthetische Mischdüngerproduktion zunächst in der Kali-Sparte, als er 1927 gemeinsam mit Peter Klöckner die Gewerkschaft Victor in Castrop-Rauxel gründete. Ebenso verfuhr er dann seit den 30er Jahren im Erdölsektor, indem er die Rohölgewinnung mit der Raffinierung, dem Lager- und Tankanlagengeschäft verband.[9] Zu seinem 40-jährigen Betriebsjubiläum feierte die Kurhessische Landeszeitung den Wintershall-Direktor im Herbst 1938 als einen „Mann unserer neuen Zeit, der in seltener Be-

---

9 Vgl. Manfred Rasch, *August Rosterg*, in: Neue Deutsche Biographie (NDB), Bd. 22, Berlin 2005, 98f.

gabung es verstanden hat, die mineralischen Kräfte unseres deutschen Bergbaues weitschauend zu erkennen und unter pionierhaftem Einsatz von Technik und Chemie zum Nutzen der Lebensnotwendigkeiten unseres deutschen Volkes in umfassendem Maße nutzbar zu machen."[10]

Sehr deutlich wird in diesem Zitat bereits, dass im Rohstoffsektor ein unternehmerisches Agieren ohne politische Involvierung nicht möglich war. Dies galt schon für die Weimarer Zeit, in der Rosterg als führendes Mitglied des deutschen Kali-Syndikats beständig mit Aufgaben der politischen Interessenvertretung und der Aushandlung von Beteiligungsquoten, Preisen und Lieferverträgen zwischen den Kartellpartnern, dem Reichskalirat und den Wirtschaftsbehörden befasst war.[11] Mehr aber noch sorgte die noch striktere staatsdirigistische Lenkung des Kali- und Mineralölsektors ab 1933 für starke Politisierung des unternehmerischen Handlungsfeldes im Zuge der Autarkie- und Kriegsvorbereitungspläne der Nationalsozialisten.

August Rosterg und die Wintershall AG entschieden sich bereits einige Jahre vor der Machterlangung dazu, eine Nähe zur aufstrebenden NSDAP und ihren Protagonisten zu suchen. Der Wintershall-Direktor ließ sich nicht in den Sog der NS-Bewegung hineinziehen, sondern schwenkte als ursprünglich konservativer DVP-Anhänger früh und bewusst auf das radikale politische Lager über. Dabei war es wohl weniger eine ideologische Übereinstimmung mit den Zielen des NS, die Rosterg antrieb. Was er mit der NSDAP teilte, war vielmehr die Ablehnung der politischen Verhältnisse der Weimarer Republik. Aus einer antidemokratischen und -gewerkschaftlichen Haltung heraus setzte Rosterg auf einen starken Staat.

---

10 BA Berlin, R 8034 III, Nr. 392, Bl. 11f., *„Der Mann, der Wintershall schuf"*, in: Kurhessische Landeszeitung (1./2.10.1938).

11 Vgl. exemplarisch die intensiven Debatten über Frachtverbilligungen und Bezugsbedingungen für die Landwirtschaft mit dem Reichskalirat und dem Landwirtschaftsministerium ab 1930, in: *Chronik der Wintershall AG* (wie Anm. 2), 226.

Getrieben war er dabei von der Hoffnung, dass sich aus der Zusammenarbeit zwischen einem autoritären Staat und autokratisch geführten Branchenkartellen eine neue wirtschaftliche Ordnungspolitik entwickeln könne, die die Position der Industrie im internationalen Wettbewerb stärken und sie zugleich vor dem lauten innenpolitischen Gezerre um gemeinwirtschaftliche Mitbestimmung, Sozialisierung und Marktregulierung bewahren sollte.[12] In der Ideenwelt des Kaliindustriellen musste gewissermaßen eine Disziplinierung der Politik mit einer Disziplinierung der Wirtschaft einhergehen, um die Schieflagen der Weltwirtschaftskrise gemeinsam zu korrigieren. Sinnvolle Schritte in diese Richtung seien aber „im Konzert der Vielen nicht zentral durchsetzbar".[13]

Dass sich diese ordnungspolitischen Vorstellungen Rostergs mit konkreten geschäftlichen und auch persönlichen Interessen verbanden, wurde bereits im Sommer 1930 in einer vertraulichen Korrespondenz mit Oscar Schlitter von der Deutschen Bank sichtbar. Gegenüber seiner Hausbank formulierte der Industrielle einen klaren Führungsanspruch innerhalb des Kalitrustes und legte seine Pläne dar, durch eine Übernahme des wirtschaftlich angeschlagenen Burbach-Konzerns „die gleichgerichteten Interessen [der deutschen Kaliindustrie] in der Welt vom einheitlichen Willen aus zu verteidigen".[14] Nur wenn es gelänge, die Geschlossenheit der Industrie durch eine „einheitliche Direktion" wiederherzustellen, sei es möglich, das Syndikat „für die Zukunft zu sichern".[15] In Bedrängnis sah er die Kaliwirtschaft dabei durch den „ewigen Kampf um Preisermässigungen" mit der Landwirtschaft, mehr aber noch durch die höchst schädlichen Forderungen der Gewerkschaftsvertreter nach Lohnerhöhungen

12 Vgl. BA Berlin, R 8119F, Nr. 1962/1, Bl. 75, Exposé von August Rosterg zur Zukunft des Kalisyndikats, 25.7.1930.

13 Ebd., Bl. 4, Rosterg an Schlitter, 24.1.1930.

14 Ebd., Bl. 72f., Exposé Rosterg, 25.7.1930.

15 Ebd., Bl. 4, Rosterg an Schlitter, 24.1.1930.

und Arbeitszeitverkürzungen.[16] Ausführlich reflektierte Rosterg über die Gefahr, dass die mittlerweile drei sozialistischen und kommunistischen Fraktionen im Weimarer Parlament das Ziel hegen würden, die Kali- und Versorgungsindustrien zu verstaatlichen. Er war, wie so viele Patriarchen seiner Zeit, strikter Gegner des zunehmenden Gewerkschaftseinflusses, meinte 1930 in Weimar sogar eine „Diktatur der Gewerkschaften"[17] ausmachen zu können. Der Staat und die Parlamentarier sollten sich aus der Wirtschaft heraushalten, zugleich müsse der Gewerkschaftseinfluss zur Not durch einen staatlichen Wirtschaftsdirektor begrenzt werden. Er akzeptierte eine Diktatur, wenn diese die Debatten- und Streikkultur der Weimarer Republik endlich beseitigen würde.[18]

Auch hier lautete das Gegenrezept Rostergs, die Kräfte der Industrie in einem großen deutschen Kalitrust unter seiner eigenen Leitung zu bündeln: „der deutschen Regierung gegenüber", so seine Aussage, „wird die Industrie unter einheitlicher Führung ganz anders dastehen, als bisher, besonders dann, wenn [...] der dann kommende große Konzern international viel interessanter [...] sein wird als heute." Nur durch innere Disziplin im Syndikat könne es gelingen, den „Zugriff des Staates abzuwehren".[19] Zugleich wollte Rosterg weiterhin in Verhandlungen mit den Kartellpartnern aus Frankreich auch die äußeren politischen und geschäftlichen Gefahren, die Deutschland mit der Konkurrenz aus dem bolschewistischen Osten drohten, eindämmen.[20]

In diesen Aussagen zeigt sich, dass der Wintershall-Direktor die starke Position der Linken und der Gewerkschaften im gemeinwirtschaftlichen Gefüge der Weimarer Zeit zunehmend zu einer

16 Vgl. ebd., Bl. 6.

17 Patrick Bormann, *August Rosterg (1870-1945)*, in: ders. u.a. (Hrsg.), Unternehmer in der Weimarer Republik, Stuttgart 2016, 172.

18 Vgl. ebd., 172f.

19 BA Berlin, R 8119F, Nr. 1962/1, Bl. 75, Exposé Rosterg, 25.7.1930.

20 Vgl. ebd., Bl. 39, Rosterg an Solmssen, 25.10.1930.

ominösen Furcht vor Sozialisierung und Bolschewismus übersteigerte. Zugleich war es wohl nicht allein diese politische Lageeinschätzung, die ihn veranlasste, die Deutschen Banken und den mit ihm langjährig persönlich verbundenen Generaldirektor der Deutschen Kali-Syndikats GmbH, August Diehn (1874–1942), um Unterstützung für eine Interessennahme der Wintershall an Burbach und eine Neuordnung des Kalikartells zu bitten. Schließlich bot sich hier auch die Gelegenheit, einen langjährigen Kontrahenten zugunsten des eigenen Konzerns auszumanövrieren und, wie Rosterg später selbst formulierte, seinem „Lebensziel näher zu kommen, den Zusammenschluss aller Kalikonzerne unter seiner Führung“[21] zu vollenden. Internen Notizen seiner Verhandlungspartner bei der Deutschen Bank zufolge schreckte der hoch talentierte und ebenso gewiefte Geschäftsmann nicht vor kaufmännischen und politischen Winkelzügen zurück, wenn es darum ging, seine Sichtweisen und Interessen auch gegen Widerstände durchzusetzen.[22]

In dieser Konstellation musste es Rosterg sowohl als großen wirtschaftspolitischen Fehler als auch als persönliche Niederlage empfinden, dass sich seine Pläne zur Zentralisierung und Konzentration des Kalisyndikats 1930/31 nicht durchsetzen ließen. Offen argumentierte sein Verhandlungspartner bei der Deutschen Bank, Oskar Schlitter, dass das Vorhaben weder beim Reichskalirat, noch bei den Banken und in der Kaliindustrie selber Unterstützung fände: „Heute ist keiner von den anderen bereit, Ihnen die Herrschaft [...] zu übertragen. Sie wollen ja [...] Garantien bieten, durch die eine gerechtere Verteilung der Macht und eine Sicherstellung der Interessen der anderen Seiten gewährleistet wird. Darauf abzielende Abkommen

---

21 BA Berlin, R 8119F, Nr. 1963/2, Bl. 179, Ullmann an die Deutsche Bank-Zentrale, 19.9.1935.

22 Diese Urteile finden sich in internen Stellungnahmen der Bank zu verschiedenen Projekten Rostergs zu Beginn der 30er Jahre. Siehe u.a. BA Berlin, R 8119F, Nr. 1961/1, Bl. 36, Schreiben Karl Kimmich an Gustaf Schlieper zur „Lothringen Affäre“, 1.11.1934; sowie ebd., Bl. 19, Schriftwechsel mit der Filiale Braunschweig zur Wiederaufnahme von Bohrschächten, 13.10.1934.

erscheinen […] nicht ausführbar. Gewiss läßt sich vieles im Leben durch schnelles Zugreifen erreichen, anderes wiederum nur durch die Kunst des Wartens."[23] Rosterg betonte in seinem Antwortschreiben geradezu verbittert, dass es ihm in der Angelegenheit nicht um persönliche Macht, sondern um eine Zukunftsvision für die Kaliwirtschaft im Besonderen und die Wirtschaftsordnung im Allgemeinen gegangen sei, „die weit über das Leben derer hinaus, die sie gemacht haben, bestehen" sollte. Selbst sein Angebot, seinen eigenen Besitz an Wintershall-Aktien und ein Vorkaufsrecht auf sein Erbe als Garantie in das Geschäft einzubringen, blieb zunächst erfolglos.[24] Letztendlich machte Rosterg die Deutsche Bank und vor allem ihren jüdischen Vorstandssprecher Georg Solmssen dafür verantwortlich, sein Vorhaben blockiert und dadurch die Krise der Kaliwirtschaft zusätzlich befeuert zu haben. Wenn man ihm erlaubt hätte, an die Spitze des Syndikats zu treten und „die starke Finanzkraft von Salzdethfurth sich mit der technischen Leistungsfähigkeit seiner Werke vereinigt hätte", so urteilte Rosterg später, „wäre es unmöglich gewesen, dass sich die spanische und amerikanische Konkurrenz zum Schaden der ganzen Kaliwirtschaft auf dem Weltmarkt derart breit gemacht hätte, wie es heute der Fall ist."[25] Seiner Vorstellung nach sollte die innere Konkurrenz in der deutschen Kaliwirtschaft frühzeitig ausgeschaltet werden, um nach außen geschlossen gegen die Kräfte des Weltmarktes anzukämpfen. Auch hier wird noch einmal deutlich, wie sehr sich Rosterg als typischer „Kartellist" bereits in einer autokratischen, national-protektionistischen Gedankenwelt bewegte und die liberale Wettbewerbsidee ablehnte.

Es bleibt zwar offen, ob diese geschäftliche und ebenso persönliche Niederlage direkt in Koinzidenz mit der politischen Neuorientierung Rostergs stand. Auffällig erscheint aber, dass er wenige

23 BA Berlin, R 8119F, Nr. 1962/1, Bl. 6, Schlitter an Rosterg, 28.1.1930.

24 Ebd., Bl. 10f., Rosterg an Schlitter, 29.1.1930.

25 BA Berlin, R 8119F, Nr. 1963/2, Bl. 179, Notiz eines Gesprächs zwischen Rosterg und dem Kassler Niederlassungsleiter Otto Ullmann an die Deutsche Bank-Zentrale, 19.9.1935.

Wochen nach dem geplatzten Burbach-Deal begann, sich ausgiebiger mit der NS-Bewegung und politischen Alternativen zur Republik zu beschäftigen. In diesem Verhalten zeigten sich auffällige Parallelen zu seinem langjährigen Geschäftspartner Günther Quandt. Letzterer hatte bereits gegen Ende des Kaiserreiches begonnen, in die Kaliwirtschaft zu investieren und seither den Aufstieg Wintershalls als Anteilseigner begleitet. Bei der Reorganisation des Wintershall-Konzerns Ende der 20er Jahre übernahm er ebenso wie August Rosterg jeweils rund ein Drittel der Kuxe der Gewerkschaft Wintershall, die wiederum den Mehrheitsbesitz der AG hielt.[26] Quandt saß seither der als eine Art Vermögensverwaltungsgesellschaft fungierenden Gewerkschaft vor und agierte als stellvertretender Aufsichtsrat der Kasseler Kapitalgesellschaft. Neben den geschäftlichen Interessen teilten Rosterg und Quandt im Kern vermutlich auch ihre politischen Überzeugungen. Ähnlich wie der Wintershall-Direktor ließ sich auch Quandt zunächst im nationalkonservativen Spektrum verorten, öffnete sich in der Endphase der Weimarer Republik aber zunehmend für demokratiefeindliche, autokratische Strömungen. Beide Wintershall-Vertreter traten 1930 der „Gesellschaft zum Studium des Faschismus (GSF)“ bei, wobei unklar ist, wer wen hierfür warb. Bei der GSF handelte es sich um eine elitäre Studiengruppe, die diverse Vertreter des äußerst rechten politischen Lagers von Kapp-Putschisten, Stahlhelm-Vertretern und Nationalsozialisten bis hin zu Wirtschaftsführern zusammenbrachte, um über den Faschismus als potentiell alternative diktatorische Staatsverfassung für Deutschland

26 Laut Zeitungsberichten lag die Aktienmehrheit der Wintershall AG bis zumindest 1934 weiter bei der Gewerkschaft. Von den rund 10.000 Kuxen der Gewerkschaft Wintershall befanden sich wohl 3.000 Kuxe in Händen von Günther Quandt, 1.870 bei den Erben der Wintershall Gründerfamilie Grimberg/Marckhoff sowie 2.500 Kuxe bei einem nicht näher benannten Amsterdamer Gewerk. Der Privatbesitz August Rosterg wurde nicht explizit aufgeführt, belief sich aber vermutlich ebenfalls zwischen 2.700 bis 3.000 Kuxen. Vgl. *Chronik der Wintershall AG* (wie Anm. 2), 271.

zu diskutieren.[27] Die Grundströmung in der Gesellschaft war nationalistisch und republikfeindlich, keineswegs zwangsläufig aber explizit nationalsozialistisch. Gleichwohl war die GSF wohl eine der ersten organisierten Gruppierungen, die bedeutende rechtskonservative Industrie- und Bankunternehmer wie Fritz Thyssen, Paul Rhode, Friedrich Reinhart und Hjalmar Schacht sowie eben Günther Quandt, August Rosterg und den Kalisyndikats-Generaldirektor August Diehn in einem politischen Netzwerk versammelte, um gemeinsam mit gleichgesinnten rechten Wissenschaftlern, Politikern, Revolutionären und Aktivisten konkrete Wege für eine gesellschaftliche und wirtschaftliche Neuordnung zu entwerfen.[28]

Vermutlich ausgehend von dem Engagement in der GSF verdichteten sich seit 1931 auch die persönlichen Kontaktkreise der Kaliindustriellen zu den führenden Köpfen der NSDAP, die sich mehr und mehr an die Spitze der politischen Umsturzbewegung setzten. Dass Rosterg und Quandt die noch stark sozialistisch und zudem rassistisch aufgeladene Erweckungsideologie des NS in allen Facetten teilten, erscheint eher unwahrscheinlich.[29] Was sie einte, war allerdings der nationalistische Impetus und der Wunsch, die politische Zerrissenheit der Weimarer Republik zu überwinden. Besonders verfänglich war, dass es Hitler und seinem Wirtschaftsberater Wilhelm Keppler offenbar früh gelang, sich des geschäftlichen Geltungsdrangs und wohl auch der persönlichen Eitelkeit des Wintershall-Patriarchen zu bedienen. Im Vergleich zu den Industriellen aus der Chemie-, Elektro- oder Eisen- und Stahlbranchen oder den Großbanken stand

27 Vgl. Manfred Wichmann, *Waldemar Pabst und die Gesellschaft zum Studium des Faschismus*, Berlin 2013, 75–93.

28 Vgl. BA Berlin, R72, Nr. 260, Bl. 131, Mitgliederliste der GSF. Zur politischen Einstellung Günther Quandts und seiner Rolle in der GSF siehe bereits ausführlich: Joachim Scholtyseck, *Der Aufstieg der Quandts. Eine deutsche Unternehmerdynastie*, München 2011, 262ff.

29 Dies gilt für Quandt nicht zuletzt aufgrund des in der Forschung bereits an anderer Stelle ausführlich geschilderten persönlichen „Rosenkriegs" Quandts mit seiner Ex-Frau Magda und Joseph Göbbels. Siehe Scholtyseck, *Aufstieg* (wie Anm. 28), 240ff., auch 268.

Rosterg zu Beginn der 30er Jahre sicherlich wohl eher in der zweiten Riege der deutschen Wirtschaftselite. Zudem dürfe „nicht verkannt werden", so ließen er und sein Vorstandskollege Curt Beil im Zuge der Hauptversammlung der Wintershall AG im Juli 1933 vielsagend verlauten, dass die Kali- und die noch junge deutsche Erdölwirtschaft von vielen noch vor wenigen Jahren lediglich „über die Schulter angesehen [...]" worden seien. Nun gelte es zum „Träger des nationalen Wirtschaftsaufbaus" zu werden.[30] August Rosterg sah in seinem schnellen Bekenntnis zum Nationalsozialismus anscheinend sowohl die Chance, die geschäftlichen Expansionschancen seines Unternehmens zu fördern, als auch an persönlicher Anerkennung und politischem Einfluss zu gewinnen. Bereitwillig folgte Rosterg vor diesem Hintergrund der Einladung, sich am 3. Februar 1931 gemeinsam mit Quandt und Diehn zu persönlichen Gesprächen mit Adolf Hitler im Berliner Hotel Kaiserhof einzufinden. Hier wurde offen über das nahende Ende der Demokratie debattiert. Die Kaliindustriellen sagten eine Millionenspende für die Aktivierung von SA-Truppen zu, sollte es zu gewaltsamen politischen Unruhen kommen.[31] Damit positionierte man sich – wie bereits einige weitere Großindustrielle tags zuvor – eindeutig auf der Seite der NSDAP. Gleichzeitig ließ sich das informelle Treffen allerdings auch als positives Signal werten, dass die Vertreter des Kalisyndikats als Experten Gehör finden und gestaltend auf das zukünftige Wirtschaftsprogramm der Nationalsozialisten würden einwirken können.[32] Das Bekenntnis zum Erhalt des Privateigentums trotz Überwindung des Liberalismus, das Hitler im Januar 1932 im Düsseldorfer Industrieclub auch unter den Augen Rostergs abgab, schien zu fruchten und die anfängliche Skepsis ge-

---

30 *Erdöl und Kali. Träger nationalen Wirtschaftsaufbaues*, in: Deutsche Bergwerks-Zeitung (1.7.1933).

31 Vgl. Otto Wagener, *Hitler aus nächster Nähe. Aufzeichnungen eines Vertrauten 1929-1932* (hg. von Henry A. Turner), Kiel 1987, 368-374.

32 Vgl. Christopher Kopper, *Zwischen Marktwirtschaft und Dirigismus. Bankenpolitik im Dritten Reich 1933-1939*, Bonn 1995, 29; Scholtyseck, *Aufstieg* (wie Anm. 28), 265.

genüber den eher wirren Wirtschaftskonzepten des NS verfliegen zu lassen. Die Aussicht auf Konjunkturprogramme, Mitgestaltung und Protektion war zu verlockend.

Der ambitionierte Wintershall-Chef erlag wie einige andere, ebenfalls wie er aufstrebende Unternehmer der 20er Jahre noch vor der Machterlangung den Avancen der NSDAP um politische Unterstützung und finanzielle Förderung. Überzeugt von den Perspektiven des Nationalsozialismus zählte Rosterg ab Frühjahr 1932 zu den zunächst rund zehn Gründungsmitgliedern des „Studienkreises für Wirtschaftsfragen“, den Keppler auf Geheiß Hitlers zusammenstellen ließ, um die Wirtschaft näher an die Partei zu binden und ihre Wirtschaftskompetenz öffentlich zu legitimieren.[33] Der „Keppler-Kreis“ traf sich nun regelmäßig, um die ökonomische Agenda der NS-Bewegung zu debattieren und – laut einer Aussage des späteren „Kassenwartes“ Kurt von Schröder – bei exklusiven Treffen mit Hitler beispielsweise im Juni 1932 abzustimmen.[34] Im November 1932 gehörte Rosterg sodann zu den Erstunterzeichnern der sogenannten Industrielleneingabe, die den Reichspräsidenten von Hindenburg aufforderte, Hitler unmittelbar zum Reichskanzler zu ernennen.[35] Wiederum vereint waren Rosterg, Quandt und Diehn bei einem weiteren Geheimtreffen mit dem späteren Diktator bei Hermann Göring kurz vor den März-Wahlen 1933. Hier ging es nun allein darum, den Wahlkampf-Fond der NSDAP mit Industriespenden aufzufüllen, um

33 Zu den Gründungsmitgliedern zählten wohl neben Keppler Hjalmar Schacht, August Rosterg, Emil Helfferich, Friedrich Reinhard, Kurt von Schröder, Max Krogmann, Emil Meyer, Otto Steinbrinck und Gottfried von Bismark-Schönhausen. Hinzu traten frühzeitig wohl auch Albert Vögler, Ewald Hecker, May Luyken. Seit der Machterlangung weitete sich der Kreis auf rund 50 Industrielle aus. Vgl. Final Report of the International Military Tribunal, Nuremberg War Trials, Volume IV, JX5437 N8, 12656, 319f., Testimony of Baron von Schroeder, 28.7.1947; auch Henry Ashby Turner, *Die Großunternehmer und der Aufstieg Hitlers*, Berlin 1985, 299f.

34 Vgl. Final Report of the International Military Tribunal, Nuremberg War Trials, Volume IV, JX5437 N8, 12656, Testimony of Baron von Schroeder, 28.7.1947, 320.

35 Vgl. Gerhard Schulz, *Von Brüning zu Hitler. Der Wandel des politischen Systems in Deutschland 1930-1933*, Berlin/New York 1992, 1019.

Hitler zur Machterlangung zu verhelfen. Wenige Tage später veranlasste der Kali-Verband eine Spende von 150.000 Reichsmark auf das Treuhandkonto der Partei.[36] Folgt man dem aktuellen Forschungsstand, so mischten sich hier bereits politische Pressionen mit der freiwilligen Bereitschaft der Industrie, das diktatorische Regime in den Regierungssattel zu hieven und dann zu festigen.[37] Die politische und moralische Mitverantwortung, die Rosterg, die Wintershall und das Kalisyndikat durch die frühe Unterstützung am Aufstieg des NS-Regime innehatten, wird hierdurch nicht geschmälert. Schließlich wurden die Vertreter des Unternehmens in keiner Weise zur Kooperation gezwungen, sondern entschieden sich hierfür aus ganz pragmatischen und opportunistischen Gründen.

„Wer gut schmiert ...“: Anatomie einer pragmatischen Verstrickung im NS

Nach der Machterlangung der Nationalsozialisten etablierte sich unter der Federführung Rostergs eine eigentümliche Ambivalenz in den Beziehungen der Wintershall AG zum Nationalsozialismus, die die historische Vermessung von Nähe und Distanz kompliziert erscheinen lässt. Als ersten Ansatzpunkt sei aber auf den Schlussbericht des Spruchkammerverfahrens von 1947 verwiesen, der in einer für solche Schriftstücke ungewohnten Klarheit gleichermaßen ein Urteil über das Verhalten und den Charakter August Rostergs fällt:

> „[Man] gewinnt von dem Kalimagnaten den Eindruck, dass sein Streben nach Macht und massgeblicher Wirtschaftslenkung in viel grösserem Umfang die Trieb-

---

36 Final Report of the International Military Tribunal, Nuremberg War Trials, Volume 7, IG Farben Case, Entries in the Account "National Trusteeship" Fund, 567.

37 Vgl. u.a. Adam Tooze, *Ökonomie der Zerstörung, Die Geschichte der Wirtschaft im Nationalsozialismus*, München 2007, 129.

> feder seines Schaffens waren, als nach Reichtum oder politischem Einfluss. Letztere waren Zweckmittel, die in seinen Plänen und Zielen eine untergeordnete Rolle spielten. Ein Diktator [in seinem Unternehmen], dem zum Erfolg jedes Mittel recht war und der in einer verbissenen Zielstrebigkeit auch bereit war, grosse Opfer zu bringen, und keinerlei Kritik duldete. Einem Menschen wie diesem ist es zuzutrauen, dass er in höherer Erkenntnis der Dinge zur Erreichung seiner Ziele selbst auf Oberflächlichkeiten begründete Freundschaften und Sympathien mit politischen Führern unterhielt und nährte, auch wenn sie ihm innerlich zuwider waren, um dadurch die eigene Anerkennung zu erwirken. Er dürfte als Nicht-Pg. einen Einzelfall darstellen, dem man es in massgeblichen politischen Kreisen nicht sehr übel nahm durch sein betontes Abseitsstehen vom politischen Leben seine tatsächliche innere Einstellung zu bekunden. Die finanziellen Opfer hierfür werden zweifellos nicht niedrig gewesen sein."[38]

Die letztliche Beurteilung, inwieweit das von einem rücksichtslosen geschäftlichen Opportunismus, aber wohl nicht von ideologischen oder rassistischen Motiven getragene Verhalten Rostergs als politische Belastung ausgelegt werden könne, ließ die Spruchkammer offen. Kein Zweifel bestand laut Gericht aber daran, dass der mittlerweile verstorbene Unternehmer sich als Mitwisser und Mitspieler tief in den NS verstrickte. Rosterg, so scheint es, entwickelte ein eigenes Modell im Umgang mit dem Regime, in dem er sich durch finanzielle Begünstigungen und enge persönliche Kontakte zu einzelnen hohen NS-Funktionären politische Passivität und unternehmerische

[38] Hessisches Hauptstaatsarchiv Wiesbaden (im folgenden HHStAW), 520-22, Nr. 9591, Bl. 43, Schlussbericht der Spruchkammer Kassel in der Sache August Rosterg, 21.5.1947.

Unabhängigkeit erkaufen wollte. Waren jedoch seine ökonomischen Interessen berührt, zeigte er keine Zurückhaltung, geschickt in die Rolle eines Aufbauhelfers für den nationalen Wiederaufstieg zu schlüpfen.[39]

Durch seine Mitgliedschaft im Keppler-Kreis blieb Rosterg in den Anfangsjahren des Regimes in die Pläne der neuen Wirtschaftsverwaltung einbezogen. Hier nahm er Platz neben einer stetig wachsenden Zahl von Industriellen und Bankiers, die wie Rudolf Bingel, Friedrich Flick, Otto Steinbrinck, Karl Rasche, Richard Kaselowsky, Wilhelm Voss oder Kurt von Schröder ihre weltanschauliche Nähe zu den neuen Machthabern deutlich offener zur Schau stellten. Der Kreis diente Rosterg als Informationsplattform und Anbahnungshilfe für gemeinsame Projekte.

Auch als der Reichsführer SS, Heinrich Himmler, die Leitung des Netzwerkes ab 1935 federführend übernahm, blieb Rosterg oft gesehener Gast. Die Arbeit des nun in „Freundeskreis des Reichsführers SS" umbenannten Zirkels konzentrierte sich immer weniger auf seine ursprüngliche Aufgabe einer ordnungspolitischen Gestaltung der deutschen Wirtschaft. Vielmehr rückten grundlegende weltanschauliche Themen und die ideologische Indoktrination in den Vordergrund. Es galt Himmler als Ziel, die Leitideen des „Schwarzen Ordens" über einen engen Austausch zwischen Parteikadern und Wirtschaftsvertretern zu vertiefen. Zu den Programmen der Treffen, die in ihrer Zahl seit Mitte der 30er Jahre stetig zunahmen und bald monatlich stattfanden, zählten gemeinsame Ausflüge zu symbolischen Geschichts- und Gegenwartsorten, wie dem Grabmal von Heinrich I. im Quedlinburger Dom, Besuche bei der SS-Leibstandarte „Adolf Hitler" im KZ Dachau (1936) oder KZ Sachsenhausen (1939). Daneben debattierten die Industriellen mit SS-Vertretern und ideologischen Pseudowissenschaftlern über Referate zur „Freimaurerei", zum „Judentum", zum Kommunismus und zur „Bekämpfung der

39 Vgl. ebd.

Homosexualität und Abtreibung als politische Aufgabe".[40] Es muss Rosterg und auch Heinrich Schmidt, der ihn häufig bei diesen Treffen begleitete, bald bewusst geworden sein, dass die ökonomischen Vorteile ohne eine ideologische Verstrickung nicht zu haben waren. Sie wussten früh über die Reichweiten der verbrecherischen gesellschaftlichen Umgestaltungspläne Bescheid und unterstützten die Arbeitsweisen der SS zumindest passiv.

Abb. 7: Der „Freundeskreis des Reichsführers SS" besucht das KZ Dachau am 21.1.1936. August Rosterg (Mitte) und Heinrich Schmidt (Vierter von rechts) inmitten von Heinrich Himmler, Kurt von Schröder und Friedrich Flick (erste Reihe von links) sowie hochrangigen SS- und Wirtschaftsvertretern.

40 Vgl. Michael Wildt, *Himmlers Terminkalender aus dem Jahre 1937*, in: Vierteljahreshefte für Zeitgeschichte 4 (2004), 681; Wolfgang Benz (Hg.), *Enzyklopädie des Nationalsozialismus*, München 2007, 471.

Es war ebenso offensichtlich, dass sich hinter der Gesinnungsarbeit des „Freundeskreises" schlichte materielle Interessen der neuen Organisatoren verbargen. Himmler, sein Adjutant Karl Wolff und der Neffe Kepplers, Fritz Kranefuß, bereiteten die Treffen dezidiert vor, um die Formierung der SS als parteipolizeiliche Weltanschauungsinstanz durch Industriespenden anzukurbeln. Nach den gemeinsamen Aktivitäten folgten regelmäßig Spendenaufrufe an die Mitglieder. Es waren vor allem SS-Institutionen, wie der Lebensborn e.V., das Ahnenerbe, die Junkerschulen, der Nordland-Verlag oder schlicht der SD-Polizeidienst, dem die Gelder zuflossen. Allein für die Jahre 1936 sind Zahlungen von insgesamt rund acht Mio. Reichsmark und Kredite in Höhe von rund 30 Mio. Reichsmark dokumentiert, die meist vonseiten der Wirtschaft auf die Sonderkonten der SS eingingen.[41] August Rosterg zählte zu den regelmäßigen Großspendern. Nach einer Aussage seines Privatsekretärs Karl Hartmann überwies der Wintershall-Direktor auf Anforderung des Finanzverwalters des „Freundeskreises" über mehrere Jahre hinweg jährlich 100.000 Reichsmark auf ein entsprechendes Konto beim Kölner Bankhaus Stein. Auch wenn die Gesamtsumme unbekannt ist, scheint doch klar, dass er zumindest bis 1943 weit oben auf der Geberliste der SS stand.[42] Offenbar flossen die Gelder direkt über Geschäftskonten der Wintershall AG – allein für dieses Jahr in ihrer Körperschaftssteuererklärung 512.131 Reichsmark für Spenden.

---

41 Vgl. Wildt, *Himmlers Terminkalender* (wie Anm. 40), 680f.; Reinhard Vogelsang, *Der Freundeskreis Himmler*, Göttingen u.a. 1982, 114f. u. 122.

42 Im Spruchkammerverfahren ließen die Erben den Punkt der Parteispenden aus, was zu mehrfachen Nachfragen vonseiten des Kasseler Gerichts führte. Siehe HHStAW, 520-22, Nr. 9591, Spruchkammer August Rosterg, Aktenvermerk der Kläger, 10.12.1947. Hartmann und auch der Wintershall-Vorstand Ratig sprachen von mehrfachen Zahlungen in Höhe von 100.000 Reichsmark, vgl. ebd., Bl. 42, Zeugenaussage Ratig, 30.4.1947 sowie ebd., Bl. 44, Protokoll der Vernehmung von Karl Hartmann, 5.5.1947. Hartmann vermutete, dass die Spenden über Konten der Wintershall AG liquidiert wurden. Unterlagen hierzu liegen leider nicht mehr vor.

Ein guter Teil hiervon ging an diverse Institutionen und Personen des Nationalsozialismus.[43]

Ganz grundsätzlich scheinen sich die Beziehungen zwischen Rosterg und den Vertretern der NS-Partei- und Staatsstellen ab Mitte 1935 also zu einer „Spenden-Affäre“ im reinsten Wortsinn entwickelt zu haben. Neben den Zahlungen über den „Freundeskreis“ flossen laut seinem Bürovorsteher ab 1940 jährlich weitere 80.000 Reichsmark in vier Jahresraten direkt an den Chefadjutanten des Reichsführers SS. Zudem wurde Himmler 1939 persönlich von Rosterg ein Maybach-Pkw zur Verfügung gestellt und die Verbindung zu Keppler finanziell gepflegt. In ähnlicher Manier vergewisserte sich Rosterg durch Begünstigung guter Beziehungen zum Thüringer Ministerpräsidenten Willy Marschler und zu dem Weimarer NSDAP-Gauleiter Fritz Sauckel, der als SS-Obergruppenführer später für die Organisation des (Zwangs-)Arbeitseinsatzes zuständig sein sollte. Die Verbindung zu den beiden NS-Funktionären rührte aus der langjährigen Kooperation der Wintershall AG mit dem Land Thüringen bei den Werra-Kali-Werken-AG und wurde durch Ölbohrkonzessionen in der Region noch intensiviert. Rosterg traf aus geschäftlichen Gründen oftmals mit Sauckel und Marschler zusammen. Dabei garnierte er die Treffen im Nachgang gerne durch Zahlungen an die thüringische Staatskasse, die vordergründig für soziale Einrichtungen im Land verwendet werden sollten.[44] Auf der Spendenliste standen zudem auch lokale Parteigrößen in Kassel und Umland. Mehrfach, berichtete Rostergs Sekretär, hatte er Geld in verschlossenen Umschlägen beim kurhessischen Gauleiter Karl Weinrich persönlich abzugeben. Darüber hinaus erinnerte er sich an zeitweise monatliche Zahlungen in Höhe von 500 Reichsmark direkt an Weinrich sowie weitere unregelmäßige Spenden von bis zu 1.500 Reichsmark an die

43 Vgl. HHStAW, 520-22, Nr. 9591, Bl. 78 Schreiben der Wintershall AG (gez. Römer) an die Spruchkammer zur Bestätigung von Einzelzahlungen im Körperschaftssteuernachweis, 13.09.1948; ebd., Bl. 95, Klageschrift Rosterg, 18.1.1949.

44 Vgl. ebd., Bl. 44, Vernehmung Karl Hartmann, 5.5.1947.

lokale SS und HJ, vor allem aber wohl an den Nationalsozialistischen Kraftfahrerkorps, dessen Motorgruppe West der Gauleiter als Obergruppenführer vorstand.[45]

Es liegen insgesamt viele Hinweise vor, dass sich um die politischen Beziehungen von Rosterg ein komplexes Spendensystem rankte, in dem Begünstigungen gegen Vergünstigungen getauscht wurden. Diese Vorgehensweise war im Übrigen vermutlich weder für ihn noch für breitere Kreise der Industrie neu. Schon seit den 20er Jahren hatte sich eine solche „politische Landschaftspflege" der Wirtschaft etabliert.[46] Nun weitete sich der Kreis auf die neuen Machthaber aus, die zudem die finanzielle Unterstützung recht offen einforderten. Zum Teil war es sicherlich dem nepotistischen Charakter des NS zu schulden, dass Wintershall vonseiten der SS für die weltanschauliche Arbeit, aber eben auch von regionalen Parteigrößen aus schlichten persönlichen Bereicherungsmotiven um Geldzahlungen angegangen wurde. Gleichzeitig leistete Rosterg die Zahlungen aber in vielen Fällen auch gezielt und freiwillig aus politisch-geschäftlicher Berechnung. In den Zeugenaussagen zum Spruchkammerverfahren, das nach 1945 gegen den Verstorbenen angestrengt wurde, bescheinigten Rosterg zahlreiche ehemalige Mitarbeiterinnen und Mitarbeiter durchaus glaubwürdig, dass dieser ideologisch nicht aufseiten des Nationalsozialismus gestanden habe, er im Gegenteil im internen Kreis offen und selbstbewusst seine Abneigung gegen den

---

45 Vgl. ebd., Bl. 45 sowie ebd., Bl. 78, Schreiben der Wintershall AG (gez. Gustav Römer) an die Spruchkammer zur Bestätigung von Einzelzahlungen im Körperschaftssteuernachweis, 13.09.1948.

46 Bei der Wintershall AG verfügten der Generaldirektor und der Aufsichtsratsvorsitzende bereits seit 1929 über alleinigen Zugriff auf einen sog. Dispositionsfond in Höhe von 2 Mio. Reichsmark pro Jahr, aus dem mutmaßlich politische und soziale Projekte finanziert wurden. 1935 wurde der Fond auf 500.000 Reichsmark reduziert. Siehe BA Berlin, R 8119F, Nr. 1965, Bl. 3, Protokoll der AR-Sitzung, 18.12.1935. Aufschlussreich ist hierzu auch die Korrespondenz zwischen Rosterg und Arnold Rechberg vom Ende der 20er Jahre: BA Koblenz, Nachlass Arnold Rechberg, N 1049/58, Rosterg an Rechberg, 26.11.1928.

Krieg, den Rassismus und das Regime geäußert habe.[47] Ebenso häufig ist in diesem Kontext die Schutzbehauptung zu lesen, Rosterg habe diese Spenden nur geleistet, um sein Unternehmen vor staatlicher Gleichschaltung zu schützen.[48] Der Betriebsratsvorsitzende Emil Luther sagte aus, dass Rosterg klar gewesen sei, dass die finanzielle und persönliche Fühlungnahme zu Parteispitzen notwendig seien, um „den Nazigeist aus seiner Verwaltung herauszuhalten" und sich „Ellenbogenfreiheit zu verschaffen".[49] Auch wenn es durchaus in das Bild des wohl eher geschäftlichen als ideologischen Opportunisten passt, sind derartige Persilscheine historisch kritisch zu sehen – gefärbt durch persönliche Freundschaften und den Wunsch, die Rechtssicherheit für die Geschäfte der Wintershall AG möglichst rasch wieder aufnehmen zu können. Umso treffender war das Urteil der öffentlichen Klageschrift der Spruchkammer: „Nach all den Feststellungen und Erklärungen ist anzunehmen, dass die [...] geleisteten hohen Zuwendungen an Partei- und Staatsfunktionäre des 3. Reiches der Absicht entsprangen, das [...] Werk sich und seinem persönlichen Einfluss zu erhalten und somit jegliche Einschaltung der Partei [...] zu verhindern. Es bleibt aber die Tatsache bestehen, dass der Betroffene damit, dass er die Spenden, ganz gleich aus welchen Motiven sie geleistet wurden, die nat.-soz. Gewaltherrschaft wesentlich gefördert hat."[50]

Eine wesentliche Signatur des Verhaltens Rostergs nach der Machterlangung blieb, einerseits mit dem Wind zu segeln und die neuen Geschäftschancen der Rüstungswirtschaft zu nutzen, andererseits aber Unternehmen und Politik so weit wie möglich getrennt

---

47 Vgl. u.a. HHStAW, 520-22, Nr. 9591, Bl. 77, Eidesstattliche Erklärung von Ernest Nagelstein, 7.9.1948; ebd., Bl. 62, Eidesstattliche Aussage des Bergwerksdirektors Hans Rudolph, 28.1.1948; ebd., 35, Eidesstattliche Aussage des Oberlandesgerichtsrats Benno Biermann, 18.4.1947.

48 Vgl. ebd., Betriebsrat Emil Luther an die Spruchkammer Kassel-Stadt, 12.1.1948, Aussagen Heinz Rosterg und Karl Hartmann.

49 Ebd., Bl. 40, Luther an die Spruchkammer Kassel-Stadt, 23.4.1947.

50 Ebd., Bl. 89, Klageschrift Rosterg, 18.1.1949.

voneinander zu halten. Für ihn persönlich bedeutete dies, dass er einerseits Verbindungen in höchsten NS-Kreisen suchte, wenn es half, seine Geschäftsziele zu verfolgen, er sich aber ansonsten aus dem politischen Leben, speziell auch in Kassel, heraushielt. Während in den Werken des Unternehmens regelmäßig symbolträchtige Appelle und Aufmärsche stattfanden, die die Treue der Betriebsgemeinschaft zur NS-Bewegung herausstellten, nahm Rosterg selten an öffentlichen Parteiveranstaltungen, Maifeiern, Aufzügen oder Versammlungen teil. Selbst privaten Einladungen des Gauleiters oder der SS-Führer in Kassel oder Weimar kam er wohl unter Vorwänden meist nicht nach, sondern sandte stattdessen einen Weinkorb oder einen weiteren Spendenumschlag.[51]

Ebenso mehrten sich Ende der 30er Jahre kritische Stimmen innerhalb des „Freundeskreises“, dass Rosterg immer öfter den gemeinsamen Treffen fernblieb und sein Kommen nur ankündigte, wenn bekannt war, dass Himmler oder Heydrich ebenso persönlich anwesend sein würden. Man mag dies als taktischen Rückzug sehen, da der Kreis erkennbar an wirtschaftsstrategischer Bedeutung verlor.[52] Rosterg war nicht an einer ideellen Gesinnungsgemeinschaft interessiert, sondern an den bestmöglichen persönlichen Kontakten. Als diese Anbahnung der Beziehungen speziell zum SS-Reichsführer geglückt war, suchte er sie auf anderen Wegen zu intensivieren. Gegenüber dem Direktor der Leitmetallwerke, Dr. Fritz Ratig, äußerte er Ende der 30er Jahre unverhohlen, dass er die sichere Verbindung zu Keppler nun „fallen lassen“ könne und „dafür versuchen [müsse] mit Himmler in nähere Verbindung zu kommen“.[53] Laut Ratig sei ihm dies „auch sehr gut gelungen“.[54] Diese Notiz spielt sicherlich

---

51 Vgl. ebd., Bl. 62, Aussage Hans Rudolph, 28.1.1948; auch ebd., Bl. 48, Aussage Martha Beyer, 13.10.1948; ebd., Bl. 44, Vernehmung Karl Hartmann, 5.5.1947.

52 Vgl. Final Report of the International Military Tribunal, Nuremberg War Trials, Volume II (Flick Case), Fritz Kranefuß an Himmler, 21.4.1943.

53 HHStAW, 520-22, Nr. 9591, Bl. 42, Bericht Dr. Ratig, 30.4.1947.

54 Ebd.

darauf an, dass es Rosterg 1939 gelang, seinen Chiropraktiker Felix Kersten an Himmler zu vermitteln. Dieser avancierte zu einem der engsten Vertrauten und zum Leibarzt des durch beständige Magenbeschwerden geplagten SS-Führers. Rosterg wiederum eröffnete der „Freundschaftsdienst“ über den gemeinsamen Bekannten viele Türen. Während bereits seit 1936 einige sporadische Treffen zwischen Rosterg und Himmler in größerem Gesellschaftskreis stattfanden,[55] verzeichnet der erst jüngst edierte Dienstkalender allein von Frühjahr 1943 bis Juni 1944 gleich vier gemeinsame Abendessen und persönliche Gespräche in Berchtesgaden und im Feldkommando Bergwald.[56] Dass der Wintershall-Chef über Verbindungen in höchste Kreise verfügte, sprach sich schnell in Kassel herum. Die Nähe zu Himmler bildete somit auch ein Mittel, für respektvolle Distanz anderer NS-Dienststellen zu sorgen.

Indizien für ein höchst ambivalentes Vabanquespiel zeigten sich auch in den Alltagspraktiken und inneren Gefügen der Firma Wintershall. Um für eine passende symbolische Außenwirkung gegenüber der lokalen Parteibasis zu sorgen, forderte der Direktor im Mai 1933 von seinen Angestellten unumwunden auf, einem Aufruf der örtlichen SS-Standarte 35 zu folgen und reichlich Geld „für die gute Sache“ zu spenden. „Ich selbst“, so Rosterg, „habe mich schon lange an dieser Sache in erheblicher Weise beteiligt und werde selbstverständlich auch weiterhin die Angelegenheit zu fördern suchen, wo ich nur kann.“[57] Er bekannte sich als Förderer des Regimes. Zugleich aber blieb der Appell allein in sprachlicher Hinsicht eher sachlich gehalten und nutzte keineswegs die revolutionäre Semantik der NS-

---

55 Die Hausdame Rostergs vermerkte ein Treffen bei Weinrich im Winter 1936, sein Privatsekretär drei bis vier Treffen am Rande der „Freundeskreis"-Veranstaltungen. Vgl. HHStAW, 520-22, Nr. 9591, Bl. 44, Vernehmung Karl Hartmann, 5.5.1947; ebd., Bl. 48, Aussage Martha Beyer, 13.10.1948.

56 Ich danke Mathias Uhl vom IfZ München, der mir die Informationen zu Himmlers Dienstkalender zur Verfügung gestellt hat.

57 HHStAW, 520-22, Nr. 9591, Bl. 26, Spendenaufruf von August Rosterg an alle Direktoren und Angestellten, 2.5.1933.

Bewegung. Im Hintergrund stand, dass Rosterg mutmaßlich vonseiten Weinrichs darauf hingewiesen worden war, dass die Spendenquote in seinem Unternehmen bei vorherigen Sammlungen für die Partei bislang enttäuschend gering geblieben sei.[58] Ob es sich auch hierbei um eine Schutzbehauptung handelte, ist kaum zu klären. Es scheint aber festzustehen, dass das Wintershall-Direktorium in den 30er Jahren darauf Wert legte, seine Identität als Bergbauunternehmen zu erhalten und gegenüber äußeren politischen Einflüssen abzuschirmen. Es ist dokumentiert, dass der Vorstand sich seit Ende der 30er Jahre zunehmend dem Vorwurf ausgesetzt sah, der nationalsozialistische Geist habe sich im Unternehmen nicht angemessen verbreitet. So monierten etwa Vertreter der DAF, dass sich in dem Unternehmen auch Jahre nach der Revolution nicht der deutsche Gruß „Heil Hitler" durchgesetzt habe, sondern immer noch das bergmännische „Glück auf" genutzt werde. Zudem habe man in der Hauptverwaltung und bei seinen Werksdirektoren noch viele „alte und junge Reaktionäre" um sich geschart. Das Beschwerdeschreiben endete in der offenen Drohung: „Sie [Rosterg] mögen persönlich noch so gute Verbindungen zu führenden Ministern haben, das schützt sie nicht, sondern verpflichtet nur. […] Im Dritten Reich läßt sich kein Betrieb ohne Verantwortung führen, und zur Verantwortung gehört ein weitgehendes Recht. Geben Sie dieses Recht den Betriebsführern und machen Sie die Männer frei von der kleinlichen Bevormundung durch die Hauptverwaltung."[59] Die Geister, die Rosterg selbst gerufen hatte, verlangten nun verstärkten Einlass in das Innerste des Unternehmens.

Tatsächlich ist zu konstatieren, dass die Wintershall-Leitung lange betriebs- und personalpolitisch recht frei agierte. In dem von Technikern und Bergbauingenieuren dominierten Unternehmen fiel

58 Vgl. ebd., Bl. 94, Eidesstaatliche Versicherung der Testamentsvollstrecker Benno Biermann und Otto Werthmann, 26.1.1949.

59 *Chronik der Wintershall AG* (wie Anm. 2), 389f. Die Originaldokumente, auf denen diese Aussage beruht, sind leider archivalisch nicht mehr greifbar.

es dem Vorstand gegenüber Eingriffsversuchen der Partei deutlich leichter, die persönliche Qualifikation anstelle des Parteibuchs als Einstellungskriterium hoch zu halten.[60] Dies galt zunächst auch für die Vorstands- und Aufsichtsratspositionen. Anders als bei der DEA oder Preussag kam es bei der Wintershall AG nach 1933 nicht zu einem großen Stühlerücken. Der vierköpfige Vorstand, dem 1933 neben Rosterg, die Bergwerksingenieure Curt Beil, Gustav Römer und Otto Wertheim angehörten, blieb bestehen. Erst 1938 wurde das Direktorium erweitert. Die Wintershall AG kooptierte nun zum einen die Leiter der Öl- und Leichtmetallwerke, Fritz Ratig und Hans Schmalfeldt, in den Vorstand, der damit durch weitere Ingenieure aufgefüllt wurde. Soweit nachvollziehbar, gehörte keiner der genannten Vorstände, auch nicht der Aufsichtsratsvorsitzende Schmidt, der NSDAP oder einer ihrer Organisationen an.[61] Zum anderen rückten mit den beiden weiteren Bergwerksingenieuren Heinz Rosterg und Willy Krieger jedoch ebenfalls kurz vor Kriegsbeginn auch zwei Personen in den Vorstand, die sich durch eine aktive Mitgliedschaft in der NSDAP und der SS zur NS-Bewegung bekannten. Heinz Rosterg, der Sohn des langjährigen Firmenleiters, gab sich – einer Aussage des Wintershall-Justitiars Benno Biermann – „als gläubiger Nazi" und hatte als „biegsamer Charakter ohne eigenes Urteil"[62] sozialen Anschluss bei den Kasseler Parteigängern gesucht. Mit Willy Krieger hob die Wintershall AG dagegen ihren langjährigen Beauftragten für soziale Fragen und wichtigen Verbindungsmann zur DAF in die Position eines Vorstandes. Krieger pflegte zudem engste Kontakte zu örtlichen SS-Schergen, mit denen er sich in der Frühzeit des Regimes – so der spätere Verdacht der Spruchkammer-Ermittler – an gewaltsamen Strafexpeditionen gegenüber Kommunisten und Sozialdemo-

60 Vgl. hierzu etwa: HHStAW, 520-22, Nr. 9591, Bl. 39ff., Eidesstaatliche Erklärung des Betriebsratsvorsitzenden Luther, 23.4.1947.

61 Für August Rosterg, Beil, Ratig, Schmalfeldt und Schmidt ist dies belegt. Für Römer und Wertheim gibt es keine Angaben.

62 HHStAW, 520-22, Nr. 9591, Bl. 35, Aussage Benno Biermann, 18.4.1947.

kraten beteiligte.[63] Die Berufung von Krieger und Heinz Rosterg kam vermutlich gerade den in dieser Zeit aufkeimenden „Nazifizierungs"-Forderungen der Parteistellen gegenüber der Wintershall AG entgegen. Dabei gelang es dem „alten" Direktorium allerdings auch hier, die Positionen firmenintern und nicht mit externen Parteidelegierten zu besetzen. Ab 1939 wurden beide Vorstände – ohne einen Antrag auf Unabkömmlichstellung vonseiten der Wintershall – zur Wehrmacht eingezogen, waren in der Hauptverwaltung also auch in der Folgezeit kaum präsent.[64]

In ähnlicher Weise blieb auch der Aufsichtsrat im Vergleich zu den meisten privaten und gemischtwirtschaftlichen Konkurrenzfirmen relativ lange nach der Machterlangung 1933 durch personelle Kontinuität geprägt. Dies galt insbesondere im Hinblick auf eine recht späte „Entjudung" der Gremien der Wintershall AG. Die internen Berichte des Konzerns zeigen, dass man trotz lauter Boykottforderungen beharrlich bis 1936 die Geschäftskontakte zu den Bankhäusern S. Bleichröder (Berlin), Hagen & Co (Köln), Albert Hornthal (Hildesheim) und Sal. Oppenheim (Köln) aufrechterhielt.[65] Mit den jüdischen Inhabern der Banken, die meist seit langen Jahren in den Aufsichtsrat kooptiert waren, verband besonders August Rosterg enge geschäftliche und persönliche Bindungen. So hatte etwa die Hildesheimer Bankfirma Albert Hornthal bereits 1907 den Erwerb der Gerechtsame in der osthessischen Gewerkschaft Heringen finanziert und damit einen maßgeblichen Impuls für die positive Entwicklung des jungen Kali-Unternehmens Wintershall gegeben. Als die Nationalsozialisten an die politische Macht drängten, saß der jüdische Seniorchef Albert Plaut als Hausbankier bereits seit über zwan-

63 Vgl. HHStAW, 520-22, Nr. 17918, Bl. 23, Brief des Rechtsanwalts Dr. von Brentano an den Minister für Wiederaufbau und politische Befreiung in Wiesbaden, 24.4.1947. Siehe hierzu auch die drei folgenden Ermittlungsakten.

64 Vgl. BA Berlin, R 9361, III, 51295, Heinz Rosterg: Eintrag NSDAP Mitgliederkartei o. Dat.

65 Vgl. BA Berlin, R 8119F, Nr. 1963/1, Bl. 96, Bericht und Tagesordnung zum AR-Sitzung, 30.6.1934.

zig Jahren in den Gremien des Konzerns. Über die Jahre hatte er nicht mehr nur als Finanzier, sondern oftmals auch als strategischer Berater des Vorstandes fungiert und die zahlreichen betrieblichen Umgestaltungen, Ein- und Ausgliederungen der Gewerkschaften Wintershall begleitet.[66] Ebenso beruhten die Mandate von Ernst Magnus, dem Hannoveraner Filialleiter der Commerz- und Privatbank, auf langen Geschäftsbeziehungen, deren Grundlagen bereits gelegt wurden, bevor die jüdische Familienbank B. Magnus Anfang des 20. Jahrhunderts zur Filiale der Großbank geworden war.[67] Aus einer Mischung aus offensichtlichem Respekt gegenüber den langjährigen Geschäftspartnern und zugleich bedingt durch die begründete Sorge, das komplexe Finanzkonstrukt zu destabilisieren, auf dem die Aktivitäten der Wintershall AG basierten, hütete man sich in Kassel vor allzu raschen Änderungen. Erst als der äußere und innere Druck zur Umbesetzung des Aufsichtsrats zu groß wurde, reagierte Rosterg, der laut zahlreichen gleichlautenden Aussagen „in der Rassenfrage keine Voreingenommenheit […] kannte“[68]. Das Unternehmen enthob die jüdischen Bankiers zudem nicht ihrer Ämter, sondern wartete, bis die Mandate turnusgemäß ausliefen. In einer gemeinsamen Sondererklärung vermerkten Rosterg, Schmidt und Quandt im April 1936, dass nach 44-jähriger Zugehörigkeit Carl Hagen sowie der Bankier Albert Plaut und Bankdirektor Magnus „mit Rücksicht auf den Einspruch der thüringischen Landesvertreter, die eine Wiederwahl von Nicht-

66 *Chronik der Wintershall AG* (wie Anm. 2), 30; zu Albert Plaut siehe: Helmut von Jan, *Die Katastrophe der Hildesheimer Juden 1938–1988. Zum Gedächtnis der 50jährigen Wiederkehr*, in: AltHildesheim, Jahrbuch für Stadt und Stift Hildesheim, Band 59, Hildesheim 1988, 102.

67 Moritz' Sohn, Ernst Magnus (1873-1942), war seit 1907 Leiter der hannoverschen Filiale der Commerz- und Disconto-Bank, seit 1910 Börsenvorstand und 1914–1933 Mitglied des Aufsichtsrats der Continental Gummi-Werke AG. 1935 emigrierte er in die Schweiz und später nach Kuba.

68 HHStAW, 520-22, Nr. 9591, Spruchkammer August Rosterg, Aussage von Hans Rudolph vor der Spruchkammer, 28.01.1948.

ariern nicht wünschten", aus dem Aufsichtsrat ausscheiden würden.[69] Den Bedenken des Großaktionärs „im Hinblick auf die Arierfrage [...] müsse Rechnung getragen werden." Man dankte den langjährigen treuen Geschäftspartnern überschwänglich und versicherte ihnen zugleich, dass „keinerlei persönliche Gründe" für ihr Ausscheiden ursächlich seien.[70] Für die Betroffenen war dies sicherlich kein Trost, denn letztlich zeigte sich, dass die Wintershall-Leitung in diesen eindeutig persönlichen, rassistischen Diskriminierungsakt einwilligte, sobald politische Verwicklungen und geschäftliche Einschränkungen drohten. Es war auch hier weniger ideelle Überzeugung als geschäftlicher Opportunismus, der die Entscheidungen der Wintershall-Direktoren leitete. Es gibt trotz umfangreicher Recherchen zudem keinen Hinweis darauf, dass Rosterg antisemitisches Gedankengut teilte oder sich im Laufe der Zeit in seinem Verhalten radikalisierte. Dies scheint sich auch durch die Berichte von Ernst Nagelstein zu bestätigen, der als hochqualifizierter jüdischer Chemiker im Werk Lützkendorf beschäftigt war.[71] Nagelstein beteuerte im Gegenteil, dass sich Rosterg im Verlauf des Krieges immer deutlicher von den Anschauungen des NS distanzierte. So habe sich dieser zunächst bei Himmler persönlich dafür eingesetzt, dass der Techniker bei seiner Arbeit im

69 BA Berlin, R 8119F, Nr. 1961/1, Bl. 98, Aktennotiz des Generalsekretariats der Deutschen Bank zur Wintershall Generalversammlung, 21.4.1935.

70 Zitate nach BA Berlin, R 8119F, 1965, Bl. 15, Protokoll der AR-Sitzung, 21.04.1936.

71 Ernst Nagelstein (1905–1984), Studium der Chemie und des Apparatebaus 1924–29 an der TH Karlsruhe und TH Berlin-Charlottenburg; ab 1932 wiss. Laborleiter bei Wolff & Sohn in Karlsruhe, 1935 Dr. Ing. an TH Karlsruhe, 1937–40 Angestellter der Firma Givaudan, Forschungen an Schutzpräparaten gegen das Giftgas Gelbkreuz, 1942 Rückkehr nach Deutschland, um seinen Bruder zu retten, dafür soll er seine Patente der Sunlicht AG abtreten; 1942–44 Arbeit im Wintershall-Werk in Lützkendorf, im März 1944 Flucht nach Paris; Gefangennahme durch Resistance; Verhör durch ALSOS-Mission über den Stand der deutschen Atomforschung; 1946–50 Tätigkeit in der französischen Ölindustrie, lebte später in München, Karlsruhe und Marxzell; danach Santiago de Chile, Buenos Aires, später New York, wo er bei der UNO als Direktor für den Special Fund (das heutige Entwicklungshilfeprogramm) arbeitete. Danach zog die Familie nach Basel, wo Nagelstein als Berater für die UNO tätig war. Christoph Kalisch, *Regina Nagelstein*, in: Gedenkbuch für die Karlsruher Juden, in: https://gedenkbuch.informedia.de (Letzter Zugriff: 12.12.2019).

Werk keinen Judenstern tragen musste und so intensiven Drangsalierungen entging. Später sei ihm und seiner Familie nur die Flucht gelungen, da der Unternehmer wiederum an höchster Stelle für Ausreisepapiere sorgte. „Ich selbst verdanke ihm mein Leben“[72], schrieb Nagelstein 1948, da er nur durch diese Hilfe einer unmittelbar bevorstehenden Verhaftung durch die Gestapo zuvorkam. Dieser gut dokumentierte Fall spricht Rosterg jedoch nicht davon frei, dass ihm Geschäft vor Moral ging und er dem Nationalsozialismus Vorschub geleistet hatte.

Neue Ordnung, neue Geschäfte. Die Einbindung der Wintershall AG in das NS-Wirtschaftssystem, 1934–1937

Ende 1933, gut ein Jahr nach der Machterlangung des NS-Regimes, formulierte August Rosterg in der Deutschen Bergwerks-Zeitung: „Ein gesunde Wirtschaft kann sich nur in einem gesunden Staate entwickeln, und diesen hat uns der Nationalsozialismus zurückgegeben. Die Aufgabe des Unternehmers ist es, dem Führer in seinem Bemühen, dem deutschen Volke Lohn und Brot, Frieden und Freude zu schaffen, mit dem Einsatz aller seiner Kräfte und seiner Person freudigen Herzens zu unterstützen. Dazu braucht der Unternehmer die Freiheit selbständiger schöpferischer Betätigung. [...] Der Staat soll der Wirtschaft die Wege der freien Entwicklung offenhalten. Dann wird die Entwicklung unter Aufsicht und Führung des Staates sich gemäß der Natur der Dinge nach den gegebenen Möglichkeiten einstellen.“[73]

Dieses Zitat legt die Leitmotive Rostergs offen, auf die Karte des Nationalsozialismus zu setzen. Der Wintershall-Direktor schwenkte nun ganz auf die propagandistische Semantik der deut-

---

72 HHStAW, 520-22, Nr. 9591, Bl. 77f., Eidesstattliche Erklärung Ernest W. Nagelstein, 7.9.1948.

73 August Rosterg, *Eine gesunde Wirtschaft*, in: Deutsche Bergwerks-Zeitung (31.12.1933).

schen ‚Wiedererweckung' durch die Hitler-Regierung ein. Er äußerte zugleich unumwunden seine Erwartung, dass das Regime die Unternehmer ‚mitnehme', ihnen trotz politischer Lenkung die privatwirtschaftliche Handlungsfreiheit belassen und die lauten Sozialisierungsforderungen der Parteibasis aus der sog. „Kampfzeit" ad acta legen würde.

Die anfängliche Euphorie, dass das Regime diese Versprechungen einhielt, wurde bald eingetrübt, als die Ambivalenzen der staatsautoritären Wirtschaftsführung deutlich wurden. Die Kaliprüfstelle drängte das Syndikat zu einer freundschaftlichen Verständigung mit dem Reichsnährstand über günstigere Preise und Bezugskonditionen. Tatsächlich schrieb die Aufsichtsbehörde zum Oktober 1934 eine maßgebliche Preissenkung für Kali und stickstoffhaltige Düngemittel um durchschnittlich 20 Prozent vor.[74] Zusammen mit dem starken Preisverfall auf den umkämpften internationalen Märkten stellte diese Maßnahme eine erhebliche Belastung für die Kaliwirtschaft dar. Gleichwohl bot die neue Wirtschaftspolitik der Industrie im Gegenzug umfangreiche Kompensationsmöglichkeiten an. So lautete der Deal, dass der Staat zugleich durch direkte Subventionen für die Landwirtschaft den Absatz an Düngemittel maßgeblich förderte. Allein von 1933 bis 1934 stieg der Kaliverkauf der Wintershall Gewerke von 9,3 auf 12,2 Mio. Doppelzentner (dz).[75] Die Idee war, dass der Zuwachs an Verkäufen die sinkenden Gewinne mittelfristig ausgleichen sollte. Daneben galt die Reorganisation des Syndikats als Weichenstellung, um die Kräfte der Mitgliedsfirmen zur eigenständigen Modernisierung und Rationalisierung zu aktivieren. Zumindest bis kurz vor Kriegsbeginn gelang es den Kartellunternehmen tatsächlich, die Produktivität durch Poolverträge,

---

74 Siehe *Kalibericht 1934*, abgedruckt in: *Chronik der Wintershall AG* (wie Anm. 2), 274. Im Detail bewegten sich die Preissenkungen für die einzelnen Kalisorten zwischen elf und 38 Prozent. Synthetische, stickstoffangereicherte Dünger sanken im Preis um 14 Prozent bis 1935.

75 Vgl. Wintershall AG, *Geschäftsbericht 1934*, Kassel 1935, 5.

neuverteilte Förderquoten sowie Still- und Zusammenlegungen von Gewerken zu steigern.[76] Mittelfristig ließen sich die sinkenden Erlöse kaum auffangen. Spätestens als die Vierjahresplan-Behörde 1937 eine weitere Preissenkungsrunde verordnete, um die Nahrungs- und Rohstoffversorgung des Reichs im Rahmen der Kriegsvorbereitungen zu stärken, wurde deutlich, dass die Substanz des Kaligeschäftes durch die staatlichen Eingriffe massiv angegriffen wurde.[77] Der Aufsichtsratsvorsitzende der Wintershall AG, Heinrich Schmidt, kommentierte die Lage der Kaliwirtschaft in der Generalversammlung 1937 sehr vorsichtig: Man bekenne sich ausdrücklich dazu, dass „in der Relation zwischen Politik und Wirtschaft das Primäre die Politik ist, nicht die Wirtschaft […]". Gleichzeitig sei es nur der vorausschauenden Geschäftsstrategie des Vorstands zu verdanken, dass „wir in gewisser Hinsicht den Schlag abfangen und ihn etwa ausgleichen durch Gewinne, die wir auf anderen Gebieten erzielen."[78] Der Wintershall-Konzern war selbstbewusst genug, um von der Regierung zugleich Zugeständnisse in diesen Aktionsfeldern einzufordern.

August Rosterg hatte sich bereits seit 1933 in vielfältigen Verhandlungen mit der Regierung als versiert in der Strategie des gegenseitigen Förderns und Forderns gezeigt. Immer wieder gelang es ihm wohl auf der Grundlage seiner guten Kontakte im Keppler-Kreis, Sonderkonditionen und Ausnahmen für den Kasseler Konzern auszuhandeln. So gelang es ihm etwa Ende 1934, seinen langgehegten Plan zu realisieren, eine Mehrheitsbeteiligung am Burbach-Konzern zu übernehmen, um ihn mit einem zweistelligen Millionenkredit zu sanieren. Unterstützt wurde er hierbei vom Reichswirtschaftsministerium und der Dresdner Bank, genauer gesagt von ihrem Berliner

---

76 Vgl. Hans-Heinz Emons, *Die Kaliindustrie. Geschichte eines deutschen Wirtschaftszweiges?* in: Sitzungsberichte der Leibniz-Sozietät 6 (2001), 28; *Chronik der Wintershall AG* (wie Anm. 2), 266.

77 Vgl. BA Berlin, R 8119F, Nr. 1961/2, Bl. 126, Oswald Rösler an Ullmann, 10.4.1937.

78 Protokoll der Generalversammlung der Wintershall AG 1937, zitiert nach: *Chronik der Wintershall AG* (wie Anm. 2), 314.

Direktor und Keppler-Cousin Emil Meyer sowie dem ebenso NS-nahen Karl Rasche, der wenig später in den Aufsichtsrat der Wintershall kooptiert wurde.[79] Dabei räumte Rosterg unumwunden ein, dass er seine Bankbeziehungen aus klaren politisch-taktischen Erwägungen auf die Dresdner Bank verschob. Auf die Anfrage des Kasseler Filialdirektors Ullmann, warum Wintershall seiner langjährigen Hausbank den Rücken kehrte, betonte Rosterg, dass sich die Dresdner Bank unter dem Nationalsozialismus als Staatsinstitut profiliert habe. Es könne für sein Unternehmen nur von Vorteil sein, dass man mit „Projekten, die vom Staat gefördert würden, dort auch viel Verständnis fände." Anders als die Deutsche Bank würden sich dort die Direktoren zumindest „sehr große Mühe geben", ihn in der Burbach-Übernahme zu unterstützen. Diese Aussagen lassen sich nicht nur als Retourkutsche gegenüber der Deutschen Bank werten. Sie zeigen auch, dass die neuen persönlichen Netzwerke aus dem Keppler-Kreis griffen und zu gemeinsamen Geschäften führten.[80]

In finanzieller Hinsicht war das Burbach-Engagement wohl kein lohnendes Unterfangen. Demgegenüber stand in kartellpolitischer Hinsicht aber ein bedeutender Machtzuwachs. Rosterg hatte im jahrzehntelangen Streit über seinen Widersacher gesiegt. Er kontrollierte nun die absolute Mehrheit der Förderquoten des Syndikats und konnte seine wirtschaftlichen Vorstellungen frei zur Geltung bringen.[81] Obwohl das Ministerium nach den Lettern des neuen Kaligesetzes verpflichtet war, gegen einen Missbrauch von Mehrheitsverhältnissen vorzugehen, brauchte Wintershall keine Intervention fürchten. Auch dies war ein Zugeständnis an Rosterg, der sich längst

79 Vgl. HHStAW, 520-22, Nr. 9591, Spruchkammer August Rosterg, Aufstellung der Gremien, 30.4.1947.

80 Vgl. BA Berlin, R 8119F, Nr. 1963/2, Bl. 179, Gesprächsnotiz Ullmann, 19.9.1935.

81 Vgl. BA Berlin, R 8119F, Nr. 1961/1, Bl. 42, Aktennotiz zur AR-Sitzung, 26.1.1935.

als alleiniger Ansprechpartner des Regimes in der Kaliwirtschaft etabliert hatte.[82]

In dieser Position war Rosterg zudem eng in die Verhandlungen mit dem Regime über die Rahmenbedingungen für den Aufbau deutscher Kapazitäten in der Stickstoff- und später Mineralölsynthese eingebunden. In diesen technisch innovativen und anspruchsvollen Bereichen der chemischen Ersatzstoffproduktion, die im höchsten Maße als rüstungswichtig eingestuft wurden, arbeitete die NS-Regierung dezidiert mit betriebswirtschaftlichen Belohnungs- und Anreizmechanismen. Staatliche Preis- und Abnahmegarantien sollten den Unternehmen einen Einstieg in die investitionsintensiven und damit finanziell hoch risikoreichen Produktionszweige erleichtern.[83] Der geschäftliche Ansporn kombinierte sich allerdings mit einem klaren Verlangen des Staates, in diesen Feldern aktiv zu werden.

Ab Sommer 1934 drängten die NS-Wirtschaftsbehörden die Unternehmen Wintershall und Klöckner dazu, die synthetische Stickstoffproduktion in der Gewerkschaft Victor auszudehnen und hierzu massive Anstrengungen zur Spezifizierung und Modernisierung der Anlagen zu unternehmen. Zugleich sollte das Werk dem Stickstoffsyndikat unterstellt werden. Um die notwendigen Investitionen finanzieren zu können, wurden der Gewerkschaft erhöhte Produktionsquoten zugewiesen und feste Abnahmegarantien vereinbart.[84] In ähnlicher Manier forderte und belohnte das NS-Regime auch den Einstieg der Gewerkschaft Victor in die kohlebasierte Benzinsynthese, die in ihren technischen Verfahrensabläufen der Ammoniaksynthese für stickstoffhaltigen Dünger in vielen Punkten glich. In einem vertraulichen Akteneintrag notierte der Wintershall-Auf-

---

82 So kommentierte u.a. der Artikel *Burbach im Wintershall-Konzern*, in: Deutsche Allgemeine Zeitung (21.12.1934).

83 Vgl. als Zusammenfassung des neuesten Forschungsstandes hier vor allem: Mark Spoerer/Jochen Streb, *Neue deutsche Wirtschaftsgeschichte des 20. Jahrhunderts*, München 2013, 161-179.

84 Vgl. *Chronik der Wintershall AG* (wie Anm. 2), 276.

sichtsrat, dass das Werk in Rauxel „auf Wunsch der Regierung auch die Kohlehydrierung aufnehmen“[85] werde. Mit der Herstellung von jährlich rund 25.000 Tonnen Benzin habe das Reich Wintershall und den Klöcknerwerken ehrgeizige Produktionsziele vorgegeben, die man aber hoffe durch den Bau einer großen Versuchsanlage einhalten zu können. Da der Staat bereit war, einen festen Preis und die komplette Abnahme der gesamten Produktion zu garantieren, war man in Kassel und Duisburg gleichermaßen optimistisch, dass sich die eingesetzten Gelder schnell amortisieren würden.[86]

Bezeichnend für die keineswegs blinde Gefolgschaft Rostergs ist, dass der Vorstandsvorsitzende intern zu den wenigen Kritikern gegenüber derartigen staatlichen Starthilfen zählte. So erkannte er ebenso früh, dass mit einer zu großen Nähe die Gefahr wuchs, die Handlungsfreiheit des Unternehmens zu verlieren. Er kommentierte: „Wintershall würde auf diese Garantie gern verzichten, um freier Unternehmer zu bleiben, muss aber den Wünschen von Klöckner Rechnung tragen, der ohne Reichsgarantie nicht mitmachen will“.[87] Der späteren Einschätzung des britischen Mineralölexperten Gunther, die „vernachlässigte Industrie [...]“ sei dem Regime blind gefolgt und habe sich uneingeschränkt erfreut „über die plötzlichen Staatshilfen“[88] gezeigt, ist vor diesem Hintergrund zumindest zu relativieren. Skepsis machte sich breit, ob man die Unabhängigkeit des Unternehmens gegenüber staatlichen Eingriffen würde erhalten können. Gleichzeitig erlagen Wintershall und seine Vorstände aber dem Druck der autoritären Wirtschaftsführung und zugleich den staatlichen Anreizen, in einen stark regulierten Markt einzusteigen, dem rundweg eine „günstige Prognose“ auszustellen war. Man erwartete in Kassel, dass

---

85 BA Berlin, R 8119F, Nr. 1961/1, Bl. 25, Aktennotiz zur AR-Sitzung, 19.10.1934.

86 Vgl. BA Berlin, R 8119F, Nr. 1965, Bl. 3, Protokoll der AR-Sitzung, 19.10.1934.

87 BA Berlin, R 8119F, Nr. 1961/1, Bl. 25, Aktennotiz zur AR-Sitzung, 19.10.1934.

88 Archiv der Bundesanstalt für Geowissenschaften und Rohstoffe (BGR) Hannover, 0073874, A. Gunther, Der deutsche Krieg um Erdöl in Europa 1934–1945. Geschichtliche Enthüllungen, 2.

sich die notwendigen Einstiegskosten durch technische Lernkurven weiter senken lassen – umso größer war die Aussicht, bei garantierten Festpreisen perspektivisch immer höhere Gewinne zu erwirtschaften. Partiell glaubte man auch den propagandistisch breit gestreuten Motorisierungsvisionen des NS-Regimes. Mehrfach betonten Wintershall-Vertreter in Geschäftsberichten und Generalversammlungen, dass der Autobahnbau ein sicheres Signal biete, dass die Mineralölwirtschaft einen „kräftiger Anstoß" erleben würde – die eigentliche rüstungswirtschaftliche Bedeutung der Branche wird den Akteuren dabei aber ebenso bewusst gewesen sein.[89]

Das NS-Regime entwarf seit der Machterlangung 1933 ambitionierte Pläne, um die Versorgungssouveränität Deutschlands durch eine erhöhte Produktion natürlichen und synthetischen Mineralöls zu fördern. Die Eckpunkte der Staatshilfe sind bereits ausgeführt: Das sogenannte Reichsbohrprogramm offerierte den deutschen Mineralölunternehmen günstige Darlehen und die Übernahme von Investitionskosten, um neue Ölvorkommen zu erschließen.[90] Wohl um die Privatindustrie und ihre ausländischen Lieferpartner nicht sofort zu verschrecken, sah man vonseiten des Regimes zunächst von einer direkten staatlich-autoritären Lenkung der Mineralölwirtschaft ab.[91] Bei den Explorationen in den besetzten Gebieten nahm das Primat der Politik dann aber immer konkretere Formen an. In der Etablierungsphase einer eigenen deutschen Mineralölwirtschaft trat der Staat somit noch etwas zurückhaltender als Partner privater Initiativen auf. So gelang es neben der I.G. Farben auch die nach neuen Betätigungsfeldern suchende Wintershall AG für Projekte der synthetischen Treibstoffherstellung zu gewinnen. Ab 1936 stieg der Kas-

---

89 Vgl. ebd.; auch *Benzin-Optimismus bei Wintershall*, in: Deutsche Allgemeine Zeitung (22.4.1936); *Erdöl und Kali. Träger nationalen Wirtschaftsaufbaues*, in: Deutsche Bergwerks-Zeitung (1.7.1933); als Primärquelle zudem: BA Berlin, R 8119F, Nr. 1961/1, Bl. 25, Aktennotiz zur AR-Sitzung, 19.10.1934.

90 Vgl. Karlsch/Stokes, *Faktor Öl* (wie Anm. 2), 171ff.

91 Vgl. u.a. Alexander Donges, *Die Vereinigte Stahlwerke AG im Nationalsozialismus. Konzernpolitik zwischen Marktwirtschaft und Staatswirtschaft*, Paderborn 2014, 159f.

seler Konzern neben der Steinkohlehydrierung in Rauxel auch in die Braunkohlehydrierung im Werk Lützkendorf/Geiseltal ein.[92]

Ein zweites Hauptaugenmerk richtete Wintershall in die vertikale Integration ihrer Ölaktivitäten. Einen wichtigen Schritt, um eigene Infrastrukturen für Raffinierung, Lagerung und Vertrieb entstehen zu lassen, bildete 1935 der Erwerb der Mehrheitsanteile der Naphta Industrie- und Tankanlagen AG, kurz Nitag. Bis zum Beginn der 30er Jahre führte die jüdisch-kaukasische Gründerfamilie Kahan aus Berlin die Geschicke des Unternehmens, wodurch die Übernahme nach 1945 unter den Verdacht geriet, ein „Arisierungsgeschäft" gewesen zu sein. Die wenigen Hinweise hierauf lassen sich jedoch nicht erhärten. Vielmehr zeigt sich, dass das Unternehmen bereits in der Wirtschaftskrise in Schieflage geriet und den Besitzer wechselte. Aufgrund hoher Kreditanspruchnahmen für eine versuchte Sanierung traten die Geschäftsinhaber Aron und David Kahan in den Jahren 1930 und 1931 einen Großteil des sich in ihrem privaten Besitz befindlichen Aktienkapitals von 5,1 Mio. Reichsmark an die Berliner Privatbank Hardy & Co ab. Im Oktober 1931 verfügten sie mit 150.000 Reichsmark nur noch über rund drei Prozent der Aktien, ein Jahr später waren alle Anteile an ein Konsortium aus der langjährigen Hausbank und dem Londoner Zulieferer, die Crusader Petroleum Industries Ltd., übergegangen.[93] Sicherlich ist die spätere Aussage David Kahans höchst plausibel, dass die jüdischen Benzinhändler bereits vor der Machterlangung starken Diskriminierungen unterworfen waren, wenn es um Lieferverträge mit der öffentlichen

---

92 Vgl. BA Berlin, 3118, 1092, Wintershall AG Aktienprospekt, 1.12.1936; *Chronik der Wintershall AG* (wie Anm. 2), 338.

93 Den Verpflichtungen von rund fünf Mio. Reichsmark standen zu diesem Zeitpunkt nur noch Sicherheiten in Höhe von rund 0,36 Mio. Reichsmark gegenüber. Siehe Archiv der Commerzbank, Bestand Dresdner Bank, Hardy & Co., Konsortialakte 22, Nitag - Deutsche Treibstoffe AG; Landesarchiv Berlin (LAB), B Rep 025-04, 1938-39 50, Bl. 137, Wiedergutmachungssache Kahan vs. Nitag, Schreiben des RA Hans Jacobsohn an die Wiedergutmachungskammer Berlin, 8.3.1952.

Hand oder die Zuweisung von Export-Import-Kontingenten ging.[94] Eine Erholung ihrer Firma von den Folgen der Weltwirtschaftskrise war unter diesen Bedingungen äußerst erschwert. Gleichwohl traten die Wintershall-Vertreter 1935, mehr als zwei Jahre nachdem die Kahan-Brüder Besitz und Leitung ihrer Firma hatten abgeben müssen, nicht mehr direkt in den Kontakt zu den ehemaligen Inhabern. Stattdessen übernahmen sie die 75-prozentige Beteiligung direkt aus den Händen des Konsortiums Hardy und Crusader. Letzte behielt das restliche Anteilsviertel.[95]

Der Einstieg bei der Nitag erwies sich als strategisch besonders gelungen, da Wintershall damit nicht nur einen gemeinsamen Vertrieb mit der Londoner Crusader etablierte, sondern mit ihr zugleich einen langfristigen Lieferungs- und Verarbeitungsvertrag für Rohöl abschloss. Sämtliche Fördermengen, die Wintershall aus Kapazitätsgründen nicht in ihrer eigenen Raffinerie in Salzbergen veredeln lassen konnte, gingen nun in die modernen Verarbeitungsanlagen der Crusader-Tochter Eurotank AG in Hamburg.[96] Bei der Anbahnung dieses kombinierten Vertragswerkes war wiederum die enge neue Verbindung zur Dresdner Bank hilfreich. So war die Privatbank Hardy & Co. 1932 im Zuge der Reorganisation nach der

---

94 Vgl. Verena Dohrn, *Die Kahans aus Baku. Eine Familienbiographie*, Göttingen 2018, Kapitel 15.

95 Vgl. BA Berlin, R 8119F, Nr. 1961/1, Bl. 68, AR-Protokoll der Wintershall AG, 25.9.1935. Hiernach lag der Kaufpreis für das Paket von 4,6 Mio. Reichsmark Nitag-Aktien bei 3,45 Mio. Reichsmark. 0,9 Mio. Aktien überließen die Großaktionäre Hardy und Crusader unentgeltlich an die Wintershall AG, um die Nitag durch eine Reduktion des Aktienkapitals zu sanieren. Vgl. auch *Chronik der Wintershall AG* (wie Anm. 2), 294. Einzig das stark beliehene Geschäftshaus in Berlin befand sich noch 1934 im Besitz der bereits ausgewanderten Unternehmer. Wintershall erwarb es nach einer Zwangsversteigerung durch die Stadt Berlin ebenfalls von Hardy & Co. und richtete dort Geschäftsräume ein. LAB B Rep 025-04, 1938-39 50, Bl. 160, Wiedergutmachungssache Kahan vs. Nitag wegen Grundstück, Vergleich vom 28.6.1952; ebd., Bl. 80, Schreiben des RA Dagobert Pincus an das Landgericht Berlin, 10.12.1951.

96 Vgl. BA Berlin, R 8119F, Nr. 1961/1, Bl. 61f., Brief des Wintershall-Vorstandes an den Aufsichtsrat, 9.7.1935.

Bankenkrise zu einer Tochter der Berliner Großbank avanciert.[97] Es lag für sie daher nahe, ihre bisher kaum lukrativen Ölengagements in ihrem Portfolio an den neuen Geschäftspartner Wintershall zu übertragen, dem man die Sanierung zutraute. Der aufstrebende Kasseler Konzern wiederum verfolgte mit der Nitag-Übernahme eine Strategie, die sich auch schon in den Beteiligungsgeschäften mit der Gewerkschaft Elwerath und Salzdetfurth bzw. Burbach als erfolgreich erwiesen hatte: Wintershall kooperierte bzw. „kaufte" sich als starker Partner gerne in Unternehmen ein, die durch die Weltwirtschaftskrise finanziell angeschlagen waren. Durch diese Schachzüge gelang eine schnelle Expansion in das Öl(vertriebs)geschäft.[98] Bereits 1935 überholte der Newcomer den lange Zeit größten deutschen Produzenten DPAG/DEA und platzierte sich auf dem zweiten Rang der deutschen Produktionsstatistik.[99] Wenig später vollzog das Unternehmen dann aber tatsächlich den Schritt in das „Arisierungsgeschäft" und zeigte wenig Skrupel, auch die wirtschaftlichen Zwangslagen auszunutzen, denen jüdische Firmeninhaber aufgrund der politisch-rassistischen Verfolgung und Diskriminierung unterlagen.

97 Vgl. Ingo Köhler, *Die „Arisierung" der Privatbanken im Dritten Reich. Verdrängung, Ausschaltung und die Frage der Wiedergutmachung*, München ²2008, 52f.

98 Die Nitag erholte sich unter der Führung der Wintershall und warf erstmals 1937 leichte Gewinne ab. Durch die Übernahmen der Tankstellenketten Everth & Co. aus Sachsen sowie der Berliner Milag und der Mannheimer Pennsylvania Mineralöl- und Kraftstoff-Vertrieb GmbH baute man die Präsenz der Wintershall-Marken Nitalin und Nital an deutschen Straßen noch aus. Im deutschen Tankgeschäft blieb man aber mit einem Absatzanteil von drei Prozent weiterhin eher ein kleiner Player. Vgl. BA Berlin, R 8127, Nr. 1691, Nitag Geschäftsbericht 1937, Mai 1938; BA Berlin, R 8119F, Nr. 1961/2, Bl. 148, Auszug aus Berliner Börsen-Zeitung, 5.4.1938.

99 Vgl. Titus Kockel, *Geologie und deutsche Ölpolitik, 1928 bis 1938*, Diss., FU Berlin 2003, 570.

Geschäfte mit der Verfolgung: Die „Arisierung" des Petschek-Besitzes

Manchmal sind es nur kleine Textfragmente, die den Historikern eine Spur liefern, wie sich die Unternehmer mit dem NS-System arrangierten. Ein solcher Hinweis findet sich, als Rosterg 1935 vor der Übernahme der finanziell angeschlagenen Burbach AG stand und er seinem Ziel, der Dominanz im Kalikartell, einen Schritt näher schien. Das Geschäft behinderten lediglich noch Anfechtungsklagen der jüdischen Gläubigerbanken Z.H. Gumpel und Nathansohn & Stern aus Hannover, die völlig berechtigter Weise auf Abfindungen aus früheren Beteiligungen pochten.[100] In einer Aktennotiz vermerkten Rosterg und Schmidt hierzu lapidar: „Die Verhandlungen werden mit politischem Druck weitergeführt."[101] Man war sich in der Konzernspitze also bewusst, dass die Verfolgung der jüdischen Kläger durch das NS-Regime stillschweigend zum eigenen Vorteil genutzt werden könne.

Äußerst aktiv und direkt beteiligte sich Wintershall dagegen im Fall Petschek, der sicherlich größten und spektakulärsten „Arisierung" im Bergbausektor. Aufgeteilt in zwei Konzerne, die jeweils von den Nachkommen der Brüder Ignatz und Julius Petschek geführt wurden, befand sich ein wahres Kohleimperium in den Händen der jüdischen Unternehmerfamilie aus Prag. Die Gruppen kontrollierten gemeinsam nicht weniger als rund 65 Prozent der mitteldeutschen bzw. ostelbischen Braunkohlevorkommen. Auf sie entfielen 1936 allein rund 18 Prozent der gesamten Braunkohleförderung im Reichsgebiet sowie 25 Prozent der Brikettfabrikation. Hinzu kamen große

100 Vgl. *Raky-Gläubiger contra Wintershall*, in: Frankfurter Zeitung (27.10.1936).
101 BA Berlin, R 8119F, Nr. 1961/1, Bl. 41, Aktennotiz zur AR-Sitzung, 26.1.1935.

Produktions- und Förderanlagen in ganz Mitteleuropa, besonders in Tschechien und der Slowakei.[102]

Das Objekt der Begierde für Rosterg bildete der deutsche Besitz des Julius Petschek-Konzerns, der sich im Wesentlichen aus den Anhaltischen Kohlenwerken AG (AKW) im mitteldeutschen Geiseltal und der Werden-Weißenfelser Braunkohlen AG (WWB) zusammensetzte. Hieran hielt der Petschek-Konzern 1935 67 bzw. 88 Prozent der Aktienanteile in einem nominalen Wert von über 30 Mio. Reichsmark. Der Petschek-Besitz inkludierte vor allem den Braunkohlen-Großtagebau der Grube Cecilie. Sie lag dem Wintershall-Werk Lützkendorf direkt gegenüber und versorgte die Anlagen zur Benzin- und Ölherstellung per Liefervertrag mit dem notwendigen Rohmaterial. Für Wintershall war die Aussicht überaus verlockend, die Braunkohle nicht mehr beim Fremdanbieter kaufen zu müssen, sondern unter weitaus preisgünstigeren Bedingungen selbst abbauen zu können.[103]

August Rosterg ergriff im Sommer 1937 die Initiative, den Petschek-Besitz zu übernehmen. Hilfreich waren ihm dabei wohl die über das Deutsche Kalisyndikat etablierten Kontakte in die USA und nach London. Die Nachkommen von Julius Petschek hatten ihren mitteldeutschen Besitz angesichts zunehmender Anfeindungen in Deutschland vermutlich bereits kurz nach der NS-Machterlangung auf eine amerikanisch-britische Holding, die United Continental Corporation (UCC), übertragen. Wie die deutschen Behörden feststellten, war durch diesen Schachzug „zweifellos [...] den neuen Judengesetzen vorgebeugt worden“, wobei der „amerikanischen Tarnung“ aus rechtlicher Hinsicht jedoch nicht beizukommen

---

102 Vgl. zur „Arisierung" des Petscheck-Konzerns bereits ausführlich: Bernhard Gotto, *Adaption und Kooperation: Neue Geschäftspraktiken im Dritten Reich*, in: Johannes Bähr u.a. (Hrsg.), Der Flick-Konzern im Dritten Reich (Institut für Zeitgeschichte München-Berlin, im Auftrag der Stiftung Preußischer Kulturbesitz), München 2008, 322.

103 Vgl. BA Berlin, R 8119F, 1965, Bl. 43, Protokoll der AR-Sitzung, 7.11.1938.

war.[104] Sämtliche Stimmrechte der AKW und WW lagen durch einen Stimmrechtsverzicht der Petscheks bei der Treuhandgesellschaft, die formal auch die Mehrheitsgesellschafterin war.[105] Dem Wintershall-Chef war der UCC-Vorsitzende, der Wall Street-Bankier und Rechtsanwalt George Murnane, aus früheren US-Geschäften des Kalisyndikats und wohl auch aus der Kooperation mit Crusader bei der Nitag-Übernahme persönlich bekannt. Daher wandte er sich im ersten informellen Treffen in London direkt an Murnane, um die Chancen einer Übernahme des Petschek-Besitzes zu sondieren.[106]

Soweit dies aus den nur fragmentarischen Korrespondenzen der Wintershall zu rekonstruieren ist, bescheinigten sich beide Seiten einer sachlichen, aber durchaus schwierigen Verhandlungsatmosphäre, in der es galt, die unterschiedlichen Vorstellungen über den Kaufpreis und die Transferbedingungen abzuwägen.[107] Die UCC/Petschek-Gruppe hielt mindestens 18 Mio. US-Dollar für angemessen, um den Substanzwert und Goodwill der umfangreichen Braunkohle-Interessen einzupreisen. Daneben erwartete Murnane, dass der Kaufpreis in Devisen oder durch einen Tausch mit ausländischen Vermögenswerten erstattet würde, um die Gefahr zu umgehen, die Verkaufserlöse im Rahmen der strengen deutschen Devisenbewirtschaftung nur mit erheblichen Abschlägen ins Ausland transferieren zu können. Hinsichtlich des Problems der Devisentransaktion zeigte sich Rosterg optimistisch, Exporterlöse aus dem Kaligeschäft für den Kauf frei machen zu können. Sein Kaufpreisangebot lag mit zehn Mio. US-Dollar aber weit unter den Vorstellungen der jüdischen Inhaber. Wintershall rechnete bei der Wertstellung des Firmenvermögens keinen Goodwill ein und verlangte umfangreiche Abschreibungen und Risikorückstellung in die Übernahmebilanz aufzuneh-

104 BA Berlin, R 8122, Nr. 1119, Besprechung mit Staatssekretär Körner (Vierjahresplanbehörde), 25.5.1938.

105 Vgl. ebd., Programm für die Besprechung mit Körner, 16.2.1938.

106 Vgl. ebd., Aktenvermerk zum „P.-Problem", 26.3.1938.

107 Vgl. ebd., Notiz einer Besprechung zwischen der UCC und Flick, 31.1.1938.

men.[108] Die Frage, ob es tatsächlich der persönlichen Überzeugung Rostergs entsprach, dass die Petschek-Unternehmen in der Substanz nicht mehr wert seien, oder aber, ob er nicht schlicht den informellen Vorgaben der deutschen Genehmigungsbehörden vorgriff, die seit spätestens 1935 grundsätzlich eine Goodwill-Zahlung für jüdische Betriebsinhaber verweigerten, muss dahingestellt bleiben. Fest steht, dass Wintershall an diesem Punkt auf ein gängiges Instrument der „Ariseure" jüdischen Besitzes zurückgriff, um unter Wahrung scheinbarer kaufmännischer Korrektheit die Preise der Kaufobjekte rigoros abzusenken. Die Verhandlungen begannen zu stocken und konnten aufgrund der weit auseinander liegenden Preisvorstellungen nicht zu einem schnellen Abschluss gebracht werden.

In dieser Phase bemühte sich Rosterg allerdings weiter parallel darum, die Petschek-Übernahme voranzubringen. Hierzu nutzte er abermals seine guten Verbindungen zu Wilhelm Keppler, der seit 1936 als Berater Hermann Görings für die Arbeitsgebiete „Industrielle Fette und Öle" und „Erforschung des deutschen Bodens" in der Vierjahresplanbehörde fungierte und somit direkt mit Fragen der Rohstoffbeschaffung befasst war.[109] Um die gewünschte „Arisierung" und die Transaktion bei den deutschen Behörden anzubahnen, griff Rosterg wiederum auf den Kontakt zu Wilhelm Keppler zurück. Ihm gegenüber spielte der Wintershall-Direktor gezielt auf der ideologischen Klaviatur des NS: Er stellte heraus, dass sein Unternehmen im Dienst des Vierjahresplans stehe und sich schon allein deshalb in die „Überführung des Petschek-Braunkohlen-Konzerns in reichsdeutsche Hände einschalte"[110], um die auf deutschem Boden lagernden, deutschen Rohstoffe im Sinne der Volksgemeinschaft einzusetzen. Hie-

---

108 Vgl. ebd.

109 Vgl. Martina Köbl-Erbert, *German Petroleum Geologists and World War II*, in: Jonathan Craig u.a. (Hrsg.), History of the European Oil and Gas Industry, London 2018, 398; zur Biografie Wilhelm Kepplers auch Ernst Klee, *Das Personenlexikon zum Dritten Reich. Wer war was vor und nach 1945*, Frankfurt a. M. ^{2}2005, 304.

110 BA Berlin, R 8119F, Nr. 1965, Bl. 43f., Protokoll der AR-Sitzung, 7.11.1938. Vgl. hierzu schon überzeugend: Gotto, *Adaption* (wie Anm. 102), 326 u. 340.

raus allein ergab sich aus seiner Sicht ein besonderer Anspruch, die zurückgeführten deutschen Rohstoffquellen für sich zu nutzen.

Keppler stilisierte die Verhandlungen um die „Arisierung" der AKW und WW fortan offen zu einer planvollen Aktion, die sich gezielt gegen den jüdischen Fremdbesitz in Deutschland richtete. Gleichzeitig forderte der Rohstoffbeauftragte Rosterg zu einem möglichst gemeinsamen Vorgehen mit der I.G. Farben und dem Flick-Konzern auf, die sich seit Herbst 1937 ebenso intensiv für den Besitz interessierten.[111] Auf die Nachricht, dass auch Flick in das Geschäft einstieg, reagierte der Wintershall-Vorstand tief verärgert, da er sich auf gutem Weg sah, die Übernahme alleine durchzuführen.[112] Das Ringen um die Petschek-Unternehmen verlief keineswegs konfliktfrei. Es entwickelte sich eine Art „Arisierungswettlauf" unter den deutschen Stahl- und Chemiefirmen, der nicht zuletzt – und dies ist bezeichnend für die polykratische NS-Wirtschaftsstruktur – darüber ausgetragen wurde, welche Unternehmer über die besseren Kontakte zu den Parteispitzen verfügten. Hier unterlag Rosterg zunächst und rückte bei den Verhandlungen in die zweite Reihe. Flick und seinem Adlatus Otto Steinbrinck von den Mitteldeutschen Stahlwerken dagegen gelang es über diverse persönliche Verbindungen in die Vierjahresplanbehörde, die Federführung zu übernehmen. Als wichtigster Verbindungsmann erwies sich Herbert Göring, der Flick in der Angelegenheit direktes Gehör bei seinem Vetter, dem machtvollen Hermann Göring, verschaffte.[113] Im Januar 1937 erhielt Flick vom Vierjahresplan-Amt das alleinige amtliche Mandat, die Inbesitznahme der Braunkohlebetriebe der Petscheks voranzutreiben. Fortan konnte er seine eigenen privatwirtschaftlichen Interessen mit politischer Rü-

111 Offenbar war es Keppler selbst, der die Flick-Gruppe über die Chancen einer „Arisierung" der Petschek-Werke informierte und sie zu interessieren suchte. Vgl. Kim Christian Priemel, *Flick. Eine Konzerngeschichte vom Kaiserreich bis zur Bundesrepublik*, Göttingen 2008, 393.

112 Vgl. Gotto, *Adaption* (wie Anm. 102), 328.

113 Vgl. ebd., 394.

ckendeckung verfolgen. Auf dieser Basis agierte Flick wesentlich offener ideologisch und drohte der UCC/Petscheck etwa mit einer Enteignung ihres – seiner Vorstellung nach – unrechtmäßigen Besitzes in Deutschland, wenn sie sich in den „Arisierungsverhandlungen" nicht kompromissbereiter zeigen würden.

Gleichwohl blieb die Situation zum Jahreswechsel 1937/38 verfahren. Die Flick-Vertreter schafften es nicht, in direkten Kontakt mit der Familie Petschek zu gelangen. Zugleich hielt die UCC den Drohungen Flicks stand, da Murnane seinerseits mit ähnlichen Gegenmaßnahmen gegenüber deutschen chemischen Fabriken in den USA argumentieren konnte, wenn man es auf deutscher Seite tatsächlich in Betracht ziehen würde.[114] Der amerikanische Verhandlungsleiter senkte die Kaufpreisforderung zwar von 18 auf 15 Mio. US-Dollar bzw. 180 Mio. Gold-Reichsmark ab, bestand aber weiterhin auf eine Zahlung in Valuta oder ausländischen Tauschobjekten. Da die Mittelstahl selbst über kaum eine Möglichkeit verfügte, Devisen aufzubringen, und sich sowohl Göring als auch die Reichsbank gegen eine Devisendeckung auf Staatskosten aussprach, sah sich Flick im Februar 1938 in einer Sackgasse.[115] Offen diskutierte er in langwierigen Verhandlungen mit den deutschen Wirtschaftsbehörden die Alternativen: Würde man die Verhandlungen scheitern lassen und „setzt man mit politischem Druck an", würde man die Braunkohlenwerke selbst schädigen, sie nicht in private, sondern staatliche Hände legen. Zudem seien starke diplomatische Verwicklungen möglich, wie „Gewaltmaßnahmen der Tschechen gegenüber dem deutschen Besitz in Böhmen, [ein]schließlich Gefährdung der deutschen Fabriken im Ausland". Würde man stattdessen abwarten, bedeute dies einen „Triumph der P.-s" und einen „Prestige-Verlust Deutschlands", da man

114 Vgl. BA Berlin, R 8122, Nr. 1119, Programm für die Besprechung mit Körner, 16.2.1938.

115 Vgl. Priemel, *Flick* (wie Anm. 111), 396. Ausführlich zum Verlauf der Verhandlungen zwischen Murnane und Flick siehe bereits Gotto, *Adaption* (wie Anm. 102), 333f.

sich weiterhin von der „amerikanischen Tarnung“ brüskieren ließe.[116] Als einzigen Ausweg meinte Flick nun nur noch die Gespräche stringent und unter Verweis auf die politische Unvermeidbarkeit der Abtretung des jüdischen Besitzes in deutsche Hände fortzuführen. Eine Verständigung aber war nur möglich, dies schien allen Beteiligten klar, wenn man sich auf deutscher Seite in der Devisenfrage bewegen würde.[117]

Vor diesem Hintergrund ergab sich im Frühjahr 1938 eine Konstellation, die Rosterg und Wintershall wieder einen Weg zurück in das Petschek-Geschäft eröffnete. Flick brauchte neue Möglichkeiten zur Devisenbeschaffung, da er sie nicht selbst oder vom Staat beschaffen konnte. Seine ehemaligen Konkurrenten verfügten über die notwendigen Erlöse aus internationalen Exportgeschäften, konnten sie aber ohne Zustimmung des offiziell bestellten Verhandlungsführers nicht einsetzen. Die Flick-Vertreter hatten zuvor mehrfach ihren Unmut darüber kundgetan, dass Rosterg die Verhandlungen durch sein erstes, viel zu großzügiges Kaufangebot erschwert habe. Auch hatte er über den Winter 1937/38 offenbar weiterhin eigenmächtig Gespräche mit der UCC geführt und sich stets informiert gehalten. Trotz dieses gegenseitigen Missmuts begannen die deutschen Unternehmer nun zusammenzuarbeiten. Wintershall gelang gewissermaßen durch die Hintertür, sich doch noch aktiv an der „Arisierung“ zu beteiligen. In einem neuen Strategieplan, den Flick im Mai 1935 in enger Abstimmung mit Wilhelm Keppler und diversen Staatssekretären aus der Vierjahresplanbehörde und dem Reichswirtschaftsministerium ausarbeitete, wurde eine Aufteilung des Petschek-Besitzes mit den Interessenten Wintershall und I.G. Farben vorgesehen. Im Gegenzug sollte sich speziell die Kali-Gruppe um eine Erlaub-

116 Alle Zitate nach: BA Berlin, R 8122, Nr. 1119, Programm für die Besprechung mit Körner, 16.2.1938.

117 Vgl. ebd.

nis für die notwendigen privatwirtschaftlichen Devisentransaktionen kümmern.[118]

Es bahnte sich somit eine Lösung an, die alle Beteiligten zu Kompromissen zwang. Auch wenn man nun auf deutscher Seite bereit war, den Interessen der amerikanischen Gruppe ein Stück weit entgegenzukommen, war es letztlich jedoch der massive Verfolgungsdruck, der die endgültigen Bedingungen dieses „Arisierungsverfahren" im Frühsommer 1938 bestimmte. Der Eingliederung Österreichs in das Deutsche Reich und der sich verschärfende Ton des NS hinsichtlich eines Herausschneidens des sogenannten „Sudetenlandes" aus Tschechien belastete die Petscheck-Familie sowohl in ihrer geschäftlichen als auch persönlichen Situation. Nahezu parallel sorgte die von Hermann Göring im April 1938 proklamierte „Verordnung über die Anmeldung jüdischen Vermögens" dafür, dass alle Rechtsgeschäfte mit jüdischen Vertragsnehmern nun auch formell einer strikten behördlichen Aufsicht und Genehmigung unterworfen wurden.[119] Mit diesem Schritt drohte sich auch die Verfügungsfreiheit der Petscheks über ihren deutschen Besitz massiv einzuschränken. Verhandlungen über den Verkaufspreis schienen bald nicht mehr auf privater Ebene, sondern nur noch unter dem Diktat des NS-Staates möglich.

Angesichts der gesetzlich verschärften wirtschaftlichen Judenverfolgung entschied sich die UCC/Petschek-Gruppe zu nochmals deutlich schlechteren Konditionen in die „Arisierung" einzuwilligen. Mit der Vertragsunterzeichnung vom 1. Juni 1938 veräußerten sie ihre Anteile an der AKW und WW an den Mittelstahl-Konzern von Flick. Als Kaufpreis wurden insgesamt 8,75 Mio. US-Dollar festgelegt, wobei allerdings nur 4,75 Mio. US-Dollar direkt an die

---

118 Vgl. BA Berlin, R 8122, Nr. 1119, Bl. 3, Gesprächsnotiz zur Besprechung mit den Staatssekretären Körner, Neumann, Wohlthat und Brinkmann, 25.5.1938; BA Berlin, R 8122, Nr. 80903, Notiz zur Notwendigkeit eines Sonderabkommens mit Stahl (Salzdethfurth) und Rosterg, 19.5.1938.

119 Siehe *„Verordnung über die Anmeldung des Vermögens von Juden vom 26. 4. 1938"*, in: RGBl. I, 1938, 413 ff.; Ludolf Herbst, *Das nationalsozialistische Deutschland. 1933–1945*, Frankfurt a. M. 1996, 204; Köhler, *„Arisierung"* (wie Anm. 97), 174.

Verkäufer gingen, während für den übrigen Teil eine Rückzahlung von Restkrediten vereinbart wurde, die als Forderungen der UCC gegenüber den beiden Gesellschaften in den Büchern standen. Da eine spezielle Vertragsklausel jedoch vorsah, dass diese Verpflichtungen durch eine Hingabe im Ausland verkäuflicher deutscher Werte zu einem reduzierten Kurs von 45 Prozent abgegolten werden konnten, reduzierte sich der faktische Verkaufserlös auf lediglich rund 6,25 Mio. US-Dollar – eine Summe die weit unter den früheren Wertstellungen des Besitzes lag.[120] Für den Wintershall-Konzern war zentral, dass er durch Folgeverträge mit Mittelstahl in das Geschäft eingebunden wurde. In Absprache mit den Devisenstellen und Wirtschaftsbehörden stellte man Flick 2,7 Mio. US-Dollar aus Exportgeschäften zur Verfügung, damit der Großteil der Verkaufssumme an UCC/Petschek in Devisen geleistet werden konnte.[121] Im Gegenzug erhielt Wintershall das Grubenfeld Cecilie, eine Brikettfabrik und die Garantie, eine Kohlemenge von 100 Mio. Tonnen für ihre Zwecke nutzen zu können. Das Beutefell der „Arisierung" wurde zwischen den deutschen Interessenten aus der Chemie-, Kali- und Stahlbranche aufgeteilt. Die Wintershall AG konnte ihre Interessen letztlich durchsetzen.

Rosterg und das Kasseler Unternehmen waren mit dem Petschek-Deal ein „Geschäft mit der Verfolgung" eingegangen. Ohne die diskriminierenden Rahmenbedingungen und den Druck, der vonseiten des NS-Regimes auf die jüdischen Inhaber ausgeübt wurde, hätten die industriellen Filetstücke niemals zum Verkauf gestanden. Das Verhalten als „Ariseur" und der Umgang mit den jüdischen Geschäftspartnern wandelte sich im Laufe der Verhandlungen. Rosterg bemühte sich aktiv und geradlinig darum, den ersten Zugriff auf die AKW und WW zu bekommen. Dazu spielte er mit mehreren Kar-

---

120 Vgl. Priemel, *Flick* (wie Anm. 111), 405.

121 In ähnlicher Weise wurde mit Salzdetfurth ein weiteres Kaliunternehmen mit 1,8 Mio. US-Dollar Devisen in das Geschäft einbezogen. Vgl. BA Berlin, 8122, 1119, Vereinbarung zwischen UCC, Wintershall und Mittelstahl, 1.6.1938.

ten. Gegenüber den Verkäufern agierte er kaufmännisch professionell und wahrte in den Gesprächen den Anschein, dass es sich um ein alltägliches Geschäft handelte. Gleichwohl nutzte er bei der Kalkulation des Kaufpreises ganz pragmatisch jeden Vorwand, den jüdischen gewerblichen Besitz unterzubewerten. Ebenso war sein Entgegenkommen in der Devisenfrage wohl primär taktisch motiviert, um sich den Zugriff auf das Verkaufsobjekt zu sichern. In anderer Rolle trat Rosterg gegenüber den Staats- und Parteistellen auf. Hier zeigte er sich offen linienkonform und gesinnungsbewusst, einzig den übergeordneten nationalen Interessen der NS-Wirtschaft verpflichtet. Dass ihm das Heft des Handelns zwischenzeitlich durch den im politischen Ränkespiel der NS-Polykratie versierteren Flick aus der Hand genommen wurde, gereichte ihm langfristig nicht zum Nachteil. Rosterg blieb als Beteiligter im Hintergrund und konnte mit ansehen, wie sich die Konditionen für die Übernahme durch die aggressivere Vorgehensweise Flicks und des NS-Staates auch zu seinen Gunsten verbesserten. Letztlich konnte der Wintershall-Chef die diskriminierenden Rahmenbedingungen still für sich instrumentalisieren und ließ sich bedenkenlos auf einen Handel ein, dem die Petschek-Familie unter Druck zustimmen musste. Im November 1938 teilte der Aufsichtsratsvorsitzende Schmidt mit, dass „wir uns bei der Überführung des Petschek-Braunkohle-Konzerns in reichsdeutsche Hände eingeschaltet und den Grosstagebau der Grube Cecilie [...] übernommen haben."[122] Man sei hoch erfreut, dass durch den günstigen Verlauf des Erwerbs die Position Wintershalls in der Mineralölwirtschaft erheblich gestärkt wurde.[123] In dem politischen Spiel um Distanz und Nähe, das Rosterg in Verlauf des „Arisierungsprozesses" des Petschek-Besitzes an den Tag gelegt hatte, siegte der geschäftliche Opportunismus.

---

122 BA Berlin, R 8119F, Nr. 1965, Bl. 44, Protokoll der AR-Sitzung, 7.11.1938.

123 Vgl. ebd.; Landesarchiv Sachsen-Anhalt, Abteilung Merseburg, I 522. 350, Verhandlungen der Wintershall, der AKW und WW über die Kohlefelder Geiseltal, 13.6.1938.

Die Wintershall AG partizipierte intensiv an der Ausbeutung von Rohstoffvorkommen in den während des Zweiten Weltkrieges von Deutschland besetzten Gebieten. Im Fahrwasser der militärischen Eroberungen begab sich der Konzern auf Auslandsexpansion. Diese war nicht allein durch die Aussicht auf neue Fördergebiete, staatlich gesicherte Investitionshilfen, Absatzgarantien und Profite motiviert. Teils unterlag man in Kassel vielmehr dem politischen Druck und den ökonomischen Anreizen des Staates, um mitzumachen, teils verfolgte man aber geradlinig die eigenen Wachstums- und Wettbewerbsinteressen weiter, sich in dem neuen lukrativen Aktionsfeld der Ölwirtschaft langfristig etablieren zu wollen. Es entwickelte sich ein Gefühl, dabei sein zu müssen, wenn sich die von der NS-Politik entwickelten Visionen verwirklichen sollten, einen paneuropäischen Öl-Großkonzern zu schaffen, der es langfristig im Wettkampf um die nationale Versorgungssouveränität mit der internationalen Konkurrenz aufnehmen konnte.[124] Dabei hatte der Wintershall-Vorstand in Kauf zu nehmen, dass sich die 1933 von August Rosterg entworfene Vorstellung einer Synthese zwischen Volkswirtschaft und Privatwirtschaft, in der der „Staat [...] der Wirtschaft die Wege der freien Entfaltung offenhalten [soll]",[125] mehr und mehr zu einer Chimäre entwickelte. Kaum vier Jahre später, am Vorabend des Krieges, präsentierten Curt Beil und Heinrich Schmidt die Wintershall AG nun als „Dienerin der Politik", die „auf vielen Gebieten im Kampf um die Selbstversorgung Deutschlands [...] an vorderster Front steht" und anerkenne, dass „in dem Verhältnis zwischen Politik und Wirtschaft die Politik das Primäre ist".[126] Die Wintershall AG zeigte sich in der Folgezeit der Kriegswirtschaft als ambitionierter und zugleich dienst-

124 Vgl. Archiv der BGR Hannover, 0073874, Gunther, Krieg um Erdöl, 3.

125 August Rosterg, *Eine gesunde Wirtschaft*, in: Deutsche Bergwerks-Zeitung (31.12.1933).

126 Curt Beil/Heinrich Schmidt, *Die Wirtschaft als Dienerin der Politik*, in: Deutsche Bergwerks-Zeitung (18.6.1937).

beflissener Mitspieler in der zunehmend wirtschaftsdirigistischen Expansionspolitik des NS.

In einem ersten Schritt bemühte sich der Wintershall-Konzern 1938 um den Zugriff auf österreichische Ölvorkommen, um die eigene Erdölproduktion zu erweitern und einen wichtigen geostrategischen Zugang auch zu südosteuropäischen Vorkommen zu erhalten. Im März 1938 gab die Vierjahresplanbehörde die Direktive an die deutschen Mineralölgesellschaften aus, die Bodenschätze in Österreich zu erkunden und soweit wie möglich in reichsdeutsche Hände zu bringen. Alfred Bentz, „Bevollmächtigter für die Erdölgewinnung" in Görings Amt, und Wilhelm Keppler wurden mit der Aufgabe betraut, von staatlicher Seite die notwendigen Weichen zu stellen. Keppler agierte hierbei in einer Art Doppelrolle, zunächst als Wirtschaftsbeauftragter des Vierjahresplans in der „Zentralstelle für die Überleitung Österreichs", ab 1939 dann auch als Präsident der Reichsstelle für Bodenforschung. Vermutlich schon vor dem „Anschluss" baten die beiden NS-Funktionäre die Vorstände der Wintershall, DEA, Preussag, Rhenania-Ossag und der Gewerkschaft Elwerath gemeinsam über die beste Vorgehensweise zu beraten.[127] Bis dato dominierten ausländische Konzerne und Investoren die Erdölförderung im Wiener und Grazer Becken. Die Konzessionen lagen mehrheitlich bei der Rohölgewinnungs-AG (RAG) – einem Gemeinschaftsunternehmen der Royal Dutch Shell und der Standard Oil-Tochter Vacuum Oil – und bei der Erdöl-Produktions-GmbH in Wien (EPG). Die Aktien der EPG wiederum befanden sich Ende der 30er Jahre in Händen der Dolder-Schubiger Gruppe im schwei-

127 Vgl. Karlsch/Stokes, *Faktor Öl* (wie Anm. 2), 198.

zerischen Zug, die den Besitz treuhänderisch für britische, französische und amerikanische Kunden verwaltete.[128]

Mit Unterstützung von Keppler begann sich das Direktorium der Wintershall AG ab Ende 1938 um speziell diese ausländischen Beteiligungen zu bemühen. Am 19. August 1939 gelang es ihnen nach zähen Verhandlungen, einen Vorvertrag mit der Schweizer Gruppe über den Erwerb einer 50-prozentigen Beteiligung an der EPG zu unterzeichnen.[129] Die Umsetzung des notariell hinterlegten Kaufangebots verzögerte sich allerdings: zum einen bereitete die devisenrechtliche Abwicklung des auf einen Wert von 2,5 Mio. Schweizer Franken taxierten Aktientransfers Probleme, zum anderen gab es vonseiten des Erdölbevollmächtigten Bentz rechtliche Zweifel, ob im Zuge der Geschäftsübernahme auch die Schürfkonzessionen auf gesicherter rechtlicher Basis übertragen werden könnten. Wilhelm Zentgraf, der Direktor des Wintershall-Werkes in Nienhagen, insistierte mehrfach für eine Lösung der Rechtsfragen durch ein Bitumengesetz und verwies dabei auf das gemeinsame Ziel einer baldigen Nationalisierung der Rohstoffe.[130] Die Wirtschafts- und Finanzbehörden begleiteten die Übernahme sodann wohlwollend. Der Transfer wurde schließlich über die Allgemeine Waren-Finanzierungs-Gesellschaft mbH abgewickelt, wobei „neben Forderungen reichsdeutscher Firmen gegen das feindliche Ausland auch Warenaußenstände der Aktiengesellschaft vormals Skodawerke in Pilsen" aus dem Clearing mit dem Protektorat in die Schweiz flossen, um

128 Namentlich bestand die Gruppe aus Henry Schubiger (Luzern), der 50 Prozent der EPG-Aktien hielt, sowie Albert und Armin Schubiger mit je 25 Prozent. Oskar Dolder trat als Generalbevollmächtigter und Vermittler der nicht näher beschriebenen Investoren im Hintergrund auf. Vgl. BA Berlin, R 3101, 34464, Bl. 291, Schreiben der Devisenstelle des Oberfinanzpräsidenten Berlin an den Reichswirtschaftsminister, 19.1.1940.

129 Vgl. BA Berlin, R 8119f, Nr. 1961/3, Bl. 247, Rosterg und Ratig an den Wintershall-Aufsichtsrat, 15.5.1940.

130 Vgl. Scholtyseck, *Aufstieg* (wie Anm. 28), 109; Kockel, *Geologie* (wie Anm. 99), 328.

die Devisenforderungen abzudecken.[131] Im Mai 1940 konnten die Direktoren von Wintershall ihrem Aufsichtsrat mitteilen, dass die Transaktion endgültig perfekt sei und man durch beharrliches Engagement in der vielversprechenden Erdölförderung im Wiener Becken (Maustrenk) Fuß gefasst habe. Über die EPG sei man nun in der Lage, die allzu lange fremdbestimmten ostmärkischen Vorkommen von Deutschland aus zu erschließen. Das Geschäft sei mit Hilfe der Politik zu „vernünftigen Bedingungen möglich"[132] gewesen.

Mit dem Schritt nach Österreich dehnte die Wintershall AG ihre Erdölexplorationen erstmals über die bisherigen Grenzen des norddeutschen Raums aus. Vielleicht wichtiger war aber, dass das Unternehmen im Zuge seiner Initiative in Österreich als gleichberechtigter Akteur auf dem Mineralölmarkt Anerkennung fand. Wintershall wurde Teil eines breiteren Besitz- und Rechtetransfers, an dessen Ende sich um 1940 rund zwei Drittel aller Bohrkonzessionen und Schürfrechte in deutscher Hand befanden.[133]

Auch in den Folgejahren war Rosterg stets engagiert, den Aktionsbereich im Mineralölgeschäft weiter auszubauen. Die EPG-Beteiligung entwickelte sich bis 1942/43 äußerst positiv. Aus zehn Bohrungen förderten die Wiener Werke monatlich im Durchschnitt rund 3.500 Tonnen Rohöl und vereinigten damit rund zwanzig Prozent der österreichischen Mineralölförderung auf sich.[134] Die Förderung in Österreich lag damit höher als die gesamte Produktion in allen weiteren Wintershall-Werken. Sehr zufriedenstellend war auch die Dividende der EPG, die seit 1940 beständig über sechs Prozent lag. In einer Besprechung mit Clemens Plassmann von der Deutschen Bank im Berliner Hotel Esplanade entfaltete der Wintershall-

131 Vgl. BA Berlin, R 3101, Nr. 34464, Bl. 345f., Schreiben der Allgemeinen Waren-Finanzierungs-Gesellschaft mbH an den Reichswirtschaftsminister, 24.12.1939; ebd., Bl. 290f., Schreiben an die Devisenstelle Berlin, 30.9.1940.

132 BA Berlin, R 8119f, Nr. 1961/3, Bl. 247, Rostergs und Ratig an den Aufsichtsrat, 15.5.1940.

133 Vgl. die Schätzungen von Karlsch/Stokes, *Faktor Öl* (wie Anm. 2), 199.

134 Vgl. Archiv der BGR Hannover, 09052019, 15754, Berichte an die Erdölverwaltung, Juni 1942 u. Sept. 1943.

Vorstand noch im August 1942 ehrgeizige Zukunftspläne. Nach dem gewonnenen Krieg wollte Wintershall eine große Raffinerie in der Nähe Wiens errichten lassen, um die eigene Weiterverarbeitung der Rohöle aus dem Ostraum zu gewährleisten.[135] Mit dem Plan verband sich der Wunsch, die alleinige Geschäftsführung bei der EPG zu übernehmen. Nach außen argumentierte Rosterg, man wolle durch diesen Schritt alle notwendigen technischen und kaufmännischen Vorbereitungen treffen, um das Raffinerieprojekt zu realisieren. Das eigentliche Ziel war aber, nun auch die österreichischen Beteiligungen aus dem äußerst lukrativen Unternehmen zu drängen. Da ein Kauf der restlichen Anteile aus steuerlichen Gründen leider nicht möglich war, schwebte Rosterg ein langfristiger Pacht- oder Organvertrag vor. Das Kasseler Unternehmen wollte alle Anlagen erwerben und die verbliebenen österreichischen Eigner durch eine moderate Dividendengarantie abfinden. Auch wenn die Wechsellagen des Krieges dieses Vorhaben letztlich vereitelten, zeigt sich, wie lange Rostergs ungebrochen optimistisch war, dass seine Öl-Engagements unter NS-staatlicher Protektion weiterhin auf Jahre hohe Gewinne abwerfen würden.[136]

Als erfahrener Syndikats-Unternehmer drängte Rosterg einerseits darauf, sich Entscheidungs- und Planungsfreiheiten zu erstreiten – dies entsprach seinem unternehmerischen Selbstverständnis als Bergbaupionier. Andererseits suchte er aktiv die Fürsprache der Reichsstellen, um sich im staatlich dirigierten Konzert der deutschen Mineralölkonzerne um die Ausbeutung Europas einen festen Platz zu sichern. Ähnlich wie es der Wintershall AG 1939 in Österreich gelungen war, in die Lücke zu stoßen, die der Rückzug ausländischer Konzessionseigner bot, gelang es ihr drei Jahre später ebenfalls zu profitieren, als mit dem Kriegseintritt der USA weiteres Feindvermö-

135 Vgl. BA Berlin, R 8119F, Nr. 1965, Bl. 47, Protokoll der AR-Sitzung, 7.11.1938.

136 Vgl. BA Berlin, R 8119F, Nr. 1960, Bl. 40, Eingabe an die Rechtsabteilung der Deutschen Bank, 13.8.1942; ebd., Besprechungsnotiz des Generalsekretariats der Deutschen Bank, 12.8.1942.

gen neu verteilt wurde. Auf staatliche Initiative wurde im Februar 1942 die Niederdonau Erdöl GmbH mit Sitz in Wien gegründet, in der alle verbliebenen amerikanischen Erdölinteressen in Österreich zusammengelegt wurden. Die Wintershall AG, DEA, Preussag und die Gewerkschaft Elwerath übernahmen jeweils 21,375 Prozent der Gesellschaftsanteile. Daneben erhielt die I.G. Farben eine Unterbeteiligung von rund 11,5 Prozent.[137]

Die verordnete Kooperation der deutschen Erdölproduzenten war zu diesem Zeitpunkt längst zum gängigen Modell geworden, um die Industrie in die Expansionspläne einzubinden. Im Wettlauf um das Öl in Ost-Mitteleuropa, der 1939 begann und sich aufgrund der immensen Bedeutung für die Versorgung der Wehrmacht zu einem kolonialistischen Raubzug entwickelte, war Wintershall als eine von mehreren privaten und gemischtwirtschaftlichen Firmen stets involviert. Die Durchdringung potenzieller Ölfördergebiete koordinierte die „Reichsstelle für Mineralöle" im Amt des Vierjahresplans, um für eine möglichst stringente Vorgehensweise zu sorgen und Interessenkonflikte zu vermeiden. In dieser Hinsicht wurden die deutschen Ölkonzerne von den Reichsbehörden in Konsortialstrukturen eingebunden, gesteuert und kontrolliert. Die Industrie behielt Freiheiten im operativen und bergtechnischen Geschäft. Sie lieferte das technische Knowhow und die Gerätschaften, erhielt im Gegenzug Schürfkonzessionen und feste Vergütung unter klaren Produktionsvorgaben.[138]

Bereits seit 1938 bemühten sich die deutschen Mineralölfirmen um Schürfrechte im Donauraum. 1939 schlossen sich die DEA, die Gewerkschaft Elwerath, Preussag und Wintershall auf staatlichen Wunsch zu einem sog. Südostkonsortium zusammen, teilten ihr Engagement und die Schürfrechte dann aber räumlich auf. Im Sommer

137 Vgl. Scholtyseck, *Aufstieg* (wie Anm. 28), 109.

138 So konnte jedes Unternehmen bereits nach dem Gesetz zur Erschließung von Bodenschätzen von 1936 zur Aufschließung von Rohstoffen gezwungen werden, für die eine Konzession vorlag. Hierauf verwies bereits u.a. BA Berlin, R 8119F, Nr. 1961/2, Aktennotiz Wintershall, 22.12.1936.

Abb. 8: Besuch der Direktoren bei der Bohrung Tótkomlós 1 in Ungarn am 1. Mai 1942. August Rosterg, Wilhelm Zentraf und Otto Werthmann (in der Mitte von links) umringt von zwei Wintershall-Mitarbeitern.

1939 meldete der Wintershall-Vorstand dem Aufsichtsrat, dass neben den bestehenden Erdöl-Gerechtsamen bald neue Schürfgebiete hinzukämen, man habe im Einvernehmen mit der Deutschen Petroleum-Aktiengesellschaft, der Gewerkschaft Elwerath und der Preussag Verhandlungen über den Erwerb von Erdöl-Konzessionen mit Jugoslawien, Ungarn und Südmähren erfolgreich abgeschlossen.[139] Die Wintershall AG übernahm Ungarn – nicht gerade das Filetstück, was die vermuteten Vorkommen um Arad anging – und handelte mit der dortigen Vasallen-Regierung des NS einen Schürf- und Optionsvertrag aus. Auf der Grundlage des Gesellschaftsvertrages gründete sich eine gemeinsame Öl- und Gasgewinnungsgesellschaft, die Ungarisch-Deutsche Erdölwerke GmbH Manat.[140] Kern der Vereinbarung war, dass 15 Prozent der Öl- und Erdgasproduktion (Gasolin) zur

139 Vgl. Emons, *Kaliindustrie* (wie Anm. 76), 28.

140 Vgl. *Ungarische Wintershall-Konzession*, in: Der Neue Tag [Prag] (15.2.1941).

Selbstversorgung in Ungarn verblieben. Alles darüber hinaus konnte steuer- und abgabenfrei ausgeführt werden. Im Gegenzug erhielt Wintershall auf lange 60 Jahre Bohr- und Schürfrechte in Ungarn, was für das aufstrebende deutsche Unternehmen den wesentlichen Anreiz ausmachte, in den Vertrag einzuwilligen.[141] Nur äußerst widerwillig stimmte Wintershall zu, dass die Erdölwerke weiterhin überwiegend mit ungarischen Arbeitskräften und Material arbeiteten. Insbesondere der zuständige Direktor Wilhelm Zentgraf drängte vehement darauf, die Schlüsselpositionen der Manat mit Deutschen zu besetzen, um den Führungsanspruch in dem Gemeinschaftsunternehmen zu unterstreichen.[142] Das ungarische Wirtschaftsministerium blockte diese Vorstöße aber erfolgreich ab. So erfolgte lediglich die formelle kaufmännische Gesamtleitung des Öl-Bohr- und Förderbetriebs aus der Kasseler Konzernverwaltung.

Der Blick der Wintershall AG richtete sich in der Folgezeit immer mehr nach Osten und auf die Gewinnung von Erdöl. Dies galt auch deshalb, weil die intensiven Bemühungen, den Kalibergbau im Westen durch die Einbeziehung von Fördergebieten des ehemaligen Syndikatspartners Frankreichs ebenfalls zu erweitern, scheiterten. Nach der militärischen Besetzung drängte Rosberg massiv beim Reichswirtschaftsministerium und Auswärtigen Amt darauf, dass die unter Fremdverwaltung Frankreichs stehenden Kaliwerke der elsässischen Gewerkschaften umgehend an die deutsche Industrie zurückgegeben werden sollten. Dabei formulierte er in einer gemeinsamen Erklärung vor dem Vorstand und Aufsichtsrat im Juni 1940, dass man eine bevorzugte Behandlung bei der Neuzuteilung der Werke erwartete, da man den „alleinigen rechtlichen und moralischen Anspruch“[143] auf Rückgliederung der von Frankreich im

141 Vgl. BA Berlin, R 8119F, Nr. 1970, Bl. 6, Monatsbericht August 1940; auch *Chronik der Wintershall AG* (wie Anm. 2), 373; Scholtyseck, *Aufstieg* (wie Anm. 28), 110.

142 Archiv der BEB Erdgas und Öl GmbH Hannover (ABEB), L-51 (Ungarn), Vertrauliche Aktennotiz von Direktor Brochhaus (Elwerath), 16.2.1944.

143 BA Berlin, R 8119F, Nr. 1965, Bl. 65, Protokoll der AR-Sitzung, 2.7.1940.

Rahmen der Versailler Regelungen sequestrierten elf Gewerke im Elsass besitzen würde.[144] Geradezu empört zeigte man sich in Kassel, als sich Hermann Göring persönlich gegen eine weitere Stärkung der Wintershall AG entschied und das Fördergebiet stattdessen geschlossen unter die Verwaltung des staatsnahen Preussag-Konzerns stellte. Abermals wähnte man sich in dem politischen Wettlauf um eine Beteiligung an den wirtschaftlichen Pfründen des NS-Regimes übergangen, mahnte aber an, jeden Hinweis auf das erfolglose Bemühen „mit Rücksicht auf die gegenwärtige politische Lage, streng vertraulich zu behandeln".[145]

Auf das Verhalten der Wintershall-Vertreter bei der Auslandsexpansion im Ölsektor wirkten diese Erfahrungen mit den staatlichen Lenkungsbehörden vermutlich zusätzlich disziplinierend. Man fügte sich bereitwillig in die von der Reichsstelle dirigierte Kooperation der deutschen Mineralölwirtschaft ein. Treffend urteilte der britische Rohstoffexperte Gunther, dass für den externen Beobachter der NS-Ölpolitik in dieser Periode vor allem auffällig war, wie sehr die ansonsten rivalisierende Industrie nun von einem Gedanken der Zusammenarbeit und der bereitwilligen Erfüllung des politischen Auftrags gewesen sei.[146] Nur unterschwellig schwelten Konflikte zwischen den konservativen Ingenieuren der Bergbaugesellschaften und den Planern in Berlin. Sie waren meist eher technischer Natur, da die „Raubbauförderung"[147], die der NS-Staat zur Sicherstellung der Rohstoffversorgung einforderte, weder als geologisch noch als kaufmännisch nachhaltig zu bezeichnen war. Zu einem lauteren Widerstand

---

144 Bereits Ende der 20er Jahre stand Wintershall in Kontakt zum Reichsentschädigungsamt wegen der sequestrierten Kaliwerke der elf elsässischen Gewerkschaften (Amélie, Anna, Elsass, Josef, Marie, Marie-Luise, Else, Max, Prinz Eugen, Reichsland und Theodor), an dem der Konzern beteiligt war. BA Berlin, R 8119F, Nr. 1962/1, Bl. 34, Vorstandsbericht über das Geschäftsjahr 1929.

145 BA Berlin, R 8119 F, 1964, Bl. 2, Protokoll der AR-Sitzung, 30.7.1941.

146 Vgl. Archiv der BGR Hannover, 0073874, Gunther, Krieg um Erdöl, 5f.

147 Ebd.

kam es nicht, da man sich kollektiv in das feste Korsett der rücksichtslosen Ölpolitik einbinden ließ.

Seit dem Überfall auf Polen 1939 gerieten die Schürfgebiete in Galizien und die vermuteten großen Erdölvorkommen im Kaukasusgebiet in den Fokus der NS-Ölstrategen. Die Mitglieder des Südostkonsortiums fanden sich im Auftrag des Reiches zunächst in zwei gemeinsamen Gesellschaften zusammen, um die militärisch okkupierten galizischen Erdöllagerstätten im Generalgouvernement auszubeuten und auf der Grundlage eines breiten Investitionsprogramms neue Bohrungen vorzunehmen.[148] Während die neue Beskiden Erdölverarbeitungs-GmbH (VERA) das Öl raffinierte und für die Transportlogistik zuständig war, sorgte die Schwesterfirma Beskiden Erdölgewinnung-GmbH (GEWI) für die bergmännisch-technische Seite der Rohstoffexploration. An beiden Gesellschaften war die Wintershall AG mit je 20 Prozent der Anteile beteiligt.[149] Da der Konzern zugleich schon seit Beginn der 30er Jahre rund ein Drittel der Gesellschaft Elwerath hielt, die neben der Preussag und DEA ebenfalls das Kapital der GEWI pari zeichnete, verfügte sie über eine weitere Unterbeteiligung und sicherte sich damit einen besonderen Einfluss auf die Arbeit der Fördergesellschaft. Entsprechend lag die technische Leitung der Firma in den Händen des Bergwerkdirektors Willi Zentgraf von der Wintershall AG. Erich Will (Elwerath) und der Wintershall-Aufsichtsratsvorsitzende Heinrich Schmidt nahmen zudem Plätze in der behördlichen Wirtschaftsverwaltung für den Rohstoffsektor in Krakau ein.[150] Außerhalb der privatwirtschaftlichen Beteiligungsverhältnisse erhielten die Beskiden-Gesellschaften eine besondere firmenrechtliche Struktur. In ihrem Gesellschaftsvertrag wurde ausdrücklich festgehalten, dass der Geschäftsbetrieb

---

148 Vgl. *Chronik der Wintershall AG* (wie Anm. 2), 369f.; BA Berlin, R 8119F, Nr. 1965, Bl. 50, Protokoll der AR-Sitzung vom 13.12.1939.

149 Vgl. BA Berlin, R 3118, 1092, Beteiligungen der Wintershall AG nach Prospekt, 24.9.1940. Beide Gesellschaften verfügten über eine Kapitalbasis von 250.000 Reichsmark.

150 Vgl. Scholtyseck, *Aufstieg* (wie Anm. 28), 110.

nicht auf die Erzielung von Gewinn ausgerichtet sei, sondern sich auf das gemeinsame volkswirtschaftliche Ziel fokussiere, die Ölvorkommen für das Deutsche Reich nutzbar zu machen. Flankiert wurde die Satzung durch einen sogenannten Betriebsführungsvertrag mit der NS-staatlichen Treuhandverwaltung, die im Generalgouvernement im Auftrag der Vierjahresplanbehörde das polnische Feindvermögen beschlagnahmte und beaufsichtigte. Die Erdölgewinnung und -verarbeitung erfolgte laut Vertrag ausschließlich auf Rechnung des Generaltreuhänders für die Erdölwirtschaft, was die Unternehmen nun auch faktisch zu eng eingehegten Agenten der Ölpolitik des NS-Regimes machte.[151] So beschlagnahmte die Besatzungsregierung ohne Rücksicht auf bestehende Besitzrechte in der Folgezeit sämtliche Betriebsanlagen, Konzessionen, Schürf- und Bohrrechte von rund 250 polnischen Feldeignern und rund 500 Förderbetriebe.[152] Das Vermögen wurde unter Feindverwaltung gestellt und den deutschen Mineralölgesellschaften zur Bewirtschaftung zugewiesen. Unmittelbare geschäftliche Profite ließen sich zunächst nicht gewinnen, da sie lediglich als Geschäftsbesorger des Reiches agierten. Allerdings wurde ihnen mit Auslaufen des langfristigen Betriebsführungsvertrages eine stabile sechsprozentige Dividende für ihr Engagement in Aussicht gestellt. Noch machte Wintershall als Erfüllungsgehilfe des Regimes kein Geschäft mit der Auslandsexpansion, die auf der Grundlage eines einfachen staatlichen Raubaktes vollzogen wurde.[153]

Abhängig vom Verlauf der Kriegsfronten und vor dem Hintergrund des weiterwachsenden Benzinbedarfs des Militärs wandelten sich die Schwerpunkte der Ausbeutung. Im Fokus standen ab

151 Vgl. BA Berlin, R 176, 180, Bl. 6f., Karpathen-Öl, Abschrift eines Rechtsgutachtens, 18.1.1949.

152 Vgl. *Chronik der Wintershall AG* (wie Anm. 2), 370.

153 BA Berlin, R176-180, Bl. 6, Teilhaber der Karpathen-Öl am Deutsch-Österreichischen Schlichtungsausschuss, 25.2.1959. Zu erwähnen bleibt, dass ihnen diese Rolle in den späteren Wiedergutmachungsverfahren zum Vorteil gereichte. Alle privaten Rückerstattungsansprüche gegen die Unternehmen wurden unter dem Verweis auf einen formell staatlichen, nicht privaten Zugriff abgewiesen.

1940 nun vor allem die Ölquellen im Kaukasus, in der Sowjetunion und im Baltikum. Zunächst wurde der Explorationsraum der GEWI über Polen hinaus auch auf das okkupierte Ostgalizien ausdehnt. Immer wieder – und dies noch bis kurz vor Kriegsende – gab es Überlegungen sowohl von staatlicher als auch von privater Seite, die Rechtsgrundlagen der Zusammenarbeit zu verändern und die Unternehmen durch Pacht- oder Kaufverträge über die Anlagen und Schürfgebiete zu größerer Effizienz und stärkerer eigener Initiative zu bewegen.[154] Letztlich hielt man aber aufgrund vielfältiger vermögensrechtlicher Bedenken am Grundmodell einer privaten Bewirtschaftung beschlagnahmter Anlagen und Rohstoffe auf Rechnung des Staates fest. Was sich allerdings änderte, waren die gesellschaftsrechtlichen Konstruktionen der Gemeinschaftsunternehmen, die nun auch die Ölvorkommen in Rumänien und zukünftig womöglich auch in Russland ausbeuten sollten. Getragen von der Idee einer „zentraleuropäischen Treibstoffgesellschaft“, in der alle Beteiligungen und Aktivitäten der Mineralölwirtschaft im Osten und Westen gebündelt werden sollten, trieb die Vierjahresplanbehörde ab Herbst 1940 ihre Neuordnungspläne voran.[155]

Am 27. März 1941 wurde die Kontinentale Öl AG gegründet. Wenig später vermeldete auch Rosterg in den Firmengremien, dass sich das neue Unternehmen im Wesentlichen als Dachgesellschaft betätigen werde, um die Interessen der Erdölindustrie zu bündeln. Die Gesellschaft sei von großer Bedeutung für die gesamte Industrie, da sie die tiefe Zusammenarbeit zwischen Staat und Wirtschaft in ein „freundschaftliches Hand-in-Hand-Arbeiten“ aller Beteiligten überführe.[156] Inwieweit der Wintershall-Vorsitzende diese Entwicklung tatsächlich begrüßte, mag dahin gestellt bleiben, denn es entsprach sicher nicht seinen grundlegenden wirtschaftspolitischen Vorstellungen, dass der Staat nun auch auf der Gesellschaftsebene

154 Vgl. ebd., Bl. 6f., Karpathen-Öl, Rechtsgutachten, 18.1.1949.

155 Vgl. bereits ausführlich: Karlsch/Stokes, *Faktor Öl* (wie Anm. 2), 208ff.

156 Vgl. BA Berlin, R 8119 F, Nr. 1970/1, Bl. 4, Wintershall Monatsbericht, März 1941.

einen direkten und dominanten Einfluss ausübte. Die Kontinentale Öl AG firmierte als ein gemischtwirtschaftliches Unternehmen mit einem Aktienkapital von 80 Mio. Reichsmark. Von den mit einem 50-fachen Stimmrecht ausgestatteten Namensaktien in Höhe von 50 Mio. Reichsmark übernahm die reichseigene Borussia GmbH allein 30 Mio. (60 Prozent) in ihre Hände. Die I.G. Farben, DEA, Gesellschaft Elwerath, Preussag und die Wintershall übernahmen dagegen jeweils nur drei Mio. Namensaktien. Die darüber hinausgehenden einfachen Inhaberaktien gingen als Gegenzug zur Gewährleistung eines Millionenkredites an ein Bankenkonsortium aus Deutscher Bank, Dresdner Bank, Berliner Handelsgesellschaft und Reichskreditgesellschaft.[157] Die Leitung der Gesellschaft übernahm der Abteilungsleiter für Mineralöl im Reichswirtschaftsministerium Ernst Rudolf Fischer. Ebenso fanden sich neben den Vertretern der privaten Unternehmen eine Reihe von hochrangigen Staatsbeamten wie Wilhelm Keppler, Walther Funk und Erich Neumann im Aufsichtsrat. Rosterg vertrat die Interessen der Wintershall AG in der Kontinentale Öl AG, die in der Folgezeit federführend die Produktionssteuerung des Sektors, den Absatz und die Zuweisung der Förder- und Bohrwerke an die Ölgesellschaften übernahm. Zudem „sammelte" sie gewissermaßen in ganz Europa erworbene oder sequestrierte Beteiligungen an ausländischen Förderwerken. So wurden ihr bereits bei Gründung die Aktienmehrheiten an der rumänischen Erdölgesellschaft Concordia, Petrol-Block, Moldonaphta und Fosky Romaneasca sowie der Colombia aus belgisch-französischem Besitz übertragen. Was blieb, war der Umstand, dass auch die neue Großgesellschaft auf der Basis rechtlich und moralisch fragwürdiger Einziehungen ausländischer Vermögen agierte.[158]

157 Vgl. ebd., 5.

158 Vgl. National Archives and Record Administration (NARA), M 1922, OMGUS, Records of the External Assets Investigation Section, Property Division, Kontinentale Oel AG "WIFO", The German influence on the petroleum-industry of Eastern Europe, especially in Roumania, 2.1.1946, 6f., 135; Karlsch/Stokes, *Faktor Öl* (wie Anm. 2), 208ff.

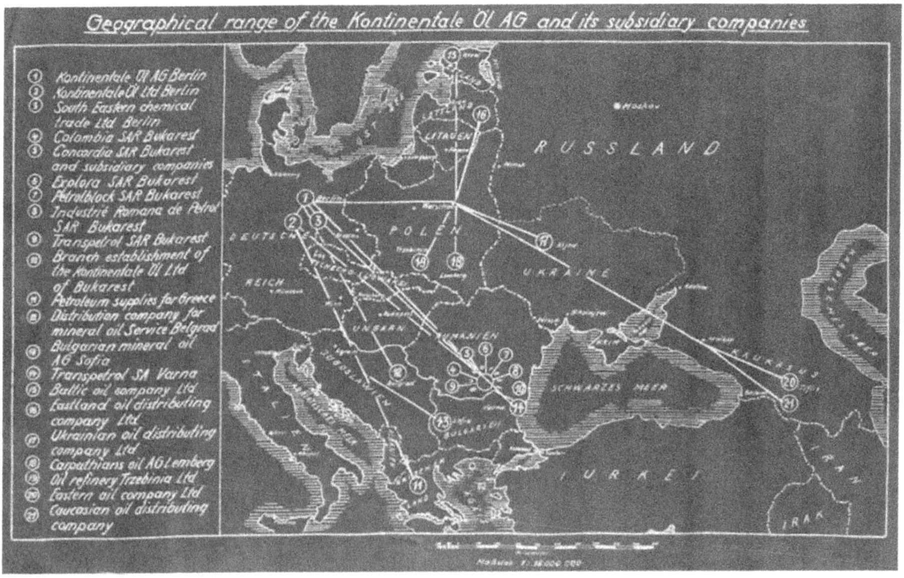

Abb. 9: Die Beteiligungen der Kontinentale Öl AG im Osten und Südosten Europas, OMGUS-Kartographie 1946.

Im Zuge der Neustrukturierung der deutschen Ölinteressen wurden im Frühjahr 1941 auch die VERA und GEWI unter das Dach der Kontinentale Öl AG gestellt, um eine Konkurrenz bei der Zuweisung von Konzessionen in dem nun räumlich deutlich erweiterten Fördergebieten zu vermeiden. Im März 1942 wurde schließlich das gemischtwirtschaftliche Modell in Gänze auf die Beskiden Fördergesellschaften übertragen. Die GEWI und VERA wurden unter dem Namen Karpaten Öl AG zusammengeführt. Zugleich übernahm die Kontinentale Öl AG mit einer 50-prozentigen Aktienbeteiligung die Kontrolle in dem neuen Unternehmen. Weitere kleinere Anteile gingen direkt in die Hände der Kohle Oel Union von Busse KG (Tochterunternehmen der Reichswerke Hermann Göring) und der Gasolin AG (I.G. Farben). Die Mitglieder des Südkonsortiums erhielten lediglich noch jeweils zehn Prozent des Aktienkapitals, was den strategischen Einfluss der eigentlichen Betreiber der Förderwerke nochmals schmälerte. Unter dem Vorsitz von Karl Große von der DEA – und mit dem Wintershall-Bergwerksdirektor Zentgraf im Aufsichtsrat – entwickelte sich die Karpaten Öl zwischenzeitlich zu einem riesigen Unternehmen. In deren Einzelwerken waren Ende 1943 mehr als 32.000 Mitarbeiter beschäftigt, davon viele Fremd- und Zwangsarbeiter. Der Anteil der deutschen Mitarbeiter blieb mit einer Zahl von 450 sehr gering. Selbst in den oberen und mittleren Führungsetagen war sie selten zu finden. Wintershall stellte gemeinsam mit den anderen Konsortiumsmitgliedern vor allem die Gerätschaften zur Verfügung und wurde in dem Bemühen um eine effiziente Ausbeutung der galizischen Vorkommen durch ein umfangreiches staatliches Investitionsprogramm unterstützt. Während die gesellschaftsrechtliche Struktur der deutschen Monopolgesellschaften in Galizien im Rahmen der Schaffung der Karpaten Öl AG verändert wurde, blieb eine Klärung der vermögensrechtlichen Fragen bis zum Kriegsende in der Schwebe. Ab 1942 drängte die Direktion darauf, auf eigene Rechnung agieren zu können. Hierzu kursierten Ansätze, das ihnen anvertraute Feindvermögen per Kauf- oder Pachtvertrag zu überschreiben. Während im Herbst 1942 zunächst der Generaltreuhänder und das Auswärtige Amt rechtliche und fiskalische Bedenken gegen eine Überschreibung ins Feld führten, rückten im weiteren Verlauf auch die privaten Unternehmen von einer solchen Lösung der Eigentumsfrage ab.[159] Mittlerweile hatte sich das Blatt an der Ostfront längst gewendet und die deutsche Mineralölindustrie hatte den Rückzug aus dem Kaukasus, den Karpaten und schließlich ab spätestens August 1944 auch aus ganz Galizien antreten müssen. Nun ging es nicht mehr darum, sich Vermögen anzueignen, sondern sich angesichts des baldigen Zusammenbruchs vor Schadens- und Entschädigungsrisiken zu schützen.[160] Formal blieb

---

159 Eine detaillierte Darstellung der gesellschafts- und vermögensrechtlichen Regelungen findet sich in BA Berlin, R 176, 180, Bl. 37 S, Karpathen-Öl, Rechtsgutachten, 18.1.1949.

160 Vgl. bereits Rainer Karlsch, *Ein vergessenes Unternehmen. Die Geschichte der Karpaten Öl AG*, in: Jahrbuch für Wirtschaftsgeschichte 1 (2004), 102f. u. 109ff.

vor diesem Hintergrund allerdings der Betriebsführungsvertrag weiter bestehen. Moralisch hatte die deutsche Mineralölindustrie damit bereitwillig und systemkonform als Erfüllungsgehilfe einer letztlich gescheiterten NS-Ölpolitik gewirkt; rechtlich konnte man sich nach 1945 aber auf die höchst indifferente Position zurückziehen, dass sie in der Karpaten Öl AG lediglich treuhänderisch agierte „und mit den früheren Eigentümern der Erdölgerechtsame in Polen und mit den dort vorhandenen Betrieben überhaupt nicht unmittelbar zu tun" gehabt habe.[161]

Agenda und Agenten: August Rosterg und die Vorbereitung des Untergangs

Eine Analyse der Geschichte der Wintershall AG in den Jahren des Zweiten Weltkriegs begrenzt sich zwangsläufig auf eher oberflächliche Einblicke in die Verträge und Beteiligungsverhältnisse. Es fehlen historische Überlieferungen aus der Hauptverwaltung und die persönlichen Korrespondenzen der Vorstandsbüros, so dass es sich schwierig gestaltet, den Grad der Verstrickung mit dem NS aufzudecken. Noch schwieriger ist es allerdings, das Verhalten der Firmenakteure ins Licht zu stellen. Dies gilt allen voran für August Rosterg, dessen Beziehungen zum NS in der Endzeit des Nationalsozialismus nur eher nebulös aus Fremdbeschreibungen, Gerüchten und Legenden hervorgehen. Festzustehen scheint, dass Rosterg ab Ende der 30er Jahre zunehmend Gegenwind von der Parteibasis verspürte, die sein eher zurückhaltendes Auftreten im politischen Leben des NS kritisierte. Im November 1938 stellte eine regionale Tageszeitung den Wintershall-Vorstandssprecher in eine Riege mit den vorgeblichen Reichsfeinden der Weimarer Republik, da er als fleißiger Sammler

161 Vgl. BA Berlin, R 176, 180, Bl. 6, Gemeinsame Erklärung der Trägergesellschaften der Karpaten Öl AG zur Klage Grimeisen, 25.2.1959.

von Aufsichtsratsmandaten in den 20er Jahren „gemeinsame Sache mit vielen Juden“ gemacht habe.[162] Inwieweit diese Angriffe tatsächlich persönlich zielgerichtet waren oder sich eher aus einem allgemeinen antikapitalistischen Reflex der Parteibasis gegen die Wirtschaftselite vor Ort richtete, ist kaum mehr auszumachen. Gleiches gilt für die bereits angedeuteten Anfeindungen der DAF-Betriebsobleute, die Rosterg persönlich dafür verantwortlich machten, offenbar zu viele Wintershall-Mitarbeiter in den thüringischen Werken vom Dienst in der Wehrmacht freizustellen. Mehrere Kreisleiter der NSDAP hätten dies als offene Sabotage moniert und auf die seit Jahren erkennbare mangelnde Gesinnung im Unternehmen zurückgeführt. „Vielleicht prüfen Sie jetzt auch einmal, ob Ihre Hauptverwaltung in dem Maße noch unbedingt kriegswichtig ist“, schrieb wohl der DAF-Betriebsobmann an Rosterg 1944, „m.W. könnten verschiedene Abteilungen ganz verschwinden [...] ohne daß deshalb in den Betrieben auch nur ein dz. weniger produziert würde“.[163] Offen drohte die DAF, dass sie in der Lage und willens sei, direkt in die Strukturen des Unternehmens einzugreifen. Es wäre sicherlich falsch, solche Aussagen zu generalisieren, da sich viele Unternehmen im Laufe der NS-Zeit derartigen Generalverdächtigungen der Parteibasis ausgesetzt sahen. Gleichwohl trugen derartige Vorkommnisse wohl nicht dazu bei, dass sich August Rosterg außerhalb geschäftlicher Motive auch ideologisch mit der NS-Bewegung identifizieren konnte. Seinem wirtschaftskonservativen Ideal, dass sich Unternehmen möglichst frei von politischen Eingriffen bewegen können sollten, entsprachen weder die ideologisierten Zugriffsversuche der DAF noch die allgemeine Einhegung des Unternehmens durch die massiven staatlichen Regulierungen im Rahmen der Kriegswirtschaft.

162 BA Berlin, R 8119F, Nr. 1963/2, Bl. 209, Artikel des Eichsfelder Volksblattes, Der Judenpranger. Aasgeier des Zusammenbruchs, 24.11.1938.

163 Diese Darstellung basiert auf der in den 80er Jahren erstellten Chronik der Wintershall-AG (S. 389), die wiederum auf ein Schriftstück aus der persönlichen Korrespondenz Rostergs verweist. Leider ist auch diese Quelle nicht mehr greifbar.

Aus dem Entnazifizierungsverfahren liegen zahlreiche Zeugenaussagen vor, dass Rosterg in persönlichen und geschäftlichen Gesprächen spätestens seit 1943 immer offener das NS-Regime für die fatalen Folgen des Krieges verantwortlich machte.[164] Selbst eine eingehende historische Detektivarbeit vermag den Realitätsanteil solcher sogenannten „Persilscheine" nur schwer unter der dicken Schicht geschichtsklitternder Weißwascherei zum Vorschein bringen. Aufgrund der detailreichen Schilderung mag man etwa die Behauptung des Wintershall-Angestellten Richard Heider für authentisch halten, dass Rosterg aufgrund seiner zunehmend suspekten Haltung in den Blick der NS-Parteibehörden geriet. Heider leitete seit 1939 die sogenannte Mobilisierungsabteilung des Konzerns und verhandelte in dieser Funktion regelmäßig mit Vertretern der Wehrmacht, der Vierjahresplanbehörde und diversen Parteidienststellen. Er berichtete, dass er bei derartigen Treffen in Berlin und Thüringen seit 1943 mehrfach auf die vermeintlich illoyale politische Einstellung seines Vorgesetzten angesprochen wurde. „Wenn sich dies nicht bald ändere", gab Heider die Vorwürfe gegen Rosterg wörtlich wieder, „werde man nicht davor zurückschrecken, ihn seines Postens zu entheben [...]; davor könne ihn auch seine Bekanntschaft mit Himmler nicht bewahren, denn die Spatzen pfiffen es schon von den Dächern, daß August Rosterg die Fühlungnahme mit Himmler nur deswegen aufrechterhalte, [...] damit ihm die übrigen Dienststellen [...] nichts am Zeuge flicken könnten."[165] Selbst eine mögliche Inhaftierung sei vonseiten der Partei in den Raum gestellt worden, worüber Heider auch den Generaldirektor umgehend informiert haben will.[166]

---

164 Vgl. HHStAW, 520-22, Nr. 9591, Zeugenaussage des Gastwirts Theo Zeuner, 13.3.1946; ebd., Zeugenaussage des Metzgers Josef Sperger, 15.3.1946; ebd., Vernehmung Karl Hartmann, 5.5.1947.

165 Ebd., Bl. 71, Eidesstattliche Aussage über ein Gespräch mit Richard Heider im Herbst 1943, 5.1.1948.

166 Vgl. ebd.

Unabhängig davon, ob dies als Schutzbehauptung einzustufen ist, steht fest, dass Rosterg im April 1943 bei einem mehrtägigen Aufenthalt in Berchtesgaden allein dreimal zu persönlichen Treffen mit dem Reichsführer-SS eingeladen war. Die Ambivalenz der Quellen – und möglicherweise eben auch die im Verhalten Rostergs – zeigt sich darin, dass die Reisen in sein Stammhotel in den Alpen in den Spruchkammererklärungen gerne als innere Flucht und ggf. auch Schutz vor dem NS gewertet wurden, während die Tagebucheinträge Himmlers zeigen, dass er bei diesen Gelegenheiten bei ihm zu Besuch war. Möglicherweise versuchte Rosterg sich abermals der Gunst des hohen NS-Funktionärs zu versichern, andererseits deutet sich in den Quellen aber auch an, dass Himmler und Rosterg über die militärische Situation in Galizien und über die Auslandsgeschäfte des Kalisyndikats debattierten – beides waren zumindest Themen, die Rosterg im direkten Umfeld der Treffen u.a. mit Wirtschaftsminister Funk und seinem SS-Stab besprach.[167] Eine vermittelnde Schlüsselrolle im Beziehungsverhältnis zwischen dem SS-Führer und dem Industriellen spielte sicherlich der bereits erwähnte Felix Kersten, der Himmler mittlerweile nicht nur medizinisch behandelte, sondern zu einem Vertrauten und stillen Verbindungsmann für seine Auslandskontakte avanciert war – eine Rolle, die sich wenig später wohl auch Rosterg zu Nutze machte.[168]

Spätestens ab Herbst 1943 scheint Rosterg zunehmend desillusioniert über die Konsequenzen seiner Unterstützung des NS-Regimes. Hatte er 1939 noch optimistische Geschäftspläne für die Zeit nach dem mutmaßlich schnell gewonnenen Krieg entworfen, zeigte er sich tief getroffen, als die Hauptverwaltung der Wintershall AG in

---

167 Vgl. Himmlers Dienstkalender, unveröff. Edition des IfZ, Einträge 16.4.1943 (Aufruf zur Bildung einer SS-Division „Galizien", Fn. 16) sowie 6. u. 9.2.1943 (Auslandsbeziehungen des Kalisyndikats nach dem Ableben Diehns, Fn. 50).

168 Vgl. hierzu Peter Longerich, *Heinrich Himmler. Biographie*, München 2010, 394; siehe auch Peter Maxwell, *Masseur des Massenmörders*, in: Der Spiegel online (8.12.2012), https://www.spiegel.de/geschichte/himmlers-leibarzt-felix-kersten-a-947795.html (Letzter Zugriff: 13.1.2020).

der sogenannten Kasseler Bombennacht vom 22. auf den 23. Oktober 1943 schwer getroffen wurde und ein Teil seines Lebenswerkes abbrannte. Mittlerweile 73 Jahre alt und gesundheitlich angeschlagen, zog sich der Wintershall-Chef immer öfter zu Kuren nach Bad Nauheim zurück. Anfang 1944 brach er für mehrere Wochen zu einem Erholungsurlaub ins schweizerische Lugano auf und bemühte sich wenig später um eine Ausreise in das ebenfalls neutrale Schweden. Die notwendigen Visa beschaffte nach eigener Aussage Felix Kersten, der sich unter Verweis auf Rostergs gesundheitlichen Zustand bei Himmler für eine Reisegenehmigung einsetzte.[169] Der Deutsch-Finne unterhielt in Stockholm zu dieser Zeit wohl selbst eine Zweitwohnung und verfügte daher über hervorragende Kontakte zur schwedischen Politik und Wirtschaft, die er 1945 nachweislich ebenso zur Rettung einiger hundert polnischer, lettischer und norwegischer Juden einsetzte.[170] Aber auch Rosterg selbst aktivierte über den eng mit ihm befreundeten schwedischen Direktor Hammargren von der Chemikalien AG, einer internationalen Vertriebstochter der Wintershall AG in Berlin, Kontakte zur schwedischen Gesandtschaft und zur Enskilda Bank, die den Visaantrag durch Befürwortungsschreiben unterstützten.[171]

Die Begleitumstände, unter denen Rosterg nach Schweden reiste und sich schließlich ganz dort niederließ, sind schwer zu durchschauen. Vielfach kolportiert wurde zum einen die wahre

---

169 Vgl. Felix Kersten, *Klerk en beul – Himmler van nabij*, Amsterdam 1948, 115; zur Autobiographie Kerstens siehe auch die deutsche Fassung: ders., *Totenkopf und Treue. Heinrich Himmler ohne Uniform*, Hamburg 1952.

170 Vgl. Hans-Heinrich Wilhelm/Louis de Jong, *Zwei Legenden aus dem Dritten Reich. Quellenkritische Studien*, Stuttgart 1974, 130ff.; Eleonora Storch Schwab, *A Daughter remembers*, in: Gertrude Schneider (Hg.), The Unfinished Road. Jewish Survivors of Latvia Look Back, Konstanz 1999, 177ff.

171 Vgl. HHStAW, 520-22, Nr. 9591, Bl. 34, Aussage Benno Biermann, 18.4.1947. Hammargren nahm seit Mitte der 30er Jahre regelmäßig an Aufsichtsratssitzungen der Wintershall AG in Kassel teil und war seinerseits auch mit Keppler gut bekannt. Siehe ebd., Bl. 45, Vernehmung Karl Hartmann, 5.5.1947.

Agentengeschichte, dass Rosterg in Stockholm – vermutlich abermals über Kersten oder Hammargren vermittelt – in Kontakt mit dem schwedischen Ölhändler Eric, genannt „Red“ Erickson trat, den das amerikanische *Office of Strategic Defense* bereits 1939 für die Spionage geworben hatte. Erickson hatte die Aufgabe, den US-Nachrichtendienst über den Stand der Produktion synthetischen Mineralöls in Deutschland zu informieren und möglichst selbst nach Deutschland zu reisen, um die Anlagen in Augenschein zu nehmen. Die Taktik lautete, die deutschen Behörden davon zu überzeugen, dass Schweden den Bau von Lager-, Raffinerie- und vor allem Produktionsanlagen plane, über die Deutschland mit zusätzlichen Treibstoffen beliefert werden könnte. Laut der unter dem Operationscode POD 103 geführten Dokumentation des Projektes weihte Erickson den Wintershall-Direktor Rosterg, den Elwerath-Leiter August Brochhaus und Horst von Wunsch (Rhenania Ossag, Hannover) in die Pläne ein und besprach mit ihnen die bestmögliche Vorgehensweise. Hiernach fungierten die drei deutschen Industriellen nicht nur als Informanten über die deutsche Versorgungslage, vielmehr soll sich Rosterg mutmaßlich zudem bei Himmler dafür verwendet haben, dem schwedischen Unterhändler eine Rundreise durch die deutschen Werke zu genehmigen, um gemeinsame technische Spezifikationen festzulegen.[172] Zumindest terminlich gibt es auffallende Koinzidenzen: Kurz vor Beginn seiner ersten Reise nach Stockholm traf sich Rosterg am Abend des 23. Juni 1944 zu einer mehr als dreistündigen Besprechung mit Himmler, Kersten und mehreren hochrangigen SS-Angehörigen des Heeresoberkommandos in der Feldkommandostelle Bergwald. Ob dabei tatsächlich das Schweden-Projekt Gegenstand

---

172 Vgl. NARA, RG 226, Strategic Service, Mission to Sweden. Leider waren bei den eigenen Vor-Ort-Recherchen die entsprechenden Dokumente NND 843099: Walter Langsam to Withney G. Shepardson, 24.7.1945, sowie NND 974345, L6614: POD 103, Agents and Status nicht mehr zugänglich. Ich danke daher Mathias Koch vom Museum Krumpa in Mücheln für die Zurverfügungstellung der Dokumente. Vgl. auch die Dokumentation unter http://www.dasgeiseltal.de/content/kohlechemie/treibstoffwerk-luetzkendorf/wintershall--vom-salz-zum-oel/august-rosterg.html (Letzter Zugriff: 13.1.2020).

der Gespräche war, ist unklar. Denkbar ist aber, dass das Vorhaben bei Himmler durchaus auf Interesse traf, da er – selbst bereits das Ende des Krieges vor Augen – auf mehreren Ebenen Verhandlungen mit den Alliierten ventilierte.[173] Ebenso passt ins Bild, dass Rosterg seinen Aufenthalt in Schweden unterbrach und im Oktober 1944 in Deutschland war, als Erickson tatsächlich auf Inspektionstour durch die deutschen Mineralölwerke war. Im November 1944 siedelte der Wintershall-Direktor endgültig nach Stockholm über. Letztlich bleibt dennoch nicht eindeutig zu belegen, ob und in welcher Weise er sich tatsächlich auf die höchst risikoreichen Ambitionen des Nachrichtendienstes einließ, ob wirklich er der entscheidende Informant war und damit in Kauf nahm, dass seine Hinweise über Standorte und Produktionskapazitäten auch zur Zielführung von alliierten Bombergeschwadern eingesetzt wurden. Wie Rosterg um Weihnachten 1944 aus der britischen Presse entnehmen musste, war sein Sohn Wolfgang in britischer Gefangenschaft von deutschen Mitgefangenen getötet worden. Die Zeitungen berichteten, dass der Industriellensohn einen Ausbruchsversuch einiger besonders fanatischen SS-Angehörigen aus dem Camp 21 bei Comrie/Schottland denunziert hatte und als Verräter von deutschen Schergen betraft worden sei.[174] Dieser Schicksalsschlag führte sicher zu einer weiteren Distanzierung Rostergs vom Nationalsozialismus.

Weitere Ungewissheiten ranken sich um die finanziellen Vorbereitungen, die Rosterg im selbstgewählten Exil für den nahenden Untergang traf. Es ist naheliegend, dass der Wintershall-Direktor in Schweden auf unterschiedlichste Weise Vermögenssicherung betrieb.

---

173 Vgl. exemplarisch: Rainer Karlsch, *Was geschah im März 1945?*, in: ders./Heiko Petermann (Hrsg.), Für und Wider „Hitlers Bombe". Studien zur Atomforschung in Deutschland, Münster u.a. 2007, 31ff.

174 Vgl. HHStAW, 520-22, Nr. 9591, Bl. 64, Schreiben von Gerhard F. Schmidt an Karl Hartmann, 18.2.1946. Zu den zeitgenössischen Zeitungsberichten siehe auch *The Case of Feldwebel (Sergeant-Major) Wolfgang Rosterg*, in: Highland Strahearn, online unter: https://www.highlandstrathearn.com/content/case-feldwebel-sergeant-major-wolfgang-rosterg (Letzter Zugriff: 15.3.2019).

Der schwedische Geheimdienst vermutete im Frühjahr 1945, dass er über seine Verbindung zu dem Repräsentanten der Dresdner Bank in Stockholm, Ottokar von Knieriem, informelle Devisen- und Aktientransfers vornahm. Der Verdacht konnte aber niemals hinreichend belegt werden.[175] Denkbar ist, dass Rosterg die etablierten internationalen Kanäle des Kalisyndikats nutzte, um auch noch am Kriegsende Devisengeschäfte vorzunehmen. Aufgrund eines entsprechenden Vorfalls ermittelte das Reichssicherheitshauptamt schon seit 1943 gegen die Conti-Bank und einige Kaliindustrielle. Die Untersuchungen wurden auf Geheiß von Himmler allerdings eingestellt.[176]

Die entscheidende Weichenstellung legte August Rosterg durch eine eher ungewöhnliche Erbschaftsregelung. Sein privates Vermögen bestand im Wesentlichen aus 80 Prozent aller Kuxe der Gewerkschaft Thea, über die er wiederum eine Mehrheit von 50,5 Prozent der Anteile an der Gewerkschaft Wintershall in Händen hielt, die ihm erlaubte, auch die Aktiengesellschaft zu dominieren. Bereits 1941 arbeitete Rosterg ein Testament aus, das seinen ältesten Sohn Heinz als Vorerben einsetzte, während seine Tochter Thea und sein Sohn Wolfgang gegen eine Abfindung ihren Erbverzicht erklärten. Aber auch Heinz Rosterg sollte keinen direkten Zugriff auf den Nachlass, sondern lediglich eine lebenslange Rente erhalten. Die Vermögensverwaltung übernahm eine Gruppe von drei Testamentsvollstreckern, zu denen seine beiden Vorstandskollegen Werthmann und Römer sowie der Wintershall-Justitiar Biermann gehörte. Damit legte Rosterg das Unternehmen in die Hände kompetenter langjähriger Partner und bestimmte zugleich, dass die Wintershall AG nach Ablauf des Erbvertrages im Jahre 1972 (oder ggf. zuvor im Falle eines Ablebens seines Sohnes) selbst als Alleinerbin die Kuxe der

175 Vgl. http://www.dasgeiseltal.de/content/kohlechemie/treibstoffwerk-luetzkendorf/wintershall--vom-salz-zum-oel/august-rosterg.html (Letzter Zugriff: 13.1.2020); siehe hierzu auch Tore Pryser, *Hitlers Hemmelige Agenter: Tysk etterretning i Norge*, 1939–1945, Oslo 2001.

176 Vgl. Himmlers Dienstkalender, unveröff. Edition des IfZ, Einträge 9.2.1943, Fn 50.

Gewerkschaft Thea überschrieben bekommen sollte. Über die Motive für diesen Schritt gibt es unterschiedliche Interpretationsansätze. Möglich erscheint, dass Rosterg seinem Sohn die Leitung des Unternehmens nicht zutraute, insbesondere da dieser mit dem Nationalsozialismus sympathisierte. Hierzu formulierte sein Privatsekretär Hartmann vielsagend, dass der Wintershall-Magnat die Erbregelung „in klarer Erkenntnis der vorliegenden Familienverhältnisse" traf.[177] Kurz vor seinem Tod im November 1945 änderte Rosterg mehrfach sein Testament handschriftlich, insbesondere die Rolle seines Sohnes als Vor- oder Vollerbe. Dies mag die Unsicherheit ausdrücken, zwischen den Interessen der Familie und des Unternehmens abzuwägen. Letztendlich blieb es bei der Einsetzung des Erbkonsortiums aus Unternehmen und Testamentsvollstreckern. Schon Anfang der 30er Jahre hatte Rosterg der Deutschen Bank im Zuge des Burbach-Geschäftes versichert, dass er sein Vermögen nicht als privaten Besitz, sondern eher als stille Substanzreserve für die Wintershall AG sehen würde. Denkbar ist, dass er dieser geschäftlichen Logik folgte. Ein Schritt, der noch einmal unterstreicht, wie weit der Wintershall-Macher bereit war zu gehen, wenn es um die Interessen „seines" Unternehmens ging. Im Sommer 1945 wähnte Rosterg sein Unternehmen vor der großen Herausforderung eines Wiederaufbaus. Zudem drohten Konflikte um Schürfrechte und Rückerstattungen aus „Arisierung" und Auslandsexpansion. Auch vor diesem Hintergrund war es wohl ein geschickter Schachzug, das Unternehmen selbst als Rechtsfigur in das Nacherbe zu stellen. Aus der Rückschau lässt sich heute zumindest sagen, dass die Erblösung das Unternehmen nach 1945 durchaus stärkte – auch wenn das Testament von Rosterg nach einer Änderung des Aktienrechts 1965 zu einem viel diskutierten Streitfall in der Behandlung von konzerninternen Beteiligungsverflechtungen wurde.[178]

---

177 HHStAW, 520-22, Nr. 9591, Bl. 45, Vernehmung Karl Hartmann, 5.5.1947.

178 Vgl. K+S Aktiengesellschaft (Hg.), *Wachstum erleben. Die Geschichte der K+S Gruppe 1856-2006*, Kassel 2006, 131.

Fazit

Insgesamt zeigt sich die Geschichte der Wintershall AG als tief verflochten mit dem Aufstieg, der Etablierung und Pervertierung des NS-Regimes. Die Wintershall-Verantwortlichen, allen voran August Rosterg, unterstützten die Machterlangung der Nationalsozialisten aus antidemokratischer Überzeugung und geschäftlichem Opportunismus, um das Wachstum und die Expansion des Unternehmens in neue Geschäftsfelder lukrativ voranbringen zu können. Im Feld der „Arisierung“ und auch der „Germanisierung“ der europäischen Kali-, Kohle- und Erdölvorkommen kannte die Wintershall AG kaum Skrupel zugunsten des eigenen Vorteils, offensichtliche Verfolgungs- und Enteignungsmaßnahmen gegenüber jüdischen und ausländischen Eignern zu akzeptieren. Zwar forcierten Rosterg und der Vorstand diese nicht aus eigenem ideologischen Antrieb, ließen aber die politischen Bedingungen für sich arbeiten, erlagen den Anreizen des Staates und zeigten sich als konforme Diener der Politik. Rosterg selbst erscheint als ein vierschrötiger Patriarch und autokratischer Unternehmensführer, der sich im Umgang mit den NS-Staats- und Parteistellen auf ein nepotistisches Spiel von Vergünstigungen gegen Begünstigungen einließ. Dabei wurde er zum frühen Förderer des Regimes und Mitwisser aller Dimensionen seiner Untaten. Bemüht um Ansehen, Einfluss und Profit suchte er den Zugang zu hochrangigen NS-Funktionären. Seine Vorstellung aus der Zeit der Machterlangung, selbst auf den Wandel der Wirtschaftsordnung gestaltend einwirken und den NS-Staat als Flankenschutz für die Arbeit des Kalisyndikats und der Mineralölwirtschaft nutzen zu können, erwies sich mehr und mehr als Chimäre. Letztlich sah Rosterg sein Unternehmen eingehegt in das Korsett eines dirigistischen Wirtschaftssystems, das im stilisierten Wettkampf der Nationen um Autarkie, Rohstoffe und Lebensraum (selbst-)zerstörerisch vorging. Am Ende des Zweiten Weltkrieges wurden die Ambivalenzen seines Vabanquespiels aus Nähe und Distanz zur NS-Bewegung zu einer Art Falle, dem sich der Unternehmensleiter nur mittels politischer und geschäftlicher Rückzugsgefechte entziehen konnte. An der moralischen Schuld, die sein langjähriger geschäftlicher Opportunismus dem Unternehmen auflud, änderte dies nichts mehr. Heute erwächst hieraus eine Verantwortung der Wintershall AG, sich ihrer Vergangenheit zu stellen, weitere Forschungen über die noch vielen weißen Flecken anzustoßen und sich für eine Förderung des reflektierten, geschichtsbewussten Demokratieverständnisses innerhalb und außerhalb der eigenen Mauern einzusetzen.

BETRIEBLICHE SOZIALPOLITIK UND ZWANGSARBEIT. ZWEI SEITEN DER NATIONALSOZIALISTISCHEN „BETRIEBSGEMEINSCHAFT“ IM WINTERSHALL-KONZERN

Manfred Grieger (Georg-August-Universität Göttingen)

Über die Beziehungen der Unternehmensleitung zur NSDAP, den von Nationalsozialisten dominierten staatlichen Institutionen und den NS-Eliten sowie die Entwicklung der Geschäftstätigkeit und des Unternehmenserfolgs hinaus bedarf es der Auslotung der Verzahnung von ökonomischer und politischer Sphäre, um das Maß der gegenseitigen Indienstnahme und Nutznießerschaft einzuordnen.[1] Die systemstabilisierende Wirkung vieler praktisch-politischer und symbolischer Maßnahmen der nationalsozialistischen „Volksgemeinschaft“ und die lang anhaltende Loyalität vieler „Volksgenossen“ resultierten auch aus den Beteiligungsleistungen des Herrschaftssystems, das auf einem rassistisch basierten Ex-

1 Tim Schanetzky, *After the Gold Rush. Ursprünge und Wirkungen der Forschungskonjunktur „Unternehmen im Nationalsozialismus“*, in: Zeitschrift für Unternehmensgeschichte 1 (2018), 7-32; Christian Kleinschmidt, *Unternehmensgeschichte als „Nebenbeschäftigung“. Zum Standort der Unternehmensgeschichte - neue Tendenzen unternehmenshistorischer Forschung in Deutschland*, in: Zeitschrift für Unternehmensgeschichte 2 (2019), 274-291; Werner Plumpe, *Unternehmensgeschichte im 19. und 20. Jahrhundert*, Berlin 2018, 126ff.

und Inklusionsmodell basierte.[2] Die Personalpolitik der Wintershall-Gruppe spiegelte als Kombination von betrieblicher Sozialpolitik und Ausbeutung unfreier Arbeiter die Dialektik aus Belohnung und Bestrafung wider, weshalb im Folgenden beide Seiten der nationalsozialistischen Betriebsgemeinschaft bei Wintershall thematisiert werden sollen.[3]

Da die Wintershall AG in den 1930er-Jahren über den engeren Kalibereich in die Erdölindustrie und -verarbeitung, den Stein- und Braunkohlebergbau sowie in die Leichtmetallerzeugung und -verarbeitung hineindiffundierte,[4] ergab sich aus den unterschiedlichen Betätigungsgebieten eine organisatorische Ausdifferenzierung mit einer dezentralen Struktur der Produktion. Zwar bestanden zentrale Vorgaben zur Rekrutierung einer ausreichenden Zahl von Belegschaftsangehörigen, jedoch unterschieden sich die verschiedenen Branchen an den zahlreichen Standorten durch die große Bandbreite von Berufen und Arbeiten. Darüber hinaus veränderten sich die Verhältnisse entlang der Zeitachse namentlich im Krieg durch die massenhafte Heranziehung ausländischer Zwangsarbeiter, so dass keine Zentralperspektive eingenommen werden kann, sondern die lokalen Bedingungen und der Betriebsalltag in einem Mischkonzern mittels exemplarischer Mikrogeschichten erfasst werden sollen.

2 Jörg Echternkamp, *Das Dritte Reich: Diktatur, Volksgemeinschaft, Krieg*, München 2018, 151ff.; Detlef Schmiechen-Ackermann (Hg.), *Der Ort der „Volksgemeinschaft" in der deutschen Gesellschaftsgeschichte*, Göttingen 2018; Götz Aly, *Hitlers Volksstaat. Raub, Rassenkrieg und nationaler Sozialismus*, Frankfurt a. M. 2006, 181ff.

3 Claudia Jakobi, *Die vieldeutige Betriebsgemeinschaft. Ihre Funktion im Arbeitsrecht der Weimarer Republik und der NS-Zeit*, Hamburg 2012, 99ff.

4 Siehe oben die Beiträge von Ingo Köhler und Rainer Karlsch; K+S Aktiengesellschaft (Hg.), *Wachstum erleben. Die Geschichte der K+S Gruppe 1856-2006*, Kassel 2006, 104ff.; Rainer Karlsch/Raymond Stokes, *Faktor Öl. Die Mineralölwirtschaft in Deutschland 1859-1974*, München 2003, 142ff.; *Chronik der Wintershall AG*, unveröffentlichtes Manuskript, Kassel 1981, 235ff.

Kontinuität und Politisierung der Wintershall-„Betriebsgemeinschaft"

Im Nationalsozialismus stiegen „Volksgemeinschaft" und „Betriebsgemeinschaft" zu zentralen Kategorien der Selbstbeschreibung auf, deren Ursprung aber im Ersten Weltkrieg und der Weimarer Republik lagen.[5] Harmonisierende Gemeinschaftsvorstellungen schienen gegenüber den tiefgreifenden gesellschaftlichen Veränderungen, die durch den industrialisierten Krieg und als Ergebnis des Ersten Weltkriegs herbeigeführt wurden, Orientierung zu bieten. Das besonders von Unternehmern propagierte betriebliche Gegenstück zur „Volksgemeinschaft" sollte die in der Folge der Novemberrevolution etablierten arbeitsrechtlichen Verbesserungen und den Machtzuwachs der Arbeiterbewegung konterkarieren und das tradierte patriarchalische Führungsmodell aktualisieren. Das Lohnniveau stieg nach Überwindung der Hyperinflation an und trotz technologischer Innovationen zur Mechanisierung der Förderung, die zur Ersetzung mancher bisher in Handarbeit ausgeführten Arbeiten durch maschinelle Einrichtungen wie den Schrapper oder die Gefäßförderung geführt hatten, sorgte der Produktivitätszuwachs zwar einerseits für den Abbau von Arbeitsplätzen für an- und ungelernte Arbeiter.[6] Andererseits kompensierte bis 1928 die Förderungsausweitung die Arbeitsplatzverluste zumindest teilweise. Die veränderten Planungs-, Produktions-, Lo-

---

5 Steffen Bruendel, *Volksgemeinschaft oder Volksstaat. Die „Ideen von 1914" und die Neuordnung Deutschlands im Ersten Weltkrieg*, Berlin 2003, 259ff.; Michael Wildt, *„Volksgemeinschaft" als politischer Topos in der Weimarer Republik*, in: Alfred Gottwaldt (Hg.), NS-Gewaltherrschaft. Beiträge zur historischen Forschung und juristischen Aufarbeitung, Berlin 2005, 23-39.

6 Lothar Brückner, *Die ersten Jahrzehnte. Der Aufstieg des Werra-Fulda-Reviers zwischen 1893 und 1933*, in: Ulrich Eisenbarth/Akos Paulinyi (Hrsg.), Die Kaliindustrie an Werra und Fulda. Geschichte eines landschaftsprägenden Industriezweigs, Darmstadt 1998, 49-78, hier 70ff.; Joachim S. Hohmann (Hg.), *Arbeit und Arbeiterschaft im Kalibergbau des Werragebietes. Ein Beitrag zur Geschichte und Soziologie der politischen Arbeiterbewegung Thüringens 1848–1989*, Frankfurt a. M. 1998, 37ff.

gistik- und Verwaltungsaufgaben des Kalikonzerns zogen innerhalb der Belegschaft eine weitere Berufsdifferenzierung nach sich. Aus der stärkeren Mechanisierung ergab sich ein größerer Bedarf an höher qualifizierten Facharbeitern und Technikern, dessen Absicherung auch durch die 1928 in Heringen eingerichtete Lehrwerkstätte mit Werkberufsschule für Metallberufe erreicht werden sollte.

Die 1929 einsetzende Weltwirtschaftskrise veränderte die Rahmenbedingungen, wenngleich die Wintershall AG trotz der wirtschaftlichen Eintrübung an ihrer Rationalisierungsstrategie festhielt, wobei die anfängliche Vermeidung von Feierschichten das wohl wesentlichste Element der Belegschaftspolitik bildete.[7] Den wirtschaftlichen Rückschlag glaubte die Unternehmensleitung noch durch einen Appell zur Leistungssteigerung aufhalten oder doch zumindest abmildern zu können. Die Betriebszeitung „Der Kalibergmann" gab zum Jahresbeginn 1930 vor, dass durch „jeden Kopf und jede Hand, die arbeiten will", „unserem Volk, der Menschheit und darin dem Schöpfer dieser Welt" gedient werde.[8] Doch der wirtschaftliche Einbruch und die weitere Vertiefung der Landwirtschaftskrise zogen die Verminderung der Förderung und Produktion nach sich, so dass auf den Kaligruben Sachsen-Weimar und Bernterode Feierschichten eingelegt wurden und andere Werke auf den Ein-Schichtbetrieb übergingen.[9] Zur symbolischen Abfederung des verschärften Personalabbaus stellte der Aufsichtsrat im Februar 1930 Konzernchef August Rosterg, der bis Kriegsende der starke Mann der Wintershall AG bleiben sollte, 100.000 Reichsmark zur Verfügung, die er freihändig an Belegschaftsangehörige verteilen konnte. Darüber hinaus setzte das Unternehmen die Vergabe von zinsgünstigen Baudarlehen an Mitarbeiter fort, um einerseits den auch der Eigenversorgung mit Nahrungsmitteln dienenden Siedlungsbau zu för-

---

7 *Chronik der Wintershall AG* (wie Anm. 4), 221.

8 *Neujahrsglaube*, in: Der Kalibergmann. Wochenschrift für die Belegschaften der Kaliwerke der Wintershall AG 1 (1930); *Chronik der Wintershall AG* (wie Anm. 4), 225.

9 Ebd., 226.

dern und andererseits Fachkräfte nachhaltig an das Unternehmen zu binden.[10]

In der wöchentlich erscheinenden Werkszeitung „Der Kalibergmann“ gab Helen S. Müller unter der Überschrift „Wie wirkt die Einkommensminderung auf die Haushaltsführung“ der „Hausfrau als Leiterin der Hauswirtschaft“ Spartipps und Hinweise zum planvollen Vorgehen in Krisenzeiten.[11] Darüber hinaus stellte die Wintershall AG früheren Belegschaftsmitgliedern, „die durch den Rückgang des Kaliabsatzes unverschuldet arbeitslos geworden und dadurch in dringende Not geraten sind“ und ohne ausreichende Wintervorräte an Kohlen, Kartoffeln und Mehl waren, eine „Winterhilfe in diesen Naturalien“ in Aussicht. Die vom Gemeindevorsteher ihrer Wohnorte informierten ehemaligen Belegschaftsangehörigen sollten bis zum 20. November 1932 bei den Werksdirektoren in Merkers, Dorndorf, Heringen, Neuhof, Sondershausen, Bischofferode, Lehrte, Bernburg und Diekholzen bei Hildesheim Anträge einreichen.[12] Durch eine Bedürftigkeitsprüfung hatten sich die ausgesteuerten Belegschaftsmitglieder für den Fall einer Zuwendung einer kompletten Durchleuchtung ihrer Einkommens- und Vermögensverhältnisse zu unterwerfen, obgleich sie in keinem Vertragsverhältnis mehr zu ihrem früheren Arbeitgeber standen. Die betriebliche Mildtätigkeit griff einerseits die Aktivitäten der Deutschen Liga der freien Wohlfahrtspflege auf und ging andererseits der Übernahme der Winterhilfe durch die Nationalsozialistische Volkswohlfahrt voraus, da das Unternehmen ab 1933 Finanzleistungen an das „Winterhilfswerk des

---

10 Ebd., 229; zur allgemeinen Tendenz siehe Tilman Harlander, *Siedeln in der Not. Umbruch von Wohnungspolitik und Siedlungsbau am Ende der Weimarer Republik*, Hamburg 1988, 68ff.

11 Helene S. Müller, *Wie wirkt die Einkommensminderung auf die Haushaltsführung*, in: Der Kalibergmann 7 (12.3.1932).

12 *Winterhilfe des Wintershall-Konzerns*, in: Der Kalibergmann 45 (5.11.1932), 1; Lothar Kilian, *Die unbekannte Winterhilfe. Die großen Nothilfesammlungen in den Krisenjahren der Weimarer Republik*, Paderborn 2013, 251ff.; *Feier des Abschlusses des Winterhilfswerkes in Bernburg durch eine Adlernagelung*, in: Der Kalibergmann 13 (1934), 9.

Deutschen Volkes" abführte. Die Berichterstattung verwies darüber hinaus auf Aktivitäten des Freiwilligen Arbeitsdienst (FAD), der ebenfalls nach 1933 zur symbolischen Aufwertung des NS-Regimes beitrug.[13]

Gleichzeitig veränderte die Diversifikationsstrategie die vorherige Kali-Identität der Wintershall-Belegschaft durch das Hinzutreten neuer Berufe und Arbeitstraditionen etwa in der zunächst gepachteten Raffinerie in Salzbergen oder bei der Erdölförderung in Nienhagen.[14] Durch Berichterstattung über die neue Crackanlage der Deutschen Erdöl-Raffinerie (Deurag) in Misburg, an der die Wintershall AG beteiligt war, sollte die Kalibelegschaft an die neuen Betätigungen herangeführt werden.[15] Die Geschäftsfelderweiterung fiel allerdings mit einem fast 30-prozentigen Rückgang der Kaliförderung und Düngerproduktion zusammen. Feierschichten, die von den Präsidialkabinetten auf dem Notverordnungswege durchgesetzte 15-prozentige Kürzung der Tariflöhne sowie eine wachsende Zahl von Entlassungen setzten die Belegschaften der Kalibetriebe unter starken sozialen Druck.[16] Die politische Radikalisierung eines Teils der Belegschaft war die Folge, wobei die Unternehmensleitung ausschließlich die KPD, die bei Wahlen in manchen Kaliortschaften durchaus achtbare Erfolge erzielte, bekämpfte und vor einer Zu-

---

13 *Der Freiwillige Arbeitsdienst im Werratal*, in: Der Kalibergmann 49 (3.12.1932); *Der Freiwillige Arbeitsdienst in Dankmarshausen/Werra*, in: Der Kalibergmann 4 (28.1.1933), 7; Kiran Klaus Patel, *„Soldaten der Arbeit". Arbeitsdienste in Deutschland und den USA 1933-1945*, Göttingen 2003, 51ff.

14 *Chronik der Wintershall AG* (wie Anm. 4), 235ff.; Jürgen Gedicke, *Nienhagen: Geschichte eines niedersächsischen Hagendorfes, Bd. 2: Vom 20. Jahrhundert bis in die heutige Zeit*, Celle 1993, 103ff.; Karin Geerdes, *Das Ölwerk in Salzbergen. 150 Jahre lebendige Industriegeschichte*, Salzbergen 2010, 61ff.

15 *Die Crackanlage der Deutschen Erdöl-Raffinerie (Deurag) in Misburg*, in: Der Kalibergmann 32 (6.8.1932), 6.

16 Hohmann, *Arbeit* (wie Anm. 6), 40ff.

nahme des innerbetrieblichen Einflusses der Kommunisten warnte.[17] Der Vorstandsvorsitzende August Rosterg machte dementsprechend in Namensartikeln in der Werkszeitung einerseits die „Machthaber des gewerkschaftlichen Systems“ mit ihrer Politik der andauernden Lohnerhöhungen und Arbeitszeitverkürzung für die Krise verantwortlich, verbreitete aber andererseits zugleich die Hoffnung auf einen baldigen „Wirtschaftsaufstieg“.[18]

Denn im Frühjahr 1932 waren nur noch die größten Kalibetriebe Kaiseroda, Glückauf-Sondershausen und Heiligenroda überhaupt in Betrieb, wenngleich mit zahlreichen Feierschichten. Der nur monateweise Betrieb der Rohsalzwerke Sachsen-Weimar und Bernterode reduzierte die Produktion auf die Hälfte der vorherigen Fördermengen.[19] Im September 1932 wurde das Werk Gebra geschlossen. Die Nebenbetriebe waren zu 60 bis 70 Prozent und damit etwas besser ausgelastet, während insbesondere beim gefragten Glaubersalz Vollbeschäftigung bestand. 1932 stieg im Wintershall-Konzern durch den Aufbau des Erdöl-Geschäftsfelds die Belegschaft trotz der Entlassungen im Kalibereich gegenüber dem Vorjahr um fast 350 Personen auf 4.455 Angestellte und Arbeiter. Selbst auf dem Höhepunkt der Krise waren die Auswirkungen auf die Belegschaften je nach Geschäftsfeld und Standort durchaus unterschiedlich, was eine konzerninterne Solidarisierung zwischen den Betrieben und Branchen verhinderte, zumal die Unternehmensleitung die „deutsche Bergmannskameradschaft“ von der „proletarischen Solidarität“

---

17 *Verstärkung der kommunistischen Betriebsspionage*, in: Der Kalibergmann 19 (7.5.1932), 8; fünf Jahre zuvor lag das Unternehmen wegen betrieblicher Konflikte mit dem Bund religiöser Sozialisten Deutschlands über Kreuz, Thüringisches Staatsarchiv Weimar, Bestand 6-32-0030 Thüringisches Wirtschaftsministerium, Nr. 5651, Bund religiöser Sozialisten Deutschlands betr. Arbeitsverhältnisse in der Kaliindustrie vom 28.3.1927; ebd., Kali-Industrie AG, Liesegang/Krieger, an Thüringisches Staatsministerium vom 31.3.1927.

18 August Rosterg, *Wann kommt der deutsche Wirtschaftsaufstieg*, in: Der Kalibergmann 30 (23.7.1932), 3.

19 *Chronik der Wintershall AG* (wie Anm. 4), 246.

unterschieden wissen wollte.[20] Im Vorfeld der nationalsozialistischen Machtusurpation im Januar 1933 lag die Kaliförderung und Produktion darnieder, da zu Jahresbeginn nur noch zehn Kali-Werke förderten. Allerdings war die effektive Förderleistung gegenüber 1925 von 5,57 auf 15,36 Tonnen je Mann und Schicht gesteigert worden. Die beiden Werke Heiligenroda und Wintershall erreichten sogar Mann-Schicht-Leistungen von 21,76 bzw. 18,72 Tonnen.[21]

Dass die Unternehmensleitung eine autoritäre Staatsform und eine nachhaltige Deregulierung der Wirtschaft befürwortete, vermittelte die Werkszeitung „Der Kalibergmann“ den Mitarbeitern in aller Deutlichkeit.[22] Nach der Berufung der Regierung Schleicher am 3. Dezember 1932 nahm Rosterg dahingehend Stellung, dass nur diejenige Regierung „am Ruder bleiben“ könne, die die Arbeitslosigkeit beseitige. Er sprach sich dafür aus, „alle der Arbeit und dem Unternehmertum in der Nachkriegszeit durch Tarifverträge und Arbeitszeitfestsetzungen auferlegten Zwangsmaßnahmen zu beseitigen“.[23] „Zum neuen Jahre 1933“ wünschte sich die Betriebszeitung „ein freies starkes Deutschland, eine frei und kraftvoll wieder auflebende deutsche Wirtschaft, die Arbeit und Brot für alle Volksgenossen bringt!“[24] Wie völkisch orientiert inzwischen die betriebliche Propaganda ausgerichtet war, unterstrich die Veröffentlichung neuer „Zehn Gebote“, die nicht nur zum Glauben an die „Einigkeit“ des Vaterlandes und seiner Zukunft sowie zur Vaterlandsliebe aufriefen, sondern sie schrieben auch vor, sich keinesfalls des „Deutschtums“ zu „schämen“, sondern „stolz“ auf die „deutsche Abstammung“ zu sein. Darüber hinaus sollte „verdienstvollen Führern“ „mit Verständnis und Pflichtgefühl Gefolgschaft“ geleistet werden. Ganz der an Einfluss

---

20 *Proletarische Solidarität oder deutsche Bergmannskameradschaft?*, in: Der Kalibergmann 2 (9.1.1932), 3.

21 *Chronik der Wintershall AG* (wie Anm. 4), 264f.

22 Siehe vor allem die obigen Beiträge von Ingo Köhler und Rainer Karlsch.

23 August Rosterg, *Wird's die neue Regierung schaffen?*, in: Der Kalibergmann 51 (17.12.1932), 1f.

24 *Zum neuen Jahre 1933*, in: Der Kalibergmann 53 (31.12.1932), 1.

gewinnenden Gemeinschaftsideologie entsprach die Aufforderung: „Du sollst keine Klassenkriege mehr führen, weil dadurch das Lebensmark deines Vaterlandes zerstört wird."[25] Dementsprechend begrüßte die Unternehmensleitung die von Reichspräsident Paul von Hindenburg am 30. Januar 1933 unter Reichskanzler Adolf Hitler berufene Koalitionsregierung, der nach Ansicht der Werkszeitung die „besten Männer aus der gesamten nationalen Front" angehörten. „Entschlossene, großzügige Maßnahmen" sollten ergriffen werden, um den „ersehnten Wiederaufstieg" Deutschlands anbahnen zu können. Hierbei riet das Wintershall-Organ am 11. Februar 1933 zur „begeisterten Hingabe der großen nationalen Gesamtfront des deutschen Volkes", während „allen Kräften der Zersetzung [...] das Handwerk gelegt" werden müsste.[26] Der Leitartikel zeigte auch Verständnis für „autoritäre Regierungsmethoden". Insgesamt handele es sich um eine Richtungswahl, da es – wie es im Wahlaufruf „Für Deutschland" hieß – „um das Schicksal unseres Werkes und seiner Belegschaft" gehe.[27] Die Werkszeitung gab dabei die Maxime aus, „deutsch" zu wählen.

Nach dem Reichstagsbrand am 27. Februar 1933, dem die radikale Verfolgung von Kommunisten und anderen Regimegegnern folgte, rückte die Wintershall AG ganz auf Seiten der nationalsozialistisch geführten Regierung. „Der Kalibergmann" übernahm die Perspektive der Nationalsozialisten, dass das „kommunistische Untermenschentum das nationale Deutschland ausrotten wollte", weshalb die harte Anwendung der erlassenen Notverordnung zum Schutze von Volk und Staat empfohlen wurde, um „Deutschland endgültig und restlos von dem moskowitischen Verbrechertum zu säubern".[28] Zu diesem Zeitpunkt waren schon tausende Kommunisten verhaftet,

25 E. Doeren, *Zehn Gebote für dich!*, in: Der Kalibergmann 1 (7.1.1933), 1.

26 *Wirtschaftspolitische Wochenschau*, in: Der Kalibergmann 6 (11.2.1933), 1.

27 *Wirtschaftspolitische Wochenschau*, in: Der Kalibergmann 9 (4.3.1933), 1; *Für Deutschland!*, ebd.

28 *Wirtschaftspolitische Wochenschau*, in: Der Kalibergmann 10 (11.3.1933), 1.

manche von ihnen bereits von Hilfspolizisten aus den Reihen der SA oder SS getötet worden. Der Hinweis der Werkszeitung auf die neu geschaffene Möglichkeit, in schweren Fällen von Landesverrat auch die Todesstrafe zu verhängen, zeigte das Unternehmen als Befürworter der Nazi-Gewalt.

„Der Kalibergmann" sprach der Hitler-Regierung auch das Verdienst zu, die Überwindung der Massenarbeitslosigkeit als „vordringlichste Aufgabe" anzusehen und von „echtem sozialen Geist" durchdrungen zu sein, weshalb die „planmäßige Aufbauarbeit" im Frühjahr durch eine „starke Entfaltung des Arbeitsmarktes" zusätzlichen Schub erhalten werde.[29] Die Publizistik der Wintershall AG sah in Übereinstimmung mit breiten Wirtschaftskreisen in der Konstituierung des nationalsozialistisch dominierten Reichstags nach den Wahlen vom 5. März 1933 und dem „Tag von Potsdam", als Reichspräsident Hindenburg dem betont bürgerlich auftretenden Hitler vor der Potsdamer Garnisonskirche symbolisch mit den alten Eliten verband, die Aufforderung, sich hinter der nationalen Regierung zu versammeln.[30] Ausdrücklich unterstützte die Werkszeitung die Absicht, im Parlament durch eine Zweidrittelmehrheit ein Ermächtigungsgesetz zu verabschieden.[31] Als Begründung führte die Werkszeitung an, dass die Regierung dann „ungehemmt durch die weitläufige Parlamentsmaschine" ihre Aktivitäten „energisch" entfalten könnte.[32]

Mit aggressivem Antikommunismus, konzeptionellem Antiparlamentarismus und der Vorliebe für autoritäre Lösungen näherten sich Begrifflichkeit und Subtext der Betriebspostille immer weiter der

29 Ebd.

30 Christoph Kopke/Werner Treß (Hrsg.), *Der Tag von Potsdam. Der 21. März 1933 und die Errichtung der nationalsozialistischen Diktatur*, Berlin/Boston 2013.

31 Rudolf Morsey (Hg.), *Das „Ermächtigungsgesetz" vom 24. März 1933. Quellen zur Geschichte und Interpretation des „Gesetzes zur Behebung der Not von Volk und Reich"*, Düsseldorf 2010; Daniela Münkel, *Von der Großen Koalition zum Ermächtigungsgesetz*, in: Daniela Münkel/Frank-Walter Steinmeier (Hrsg.), Das Ermächtigungsgesetz 1933. Eine Dokumentation, Berlin 2013, 10-55.

32 *Wirtschaftspolitische Wochenschau*, in: Der Kalibergmann 11 (18.3.1933), 1.

ab 13. März 1933 vom Reichsminister für Propaganda und Volksaufklärung, Joseph Goebbels, vorgegebenen Tonlage an.[33] In der Folgenummer druckte „Der Kalibergmann" als Zeichen der vollständigen Übereinstimmung die „Regierungserklärung des Reichskanzlers" und die Rede Hindenburgs an „Volk und Reichstag" ab.[34] Die Kommentierung in der auf die Seite 3 verdrängten Wochenschau stellte auf die nach der „Gleichschaltung" eintretende „Ruhe" ab, die der „ernsten Arbeit am Aufbau des neuen Deutschland" zu Gute kommen würde. „Mit freudigem Stolze" nahm der Artikel auf Hindenburgs Flaggenerlass Bezug, der die alte, schwarz-weiß-rote Reichsflagge, die zusammen mit der Hakenkreuzflagge gezeigt werden sollte, wieder einführte.[35] Das Hakenkreuz zog in der dazugehörigen Illustration erstmalig in die Bildberichterstattung der Werkszeitung ein. Nur eine Ausgabe später, am 1. April 1933, war Hitler im Reichstag unter dem Hakenkreuz zu sehen.[36] Die Anpassung an die neue und nicht unerwünschte politische Großwetterlage erfolgte zügig. Die durch das Wintershall-Werk Kaiseroda dominierte Kali-Gemeinde Merkers hatte sich beeilt und am 22. März 1933 Hindenburg und Hitler zu Ehrenbürgern ernannt und entsprechende Ehrenbürgerbriefe ausgefertigt und nach Berlin übersandt.[37] Die Gemeinde Dorndorf tat es ihr gleich.[38]

Innerhalb von weniger als drei Monaten wandelte sich die Werkszeitung zu einem Transportmedium nationalsozialistischer

33 Peter Longerich, *Joseph Goebbels. Biographie*, Berlin 2010, 220ff.

34 *Regierungserklärung des Reichskanzlers*, in: Der Kalibergmann 12 (25.3.1933), 1f.

35 *Wirtschaftspolitische Wochenschau*, ebd., 3.

36 *Der Reichskanzler gibt im Reichstag die Regierungserklärung bekannt*, in: Der Kalibergmann 13 (1.4.1933), 1.

37 *Reichspräsident von Hindenburg und Reichskanzler Adolf Hitler Ehrenbürger der Gemeinde Merkers/Röhn*, in: Der Kalibergmann 16 (22.4.1933), 1; Hitler nahm mit Schreiben vom 21. April 1933 die Ehrenbürgerschaft an, *Reichskanzler Adolf Hitler Ehrenbürger der Gemeinde Merkers*, in: Der Kalibergmann 20 (20.5.1933), 8.

38 *Ehrenbürgerbriefe der Gemeinde Dorndorf/Rhön*, in: Der Kalibergmann 21 (27.5.1933), 5.

Propaganda und Bildwelten.[39] Denn am 15. April 1933 dominierte nicht nur ein Hitler-Porträt das Titelblatt,[40] sondern in der gleichen Ausgabe berichtete „Der Kalibergmann" erstmalig über eine öffentliche NSDAP-Kundgebung in Heringen. Dass die am 1. April 1933 bei Gastwirt Scheider durchgeführte Veranstaltung „aus Kreisen der werktätigen Bevölkerung" gut besucht gewesen sei, gehörte zum guten Berichterstattungston.[41] Indem die Rechtfertigungen des Kasseler Gauobmanns der NS-Betriebszellenorganisation, Hilmar Stock, der die antisemitischen Boykottaktionen am 1. April 1933 – angeblich „im ganze Reiche einheitlich und unter Wahrung strengster Disziplin" durchgeführt – als „Abwehraktion" ausgab, abgedruckt wurden, zeigten die Zeitungsmacher Verständnis für den regierungsamtlichen Antisemitismus und teilten die „offenkundige Billigung aller wahrhaft Deutschbewussten".[42]

Die Kundgebung war aber insbesondere eine Werbeveranstaltung für die Nationalsozialistische Betriebszellenorganisation (NSBO), die als „Berufsvertretung" eingeführt wurde, die „auch in Zukunft in verständnisvoller Zusammenarbeit mit der Arbeitgeberschaft für die wirtschaftlichen Belange der deutschen Arbeitnehmer zum Wohle des Volksganzen ehrlich und tatkräftig eintreten" wolle. In Abgrenzung zu den von der „international eingestellten Führung [...] zum Instrument politischer Interessengruppen herabgewürdigten

---

39 Habbo Knoch, *Die „Volksgemeinschaft" der Bilder. Propaganda und Gesellschaft im frühen Nationalsozialismus*, in: Gudrun Brockhaus (Hg.), Attraktion der NS-Bewegung, Essen 2014, 133-160, hier 152ff.

40 Der Kalibergmann 15 (15.4.1933), 1; Am 20. April 1933 führte die Hitler-Jungvolk-Ortsgruppe Heringen eine Feier anlässlich des 44. Geburtstags von Adolf Hitler durch, *Des deutschen Volkskanzlers 44. Geburtstag. Feier in Heringen/Werra*, in: Der Kalibergmann 17 (29.4.1933), 8.

41 *Kundgebung über Betriebszellenorganisation in Heringen*, in: Der Kalibergmann 15 (15.4.1933).

42 Ebd.; vgl. Hannah Ahlheim, *„Deutsche, kauft nicht bei Juden!" Antisemitismus und politischer Boykott in Deutschland 1924 bis 1935*, Göttingen 2011, 241ff.; Manfred Grieger, *Gifhorner Juden im Nationalsozialismus. Diskriminierung, Ausgrenzung, Deportation und Überleben*, Gifhorn 2018, 26ff.

Gewerkschaften" werde die NSBO „Schluss" machen mit dem „Verrat an der Arbeiterschaft".[43]

Die untergründige Botschaft, dass die gewerkschaftliche Gegenmacht unter nationalsozialistischer Herrschaft an ihr Ende kommen würde, zielte auf die Gewerkschafter unter den Belegschaftsangehörigen ab. Der Pomp des neuen Feiertags der nationalen Arbeit am 1. Mai 1933 mochte einen Moment lang an eine friedliche Koexistenz der tradierten Interessenvertretung mit der neuen Macht glauben lassen. Das Unternehmen übernahm den vom NS-Regime dominierten Appell als charakteristische Quasi-Vergemeinschaftungsform.[44] Dabei bildete der 1. Mai 1933 flächendeckend den Kipppunkt zu einer nazifizierten Betriebsöffentlichkeit.[45] An allen Kalistandorten wurde die Feier nach dem gleichen Muster durchgeführt. In Kassel trafen sich die „Angehörigen der Zentralverwaltung vor dem festlich geschmückten Hauptgebäude", woraufhin unter dem Geläut der Kasseler Kirchenglocken am Gebäude die Hakenkreuzflagge und die Schwarzweißrote gehisst wurden. Nach einer kurzen Ansprache des Vorsitzenden der bei der Wintershall-Zentralverwaltung neugegründeten NSBO, Bergassessor Karl Liesegang, marschierte die Belegschaft hinter einer Bergmannskapelle zum Friedrichsplatz. Am nachfolgenden Festumzug nahmen ein Wagen des Kalisyndikats sowie ein mit Hakenkeuz- und schwarzweißroter Flagge geschmückter LKW samt Aufschrift „Wir arbeiten für

---

43 *Kundgebung über Betriebszellenorganisation in Heringen*, in: Der Kalibergmann 15 (15.4.1933). Die NSBO war durch die Etablierung der Deutschen Arbeitsfront nach der Zerschlagung der freien Gewerkschaften selbst bald schon Geschichte, Volker Kratzenberg, *Arbeiter auf dem Weg zu Hitler? Die Nationalsozialistische Betriebszellen-Organisation, ihre Entstehung, ihre Programmatik, ihr Scheitern 1927-1934*; Frankfurt a. M. 1989, 123ff. und 150ff.

44 Bernd Sösemann, *Appell unter der Erntekrone: Das Reichserntedankfest in der nationalsozialistischen Diktatur*, in: Jahrbuch für Kommunikationsgeschichte (2000), 113-156; P. Rudi Fischer, *Festtag der deutschen Arbeit*, in: Der Kalibergmann 17 (29.4.1933), 2.

45 *Zum Festtag der deutschen Arbeit am 1. Mai 1933: Deutsche, packt an!*, in: Der Kalibergmann 17 (29.4.1933), 1.

Deutschlands Ernährungsfreiheit" teil, der im Sinne der Eigen-PR auch ein „schönes und anschauliches Bild unserer Industrie im Wirtschaftsleben unserer engeren Heimat" abgegeben haben soll.[46]

In Merkers trat um 7:50 Uhr die Belegschaft vor dem Verwaltungsgebäude „vollzählig" an: „Knappen, SA, SS, und Stahlhelmleute in ihren schmucken Uniformen, sonst ein jeder festlich gekleidet, die im Krieg und Frieden erworbenen Ehrenzeichen sind angelegt."[47] Auch hier wurden unter Sirenensalut, Gesang und „Posaunen- und Trompetengeschmetter" die beiden Flaggen auf den Fördertürmen und der Fabrikanlage aufgezogen, bevor der Sprecher der Werksverwaltung den „Irrsinn der Internationale" ablehnte und der NSBO-Obmann „Kameradschaft, Gehorsam, Tapferkeit und Treue" beschwor. Als neue Grundsätze führte er „eiserne Sparsamkeit, Einfachheit und Sauberkeit in der Verwaltung, restlose Hingabe an Volk und Vaterland, treueste Pflichterfüllung auch im kleinsten, heiße Liebe zur Heimat und zum Vaterland und den deutschen Volksgenossen" an.[48] Nach Heilrufen auf Hindenburg, Hitler sowie Reich und Vaterland sang die Belegschaft „entblößten Hauptes" das Horst-Wessel-Lied, wie „Der Kalibergmann" nicht ohne Stolz vermerkte.

Nach Abschluss der Werksveranstaltung marschierten rund 2.500 Personen, darunter ein „gewaltiger Zug aus Kieselbach", in Reih und Glied zum Feldgottesdienst auf dem Sportplatz. Die Uniformierten stellten sich am Feldaltar auf, vor dem der Ortspfarrer den Sinn der Arbeit dahingehend auslegte, dass man für das eigene „Volk", „für die gewaltige Volksgemeinschaft" arbeite, mit der jeder auf „Gedeih und Verderb verankert" sei. Wie in vielen anderen Orten Deutschlands stützten Kirchenvertreter die Vision einer die Klassengesellschaft überwindenden „Volksgemeinschaft", indem sie Teil der

---

46 *Die Feier des Festtages der nationalen Arbeit der Wintershall Aktiengesellschaft Zentralverwaltung*, Kassel, in: Der Kalibergmann 18 (6.5.1933), 5.

47 *Der Festtag der deutschen Arbeit am 1. Mai 1933 in Merkers*, ebd.

48 Ebd., 6.

Regimeinszenierung wurden.[49] Auch in Neuhof hielt der evangelische Pastor, der den antisemitischen Hofprediger Adolf Stöcker zum Beweis für die Verwobenheit von Nationalsozialismus und Christentum anführte, eine nationalsozialistisch orientierte Predigt.[50]

Die euphorische Berichterstattung über alle Festveranstaltungen, etwa im Werk Heiligenroda oder der Werksgruppe Bismarckshall, auf der Gewerkschaft Uchte, in Unterbreizbach, Neuhof, Lehrte, Heringen, Sondershausen oder Bernburg bildete eine weitere Form der Selbstunterstellung des Unternehmens unter das NS-Regime.[51] Die möglichst vollzählige Anwesenheit stieg zum Leistungsparameter der Belegschaftsmobilisierung auf: In Heringen war die „gesamte Belegschaft" versammelt, in Sonderhausen kamen „alle Werksangehörigen" zusammen und in der Werksgruppe Bismarckhall" wurde der 1. Mai von „sämtlichen Belegschaftsangehörigen" feierlich begangen.[52] Dass die Maifeiern über die Symbolisierung der neuen „Volksgemeinschaft" hinaus auch deren politische

---

49 Liesa Weber, *Handlungsspielräume und Handlungsoptionen von Pfarrern und Gemeindegliedern in der Zeit des Nationalsozialismus. Eine vergleichende Studie für die Evangelisch-Lutherische Kirche in Bayern anhand der oberfränkischen Dekanate Bayreuth und Coburg*, Göttingen 2019, 125ff.; Martin Borowsky/Sebastian Nickel, *Haken am Kreuz. Nationalsozialistische Begeisterung und religiöser Eigensinn: Der evangelische Kirchenkreis Erfurt im Dritten Reich. Zwei Werkstattberichte*, in: Evangelischer Kirchenkreis Erfurt (Hg.), Reformation in Bewegung. Erfurt zwischen 1517 und 2017, Leipzig 2017, 154-188; Gerhard Nestler, *Die Machtergreifung der Nationalsozialisten und der politische Katholizismus in der Pfalz*, in: ders. (Hg.), Braune Jahre in der Pfalz. Neue Beiträge zur Geschichte einer deutschen Region in der NS-Zeit, Kaiserslautern 2016, 63-94.

50 *Der Tag der nationalen Arbeit in Neuhof, Kr. Fulda*, in: Der Kalibergmann 19 (13.5.1933), 9.

51 *Die Feier der nationalen Arbeit am 1. Mai durch die Fabrikbelegschaft und Verwaltung des Werkes Heiligenroda*, ebd., 6; *Der Nationalfeiertag der Arbeit in Unterbreizbach*, ebd., 7; *Der Feiertag der nationalen Arbeit auf dem Werk Bernburg der Wintershall AG*, ebd., 8; der Begriff der „Selbstunterstellung" geht zurück auf Wolfgang Fritz Haug, *Die Faschisierung des bürgerlichen Subjekts. Die Ideologie der gesunden Normalität und die Ausrottungspolitiken im deutschen Faschismus*, Berlin 1987, 136.

52 *Der Feiertag der nationalen Arbeit in Heringen*, in: Der Kalibergmann 19 (13.5.1933), 11f.; *Die Feier des 1. Mai 1933 in Sondershausen*, ebd., 12f.; *Die Feier des 1. Mai 1933 in der Werksgruppe „Bismarckhall"*, ebd., 13.

und soziale Exklusionsmechanismen zum Ausdruck brachte, zeigte sich beispielsweise in Sonderhausen, wo die NSDAP mit „erbeuteter KPD-Fahne“ vom Werk abmarschierte, um diese „vom Balkon des Rathauses aus“ zu verbrennen.[53]

Die Besetzung der Gewerkschaftshäuser am 2. Mai 1933 und die Etablierung der Deutschen Arbeitsfront als sozialharmonischer Moderator bei betrieblichen und tariflichen Angelegenheiten ließen jedoch keinen Zweifel daran, dass die Beschäftigten unter Konformitätszwang gesetzt wurden und sich hinter dem bald „Betriebsführer“ genannten Werksleiter zu versammeln sowie ihre Arbeit im übergeordneten Interesse der „Volksgemeinschaft“ zu erledigen hatten.[54] Die Unternehmensleitung befürwortete die angebliche Befreiung der deutschen Arbeiter vom „gewerkschaftlichen Druck“, wobei „Gleichschaltung“ und „Einfügung in die nationale Front“ das Kräfteverhältnis weiter zu Gunsten der Wintershall AG verschob.[55] Noch im Mai 1933 traten im Wintershall-Konzern auf Druck der Nationalsozialisten die gewählten Belegschaftsvertreter von ihren Ämtern zurück. Im „Einvernehmen“ mit der NSBO und nach Bestätigung durch die zuständigen Behörden traten regime- und unternehmensloyale Personen in die Betriebs- und Angestelltenräte ein.[56]

Die am 19. Mai 1933 per Gesetz erfolgte Einrichtung von Treuhändern der Arbeit, die zwar formell eine Vermittlungsfunktion zwischen Unternehmen und Beschäftigten etwa durch die Ein-

53 Foto mit Bildunterschrift in *Die Feier des 1. Mai 1933 in Sondershausen*, in: Der Kalibergmann 19 (13.5.1933), 12.

54 Stefan Berger (Hg.), *Gewerkschaftsgeschichte als Erinnerungsgeschichte. Der 2. Mai 1933 in der gewerkschaftlichen Erinnerung und Positionierung nach 1945*, Essen 2015; Mathias Frese, *Betriebspolitik im „Dritten Reich“. Deutsche Arbeitsfront. Unternehmer und Staatsbürokratie in der westdeutschen Großindustrie 1933–1939*, Paderborn 1991, 73ff.

55 *Wirtschaftspolitische Wochenschau*, in: Der Kalibergmann 20 (20.5.1933), 2.

56 *Betriebsvertretungen des Wintershall-Konzerns (Juli 1933)*, in: Der Kalibergmann 28 (1933), 5f. Die Bestimmung des Nazifizierungsgrades dieser ausgetauschten Belegschaftsvertretungen wäre eine lohnende Aufgabe zur Einschätzung des NS-Durchdringungsgrads während der Etablierungsphase der NS-Herrschaft.

richtung von betrieblichen Vertrauensräten übernahmen, räumte in der Praxis den Interessen der Unternehmen Vorrang ein. Der spätere auch für Kassel zuständige Treuhänder, der 1927 der NSDAP beigetretene Dr. Carl Lüer, erläuterte dessen Funktion als „Überführung des alten Klassenkampfsystem in eine soziale Ordnung", in der den Treuhändern die „Regelung der Arbeitsverträge (Lohn-, Arbeitszeit- und sonstige Tarifabreden); die Aufrechterhaltung des Arbeitsfriedens; die Mitwirkung bei der Neuordnung des sozialen Aufbaues" aufgegeben war.[57]

Politisches System und Unternehmen rückten beispielsweise Ende Mai 1933 in Merkers durch die Einrichtung einer „SS-Führerschule" näher zusammen, die den Bergarbeiterort „gewissermaßen ‚Garnisonsstadt'" werden ließ.[58] Das Herausragende des Ereignisses brachte auch die ungewöhnlich große Aufmachung auf immerhin vier Seiten in der Werkszeitung zum Ausdruck. Als Vertreter der entsendenden SS-Standarte 35 erklärte SS-Sturmbannführer Walter Gunst, dass sich „in großherziger Weise Herr Generaldirektor Rosterg" bereit erklärt hatte, „auch hier in Merkers diese Schule einzurichten, die jungen Männer einzuführen in streng nationalsozialistisches Denken, zu schulen zu harten Männer, die gewillt sind, bis zum letzten Blutstropfen das Wollen des Führers durchzusetzen".[59] Denn die Anwesenheit einer ganzen SS-Hundertschaft setzte die nicht-nationalsozialistischen Belegschaftsangehörigen und die Einwohnerschaft unter Anpassungsdruck. Das Werben um frühere Ge-

---

57 *Aufgaben der Treuhänder der Arbeit*, in: Der Kalibergmann 35 (1933), 4f.; Mathias Frese, *Nationalsozialistische Vertrauensräte. Zur „Betriebspolitik" im „Dritten Reich"*, in: Gewerkschaftliche Monatshefte 4/5 (1992), 281-297; demnächst Sören Eden, *Die Verwaltung einer Utopie. Die Treuhänder der Arbeit zwischen Betriebs- und Volksgemeinschaft 1933-1945*, Göttingen 2020.

58 *Einzug der SS in Merkers*, in: Der Kalibergmann 22 (3.6.1933), 6-9, hier 6.

59 Ebd., 8; siehe auch *SS-Standartenführer Döring zum Abschied*, in: Der Kalibergmann 39 (1933), 8f.

werkschaftsmitglieder intensivierte die DAF auf den Schachtanlagen und Werken u.a. durch Vorträge.[60]

NS-Regime und Betriebsalltag verschränkten sich zunehmend. „Der Kalibergmann" berichtete über die „Fahnenweihe" der NS-Betriebszelle im Kalisyndikat in Berlin.[61] Am 15. und 16. Juli 1933 fand in Bad Salzungen die Kreistagung des NSDAP-Kreises Meiningen statt, der am 20. August 1933 eine „Vaterländische Kundgebung" der Kreisorganisationsleitung Bezirk Vacha oder die „Fahnenweihe" des SA-Sturms 49 V/167 in Neuhof folgten.[62] Der Reichsstatthalter und NSDAP-Gauleiter Fritz Sauckel besuchte in Begleitung des Thüringischen Ministerpräsidenten Willy Marschler das Werk Kaiseroda in Merkers und wurde vom ebenfalls anwesenden Generaldirektor Rosterg auch durch die SS-Führerschule geführt.[63] Die enge Verbundenheit der Wintershall AG mit der dortigen Landesregierung unterstrich auch die auf allen Wintershall-Werken in Thüringen begangenen Feierlichkeiten der „vorgezogenen Machtergreifung" anlässlich des einjährigen Regierungsjubiläums der NSDAP in Thüringen.[64] Die ständige Wiederholung der öffentlichen Präsentation von angeblicher volksgemeinschaftlicher Geschlossenheit durch Kundgebungen mit Aufstellung der Belegschaft, dem Fahneneinzug, Ansprachen, Huldigung des „Führers" usw. erzeugte Konformitätserwartungen, aber auch Ermüdungserscheinun-

60 *Verbandsleiter Körner spricht über „Gewerkschaften und NSBO"*, in: Der Kalibergmann 30 (1933), 6-8, hier 7.

61 *Fahnenweihe der NS-Betriebszelle Deutsches Kalisyndikat, Berlin*, in: Der Kalibergmann 28 (1933), 7.

62 *Kreistagung des NSDAP-Kreises Meiningen am 15. und 16. Juli 1933 in Bad Salzungen*, in: Der Kalibergmann 34 (1933), 7; *Vaterländische Kundgebung in Merkers (Rhön)*, ebd., 7-9; *Die Fahnenweihe des SA-Sturms 49 V/167 Neuhof*, ebd., 9.

63 *Hoher Besuch in Merkers*, in: Der Kalibergmann 35 (1933), 5.

64 *Die Feiern anlässlich des einjährigen Regierungsjubiläums in Thüringen*, ebd., 6f.; Bernhard Post, *Vorgezogene Machtübernahme 1932*, in: Detlev Heiden/Gunther Mai (Hrsg.), Thüringen auf dem Weg ins „Dritte Reich", Erfurt 1996, 147-182.

gen.[65] Im Oktober 1935 ergaben sich Klagen über die nachlassende Teilnahme an den zu Appellen ausgestalteten Versammlungen der „Betriebsgemeinschaft".[66]

Den bedeutendsten Eindruck machten aber nicht die Werbeaktivitäten, sondern das Durchschreiten der wirtschaftlichen Talsohle. Die allmähliche Steigerung der Auslieferungsmengen sorgte ab Mitte 1933 dafür, dass zunächst die Anzahl der Feierschichten reduziert werden konnte, bis im Oktober 1933 die Festlegung erfolgte, dass einheitlich auf allen Werken nur wöchentlich eine Feierschicht anfiel. Im ab Mai 1931 stillliegenden Werk Bismarckhall-Bischofferode fuhr im Oktober 1933 der Förder- und Fabrikbetrieb wieder an. Wenn auch nicht alle früheren Beschäftigten eingestellt wurden, so ermöglichte das Unternehmen doch ganz in Überstimmung mit den Vorlieben des NS-Staates „vor allem kinderreichen Familienvätern auskömmlichen Lebensunterhalt", wie „Der Kalibergmann" selbstzufrieden in seinem Jubiläumsartikel vermerkte.[67] Auch die Schachtanlage Gebra-Lohra startete Ende Dezember 1933 nach mehr als einjährigem Stillstand. Die Unternehmensleitung rechnete sich die Wiederinbetriebsetzung von Werken vor allem als Unterstützung der neuen nationalsozialistischen Machthaber im „Kampf um die Beseitigung der Arbeitslosigkeit" zu.[68]

Im Ergebnis stieg die Konzernbelegschaft vom 31. Dezember 1932 bis Jahresende 1933 von 4.455 auf 5.206 Beschäftigte an.[69] Neueinstellungen – Generaldirektor Rosterg nannte am 21. März 1934

---

65 *Der große Aufmarsch der NSBO und der Deutschen Arbeitsfront am Sonntag, dem 24. September 1933, in Tiefenort/Werra*, in: Der Kalibergmann 39 (1933), 9-11; Gebietsaufmarsch der Hitler-Jugend in Rudolstadt, ebd., 11.

66 *Versammlung der Betriebsgemeinschaft Wintershall am 13. Oktober 1935*, in: Der Kalibergmann 42 (1935), 418.

67 Bundesarchiv (künftig BA) Berlin, R 8119F, P01973, Bl. 49, Wintershall AG an die Mitglieder des Aufsichtsrats betr. Monatsbericht Oktober 1933 vom 23.11.1933; *Fünfundzwanzig Jahre Bismarckhall*, in: Der Kalibergmann 9 (3.3.1934), 5.

68 *Chronik der Wintershall AG* (wie Anm. 4), 265.

69 Ebd., 266.

anlässlich der von Hitler ausgerufenen „großen Arbeitsschlacht" zur Beseitigung der Arbeitslosigkeit die Zahl von 1.000 neueingestellten Arbeitslosen zwischen Oktober 1933 und März 1934 – bildeten nach der tiefen Krise die wohl wichtigste Maßnahme mit loyalitätssteigernder Wirkung, wenngleich vor allem die Übernahme von Erdölunternehmen die Belegschaftszahl nach oben brachte. Rosterg zeigte sich dankbar, dass der „verhängnisvolle Klassenkampf der früheren Zeiten" endgültig überwunden sei und rief dazu auf, der „Führung des deutschen Volkes" zu vertrauen.[70] An den Aufmarschroutinen hielt das Unternehmen bis in den Zweiten Weltkrieg hinein fest.[71]

Die weitere Beschneidung von Arbeitnehmerrechten ergab sich aus dem Gesetz zur Ordnung der nationalen Arbeit, das im Januar 1934 das Führerprinzip auf die Betriebe ausdehnte, in denen die „Gefolgschaft" genannte Belegschaft dem „Betriebsführer" Gehorsam und Treue schuldete.[72] Am 1. Mai 1934 traten die nach dem Gesetz bestimmten Vertrauensmänner ihr Amt an, wobei die Wahlbeteiligung auf den Anlagen Kaiseroda und Gebra-Lohra sowie der Ringofenziegelei Wölfershausen mit 100 Prozent angegeben wurde. In der Zentralverwaltung, auf Glückauf-Sondershausen und in Bernburg, wo 84,3 Prozent der Belegschaft abgestimmt hätten, lag die Zustimmungsrate deutlich niedriger.[73] Es darf vermutet werden, dass die Liste der Vertrauensmänner den weiteren Bedeutungsgewinn von NSDAP-Mitgliedern und unternehmensfreundlichen Belegschaftsangehörigen in der Partizipationsstruktur widerspiegelte.

---

70 *Wie Wintershall den Beginn der großen Arbeitsschlacht am 21. März 1934 feierte*, in: Der Kalibergmann 13 (1934), 7f., hier 7.

71 *Der Nationale Feiertag des deutschen Volkes 1939 auf unseren Werken*, in: Der Kalibergmann 19 (13.5.1939), 146–149.

72 Wolfgang Spohn, *Betriebsgemeinschaft und Volksgemeinschaft. Die rechtliche und institutionelle Regelung der Arbeitsbeziehungen im NS-Staat*, Berlin 1987, 9ff.

73 *Die Vertrauensmänner der Wintershall-Unternehmungen*, in: Der Kalibergmann 17 (1934), 5f.; *Die Vertrauensmänner der Wintershall-Unternehmungen*, in: Der Kalibergmann 18 (1935), 181–183; *Vertrauensmänner der Wintershall Aktiengesellschaft „Bismarckhall"*, in: Der Kalibergmann 29 (1935), 293.

Fast als Kommentar druckte „Der Kalibergmann“ den Artikel „Das Führerprinzip im Wirtschaftsleben“ ab,[74] war doch die in der Weimarer Republik begonnene Demokratisierung der Interessenvertretung aufgehoben.

Der Abbau von Partizipationsrechten ging aber mit einer quantitativen und qualitativen Beschäftigungsausweitung parallel. Denn ab Januar 1934 liefen die Werke Sachsen-Weimar, Bernburg und Bergmannssegen wieder voll und führten bald die zweite Schicht ein.[75] Parallel zum Belegschaftsaufbau und zum wachsenden Kaliabsatz entfiel zum Jahresende 1934 nicht nur die Notwendigkeit von Feierschichten, sondern die meisten Standorte gingen wie Heiligenroda oder Wintershall wieder zum Zwei-Schicht-Betrieb über.[76] Auch die Belegschaft wuchs bis Jahresende 1934 weiter auf 857 Angestellte, 5.354 Arbeiter und 546 „Unternehmerarbeiter“, die bei Ausbaumaßnahmen im Rahmen von Fremdaufträgen in den Wintershall-Unternehmen beschäftigt waren, also insgesamt auf 6.657 Personen an. Der Geschäftsbericht bezifferte die Belegschaft zum Jahresende 1935 dann schon auf 947 Angestellte, 6.206 Arbeiter und 772 Unternehmerarbeiter, insgesamt 7.927 Personen.[77]

Zwar erfolgten im Frühjahr 1934 Tariflohnkürzungen, welche die im Interesse der „Erzeugungsschlacht“ erfolgten staatlichen Preisreduzierungen von landwirtschaftlichen Kaliprodukten für das Unternehmen tragbarer machen sollten, jedoch setzte der Sondertreuhänder der Arbeit für die Kaliindustrie zum 1. April 1934 eine neue Tarifordnung in Kraft, die zumindest die Urlaubsbestimmungen verbesserten. Auch ohne formelle Erhöhung der Tariflöhne waren die Einkommen der zumeist im Leistungslohn stehenden Beschäftigten

---

74 Hans Reupke, *Das Führerprinzip im Wirtschaftsleben*, in: Der Kalibergmann 17 (1934), 6.

75 Wintershall AG, *Geschäftsbericht 1935*, Kassel 1936, 5.

76 *Chronik der Wintershall AG* (wie Anm. 4), 276; BA Berlin, R 8119F, P01965, Bl. 2RS, Niederschrift über die am 19. Oktober 1934 stattgefundene Aufsichtsratssitzung der Wintershall AG, 2.

77 BA Berlin, R 8119F, P01965, Bl. 4RS, Niederschrift über die am 26. Januar 1935 stattgefundene Aufsichtsratssitzung der Wintershall AG, 2.

„ansehnlich gestiegen".[78] Denn das Durchschnittseinkommen von Arbeitern in den Kalibetrieben lag 1937 „durch Mehrarbeit und Leistungssteigerung um 37 Prozent" höher als 1932.[79]

Ende 1936 waren 8.696 Arbeiter, Angestellte und Unternehmerarbeiter im Wintershall-Konzern beschäftigt.[80] Ein Jahr später führte der Geschäftsbericht eine Belegschaft von 10.916 Mann auf. Zusätzlich kamen 2.312 Unternehmerarbeiter vor allem beim Aufbau des Werks in Lützkendorf zum Einsatz.[81] 1938 kletterte die Belegschaftszahl auf 13.340 Mitarbeiter, so dass sich die Mitarbeiterzahl gegenüber 1933 fast verdreifacht hatte und auch noch ab 1936 wegen der „Erweiterung der Arbeitsgebiete" um zwei Drittel gewachsen war.[82] Waren 1933 noch 85 Prozent der Belegschaft im Kalibergbau beschäftigt, sank deren Anteil bis 1938 auf 67 Prozent. Der Anteil der Angestellten blieb ziemlich konstant bei rund 20 Prozent.

Bei den freiwilligen sozialen Leistungen wie Wirtschaftsbeihilfen für frühere Mitarbeiter oder an deren Familien und Hinterbliebene, Weihnachtszuwendungen für Arbeiter und niedrige Gehaltsstufen oder Zahlungen anlässlich der Einschulung eines Kindes bestand einerseits hohe Kontinuität. Aber die Übernahme der Kosten für Ausflugsfahrten mit dem DAF-Amt Kraft durch Freude,[83] Studienreisen und Lehrfahrten, geldliche Unterstützung bei militärischen

---

78 Wintershall AG, *Geschäftsbericht 1937*, Kassel 1938, 7.

79 Ebd.; Hohmann, *Arbeit* (wie Anm. 6), 52ff.

80 Die Belegschaften von Fusor und Nitag wurden erstmalig hinzugezählt, so dass der Nettozuwachs nicht sonderlich hoch ausfiel, Wintershall AG, *Geschäftsbericht 1936*, Kassel 1937, 5.

81 BA Berlin, R 8119F, Nr. 1966, Niederschrift über die Aufsichtsratssitzung am 12.10.1937, 4f.

82 Wintershall AG, *Geschäftsbericht 1938*, Kassel 1939, 8.

83 *Erste Fahrt der „Kraft durch Freude-Werksgemeinschaft Winterhall, Heringen-Werra" ins Blaue*, in: Der Kalibergmann 23 (1934), 10f.; siehe auch Sascha Howind, *Die Illusion eines guten Lebens. Kraft durch Freude und nationalsozialistische Sozialpropaganda*, Frankfurt a. M. 2013, 133ff.; *NSG „Kraft durch Freude" 8. Seereise mit dem Motorschiff „Monte Olivia" nach Norwegen*, in: Der Kalibergmann 30 (28.7.1934), 5-7; *Mit der NSG „Kraft durch Freude" auf dem Dampfer „Sierra Cordoba" nach Madeira*, in: Der Kalibergmann 19 (1936), 201f.

Übungen oder auch die Freistellung zu Partei-Lehrgängen und die Übernahme der Fahrtkosten als Dienstreisen zeigten eine direkte oder doch vermittelte Ausrichtung an den Regimeaktivitäten. Wurden 1937 hierfür über eine Mio. Reichsmark aufgewandt, kamen noch Ausgaben für „Schönheit der Arbeit“, also Arbeitsplatzausgestaltung, Aufenthalts- und Erholungsräume, Sportplätze usw. von rd. 300.000 Reichsmark hinzu.[84] Die freiwilligen sozialen Leistungen stiegen 1938 gegenüber dem Vorjahr sogar noch um 60 Prozent. „Besondere Fürsorge ließen wir“, so der Geschäftsbericht für das Jahr 1938, „den Gefolgschaftsmitgliedern, die einen weiten Anmarschweg zum Werk haben, dadurch angedeihen, dass wir ihnen den Erwerb von Motorrädern unter günstigen Bedingungen ermöglichten.“[85] Über 650 Mitarbeiter nahmen das Angebot zinsgünstiger Kredite an. Auf fast allen Werken entstanden neue Fahrrad- und Motorradschuppen.

Zur Förderung des „Gemeinschaftslebens“ fanden Betriebsausflüge statt.[86] An manchen Standorten erfolgte die Gründung von Werkssportgemeinschafen, während andernorts die bestehenden Turn- und Sportvereine finanziell gefördert wurden. Das Unternehmen richtete sportliche Wettkämpfe aus und stattete Werksbüchereien mit systemkonformer Literatur aus. Vier Werkskapellen und elf Spielmannszüge sorgten für musikalische Begleitung von Veranstaltungen und Appellen. Auf jedem Werk bestand zudem eine DAF-Werkschar, so dass Versorgung und Kontrolle ineinandergriffen. Auch die Berufsfortbildung der erwachsenen Mitarbeiter, nur noch „Gefolgschaftsmitglieder“ genannt, erfuhr Unterstützung durch „zahlreiche Werksangehörige, Behörden- und Parteidienststellen“,

---

84 *Schönheit der Arbeit auf Wintershaller Werken*, in: Der Kalibergmann 6 (1937), 43f.; Titelblatt *Werkseingang zu einer Kali-Schachtanlage*, in: Der Kalibergmann 10 (13.3.1937); *Chup Friemert, Produktionsästhetik im Faschismus. Das Amt „Schönheit der Arbeit“* von 1933 bis 1939, München 1980, 87ff.

85 Wintershall AG, *Geschäftsbericht 1938*, Kassel 1939, 9.

86 *Werksgemeinschaft Wintershall: Unsere Fahrt ins Weserbergland*, in: Der Kalibergmann 29 (1935), 293.

die sich mit Vorträgen einbrachten. Die „weltanschauliche Schulung durch Partei und Arbeitsfront“ unterstützte das Unternehmen durch Lohnfortzahlung und Freistellung.[87]

Die Erdölraffinerie Salzbergen GmbH, die am 19. Oktober 1937 vom NSDAP-Gauleiter Weser-Ems, Carl Röver, besucht worden war,[88] bewarb sich Anfang 1938 im Rahmen des „Leistungskampfes der deutschen Betriebe“ um eine Auszeichnung und ergänzte am 24. Februar 1938 den eingereichten Fragebogen mit dem Hinweis, dass ab Jahresbeginn eine neue Betriebsordnung Anwendung fand, die für manche Belegschaftsangehörige „höhere Löhne“ vorsah und insbesondere auch „günstigere Urlaubsbedingungen“ in Kraft setzte „als die gültige Tarifordnung“.[89] Zwar unternahm die Werksbelegschaft wegen des kontinuierlichen Betriebes keine größeren gemeinsamen Betriebsausflüge, aber es bestand der Grundsatz, dass „jedes Gefolgschaftsmitglied einmal mit KdF fortgeschickt“ werden sollte. Einem Meister wurde zusätzlich zum eigenen Urlaubsanspruch eine KdF-Reise nach Madeira ermöglicht, und 14 Mitarbeiter nahmen mit finanzieller Hilfe des Unternehmens am NSDAP-Reichsparteitag in Nürnberg teil. Dass hierbei betriebliche Sozialpolitik und Regimeloyalität Hand in Hand greifen sollten, ergab sich auch auf der Regelung „Amtswaltern der Partei oder ihrer Gliederungen“ bei dienstlichen Angelegenheiten“ der Partei „unter Fortzahlung ihrer Bezüge“ zusätzlichen Urlaub einzuräumen.

Dass die geplante Neuanlage von Wasch- und Aufenthaltsräumen für die vergrößerte Belegschaft „vorbildlich“ werden würde, entsprach der Ankündigungsprosa. Der „Festigung des Gemeinschaftsgefühls“ dienten die eigene Betriebszeitung, Sommer-Kinder-

---

87 Wintershall AG, *Geschäftsbericht 1938*, Kassel 1939, 9; siehe auch *Weltanschauliche betriebliche Schulung auf Werk Glückauf-Sondershausen*, in: Der Kalibergmann 41 (16.10.1937).

88 *Hoher Besuch auf unserem Werk*, ebd.

89 Landesarchiv Osnabrück, Rep. 610 Osnabrück Nr. 170, Erdölraffinerie Salzbergen GmbH an Reichstreuhänder der Arbeit für das Wirtschaftsgebiet Niedersachsen vom 24.2.1938, 11.

fest, Winter-Kameradschaftsabend und die Vergabe von Baudarlehen zu äußerst mäßigem Zinssatz. Als Ergebnis aller Bemühungen bestand laut Erläuterungsschreiben zum Antragsformular ein sehr gutes „Verhältnis zwischen Betriebsleiter und Gefolgschaft", da dieser den beruflichen Aufstieg „intelligenter Arbeiter" nachdrücklich fördere. Als Ausweis der insgesamt besonders positiven Situation verwies die Betriebsleitung darauf, dass den seltenen Personalabgängen ein sehr großer Einstellungswunsch gegenüberstehe.[90]

Der betriebliche Wohnungsbau setzte gleich nach 1933 wieder stärker ein und auch der private Siedlungsbau erfuhr finanzielle Unterstützung. Im Unterschied zur Weimarer Zeit erfolgte die Zuteilung der beispielsweise 1934 in Stockhausen bei Sonderhausen für Wintershaller Belegschaftsangehörige gedachten Siedlungshäuser der Sauckel-Marschler-Stiftung vordringlich an die „kinderreichen, erbtüchtigen, arbeitsamen Familien", die den rassebiologischen, politischen und sozialen Vorgaben des NS-Regimes entsprachen.[91] So wurden 1936 allein 53 neue Werkswohnungen und 170 durch zinslose Werksdarlehen und Zuschüsse geförderte Siedlungshäuser gebaut. Der Vorstandsbericht summierte die Summe der begebenen Baudarlehen auf 3,2 Mio. Reichsmark, mit denen 477 Häuser mit 908 Wohnungen entstanden seien. 1938 wurden 53 neue Werkswohnungen fertiggestellt und 170 Siedlungshäuser durch Baudarlehen gefördert. Dazu gehörte im Zusammenhang mit der Erweiterung der Werksanlage Sachsen-Weimar eine aus 35 Vier-Zimmer-Wohnungen in Einzel- und Doppelhäusern bestehende Siedlung in Unterbreizbach.[92]

In Industriebetrieben kam es aber immer wieder zu tödlichen Arbeitsunfällen, wobei der Kalibergbau und auch die Erdölbohrungen mit spezifischen Unfallrisiken verbunden waren. So forderte ein Brandunglück an der Bohrung Nienhagen 22 am 29. September 1934

---

90 Ebd., Erdölraffinerie Salzbergen GmbH an Reichstreuhänder der Arbeit für das Wirtschaftsgebiet Niedersachsen vom 24.2.1938, 2.

91 *Stockhausen bei Sondershausen*, in: Der Kalibergmann 37 (1934), 7.

92 *Richtfest im Glaamtal*, in: Der Kalibergmann 51 (1938), 378f.

am Ende sechs Todesopfer. Die Beerdigung auf dem neuen Friedhof in Nienhagen bildete den Rahmen für eine Trauerfeier, an der neben dem Wintershall-Vorstand der DAF-Landesobmann Karwahne sowie der Celler NSDAP-Kreisleiter Herbert Bangemann teilnahmen. Der DAF-Funktionär würdigte die Verdienste der Verunglückten als „Schaffen für das deutsche Volk". Nach seiner Angabe waren sie „auf dem Felde der Arbeit gefallen".[93] In der Veranstaltung dominierte das Heroische gegenüber der Trauer, wobei die Mitwirkung des Ortspastors allerdings noch eine Traditionslinie zur vornationalsozialistischen Zeit bildete.

Mit dem Unfalltod von elf Beschäftigten, darunter der NSDAP-Ortsgruppenleiter von Tiefenort, betraf am 30. Juli 1938 der größte Bergunfall der Vorkriegszeit das Werk Kaiseroda, wo am 6. August 1938 im Rohsalzschuppen ein weiterer Unglückfall mit drei Todesopfern folgte.[94] Die große Opferzahl gab Nazi-Prominenz wie dem Reichsorganisationsleiter und DAF-Chef Robert Ley und Gauleiter Fritz Sauckel auf einer pompösen Feierlichkeit die Gelegenheit, sich an der Seite der Unfallopfer zu zeigen. Die an jedem Sarg stehende „Ehrenwache, gestellt von Werkschar, SA, SS und Politischen Leitern" unterstrich, dass sich das NS-Regime in symbolischer Weise des Unternehmens bemächtigt hatte, da die Szenerie sich im Hinblick auf Fahnen, Aufmarsch und Ablauf von einem NS-Staatsbegräbnis nicht unterschied – von der Mitwirkung eines Pastors wurde nunmehr abgesehen.[95] Doch auch die Rede von Wintershall-Vorstand Gustav Römer ließ keine Regimedistanz erkennen. Nicht nur dass er sie – wie Soldaten - „auf dem Felde der Ehre" sterben sah, deren Körper der „deutschen Erde" übergeben wurden. Darüber hinaus rief er

---

93 *Trauerfeier in Nienhagen*, in: Der Kalibergmann 43 (1934), 3; Wilfried Regener, *Brandkatastrophe auf der Nienhagen 22 (N22): „Das Inferno". Gewerkschaft Nienhagen (Wintershall AG), 29. September 1934*, Nienhagen 2010, 17ff.

94 *Nachruf*, in: Der Kalibergmann 31 (6.8.1938); Norbert Moczarski, *Kalibergbau in der NS-Zeit 1933–1945*, in: Eisenbarth/Paulinyi, Kaliindustrie (wie Anm. 6), 79-94, hier 84f.

95 *Unsern Toten!*, in: Der Kalibergmann 32 (1938), 226-229, hier 226.

die Lebenden auf, „ebenso vorbildlich in der Volksgemeinschaft zu wirken und zu schaffen“ wie sie. Römer gelobte überdies, „innerhalb der uns vom Führer Adolf Hitler gestellten Aufgaben alles das zu tun“, was den Unfallschutz verbessern könnte.[96] Robert Ley würdigte die Toten als „Kämpfer des deutschen Volkes“ und rief die Hinterbliebenen auf, stark zu sein „im Glauben an Deutschland, an Adolf Hitler“.[97] 1938 fanden im Wintershall-Konzern insgesamt „26 Arbeitskameraden“ bei Unglücksfällen den Tod, darunter am 17. August 1938 ein Hauer auf der Werksanlage Sachsen-Weimar und am 21. September 1938 drei Beschäftigte der Werksanlage Bergmannssegen.[98] Die hohe Zahl an Unfalltoten spiegelte neben den allgemeinen Gefahren des Untertagebergbaus auch die besondere Kräfteanspannung zum Erreichen der Produktionsziele wider, die den Unfallverhütungsmaßnahmen strukturell widersprachen und in der Belegschaft zu größeren Sorgen führten. 1939 waren dann fünf Tote zu beklagen.[99]

Spätestens 1938 machte sich angesichts der Aufrüstungskonjunktur und der guten Bezahlung beispielsweise in der dynamisch wachsenden Flugzeugindustrie ein spürbarer Arbeitskräftemangel bemerkbar. Die Wintershall AG warb in dieser Situation für die Anlagen Sachsen-Weimar und Heiligenroda bergunerfahrene Sudetendeutsche aus der Gegend von Reichenberg an, die im Bergmannsheim untergebracht wurden. Die im Februar 1939 eintreffenden Neu-Wintershaller wurden anscheinend zur Abwehr von Vorbehalten

96 Ebd., 227.

97 Ebd., 228.

98 Wintershall AG, *Geschäftsbericht 1938*, Kassel 1939, 10; *Trauerfeier für unser tödlich verunglücktes Gefolgschaftsmitglied Arthur Dusch auf der Werksanlage Sachsen-Weimar am 20. August*, in: Der Kalibergmann 34 (1938), 248; *Betriebsappell und Trauerfeier für unsere tödlich verunglückten Gefolgschaftsmitglieder Gustav Siemon, Karl Wolpert und Otto Spittka auf der Werksanlage Bergmannssegen am 23. September 1938*, in: Der Kalibergmann 39 (1938), 285f.

99 Wintershall AG, *Geschäftsbericht 1939*, Kassel 1940, 11.

der ansässigen Bevölkerung „als deutsche Volksgenossen und unsere Arbeitskameraden“ bezeichnet.[100]

Die Ausrufung einer nationalsozialistischen „Volksgemeinschaft“ und Auszeichnungen wie das „Gaudiplom für den Leistungskampf der deutschen Betriebe 1937/38“ im Gau Kurhessen an die Gewerkschaft Wintershall oder die erneute Verleihung des Gaudiploms für Ost-Hannover an das Werk Bergmannssegen in Lehrte nährten vielleicht die Illusion der Überwindung sozialer Gegensätze.[101] Trotz der Betonung des guten Verhältnisses zwischen Belegschaft und Werks- und Unternehmensleitung brachte der Arbeitsprozess die betrieblichen Hierarchieunterschiede immer wieder zutage, und es brachen Konflikte auf. Insbesondere die Berechnung des Leistungslohns führte immer wieder zu Meinungsunterschieden, bei denen mitunter der NS-dominierte Vertrauensrat vermittelte. Auch der traditionale Absentismus am Blauen Montag oder auch das saisonale Fernbleiben von Kleinbauern und Nebenerwerbslandwirten, auf das die Betriebsleitungen üblicherweise flexibel reagierten, konnten aber wie die Verweigerung von Überstundenarbeit den Vorwurf der Arbeitsverweigerung nach sich ziehen.

Verschärfte Repression im Zweiten Weltkrieg

Der Kriegsbeginn am 1. September 1939 hatte schon durch vermehrte Einberufungen Auswirkungen gezeigt. Durch Dienstverpflichtungen und Beschränkungen des Arbeitsplatzwechsels waren die Hand-

---

100 *Wir begrüßen unsere sudetendeutschen Brüder als unsere Arbeitskameraden in den Grubenbetrieben an der Werra*, in: Der Kalibergmann 9 (4.3.1939), 55f.

101 *Die Gewerkschaft Wintershall erhielt das Gaudiplom des Gaues Kurhessen*, in: Der Kalibergmann 25 (1938), 184; Robert Ley, *Aufruf Der zweite Leistungskampf der deutschen Betriebe*, in: Der Kalibergmann 28 (16.7.1938); *Bergmannssegen erhielt zum zweiten Male das Gaudiplom*, in: Der Kalibergmann 20 (1939), 151; *Gewerkschaft Wintershall zum zweiten Male mit dem Gaudiplom für hervorragende Leistungen ausgezeichnet*, in: Der Kalibergmann 21 (1939), 170.

lungsalternativen abhängig Beschäftigter bereits ab November 1938 deutlich eingeengt worden. Um aber die Belegschaften auf die veränderten Zeiten einzustimmen und die grundsätzliche Regimeloyalität des Unternehmens zu unterstreichen, druckte „Der Kalibergmann" am 2. September 1939 einzig die am Vortag gehaltene Hitler-Rede ab, die den deutschen Angriff auf Polen mit den wahrheitswidrigen Formulierungen – „Seit 5:45 Uhr wird jetzt zurückgeschossen! Und von jetzt ab wird Bombe mit Bombe vergolten!" – als Verteidigungskrieg ausgab.[102] Auf dem Titelblatt der Folgeausgabe vom 9. September 1939 erschien im Rahmen der Kriegspropaganda der „Aufruf des Führers an das deutsche Volk!", der die Mobilisierungsbereitschaft noch weiter anheizen sollte.[103]

August Rosterg ergänzte seinerseits unter der Anrede „Arbeitskameraden", dass bei der Wintershall AG eine „fest zusammengeschweißte Betriebsgemeinschaft [...] mit ganzer Hingabe für die gerechte Sache" eintreten werde, und er schloss mit: „Es lebe unser Führer! Es lebe das Großdeutsche Reich!".[104] Auch wenn die rasche Niederwerfung Polens die Hoffnung keimen ließ,[105] dass der ganz große Krieg ausbleiben könnte, erschienen ab Ende September 1939 in der Werkszeitung die ersten Todesanzeigen gefallener Mitarbeiter.

Trotz des Inkrafttretens kriegsbedingter Bewirtschaftungssysteme sollte im Betrieb der Eindruck fortgesetzter Normalität erweckt werden. Dementsprechend erfolgten zehn Wochen nach Kriegsbeginn erste Lockerungen der anfangs ausgegebenen Beschränkungen, wodurch beispielsweise als Annäherung an den „normalen Friedensablauf" der Zehnstundentag als Obergrenze und eine

---

102 Der Kalibergmann 35 (2.9.1939).

103 Der Kalibergmann 36 (9.9.1939), 1.

104 Ebd., 2; in seinem Neujahrsgruß erklärte Rosterg die Bereitschaft, „durch Einsatzbereitschaft, Kameradschaft und Opferfreudigkeit eine starke Front im Innern zu bilden", in: Der Kalibergmann 50 (30.12.1939), 1.

105 Sicherheitsdienst betr. Bericht zur innenpolitischen Lage (Nr. 1) vom 9.10.1939, in: Heinz Boberach (Hg.), Meldungen aus dem Reich. Die geheimen Lageberichte des Sicherheitsdienstes der SS 1938-1945, Bd. 1, Herrsching 1984, 330f.

zusätzliche warme Mahlzeit in den betreffenden Betrieben eingeführt wurden. Solche Anpassungen wurden als Vorgeschmack auf die zukünftige „sozialistische Wirtschaft" umgedeutet und als von Hitler beauftragte „Sicherung des sozialen Friedens" ausgegeben.[106] Tatsächlich schwelten in den Betrieben im Übergang zur Kriegswirtschaft soziale Konflikte, wenn etwa im November 1939 Handwerker die Mehrarbeit verweigerten, da sich diese wegen zusätzlicher 100 Gramm Wurst in der Woche nicht lohne.[107] Darüber hinaus weigerte sich ein Verwieger auf der Anlage Bernburg, mehr als acht Stunden zu arbeiten, da ihm die bewilligte Langarbeiterzulage nicht für einen Zehnstundentag reiche.[108] Dass sich dort am 24. Januar 1940 zwei „Ostoberschlesier" nach Feierabend geprügelt hatten, war wohl auch auf die sich aufschaukelnden Konflikte innerhalb der Behelfsunterkünfte zurückzuführen.[109]

Auch die während der Kriegsjahre wiederholte Vergabe von Gaudiplomen an die Anlagen Kaiseroda, Salzungen und Bergmannssegen sowie die Saline Leimbach sollten die Kontinuität der sozialpolitischen Betriebsmaßnahmen unterstreichen.[110] Doch die Umstellung der vormaligen Wochenzeitung auf einen zunächst vierzehntägigen, dann dreiwöchigen Erscheinungsrhythmus und die Zusammenlegung mit der Werkszeitschrift der Burbach-Kaliwerke AG konnte spätestens nach dem Übergang zur monatlichen Erscheinungsweise im Juli 1943 als Hinweis auf die beschränkten Ressourcen der allerdings bereits von Beginn an stark angespannten deutschen Kriegs-

---

106 *Die soziale Wirtschaft ist auch die beste Kriegswirtschaft*, in: Der Kalibergmann 47 (9.12.1939).

107 Landesarchiv Sachsen-Anhalt, Abteilung Dessau, F 406, Nr. 592, Bd. I, Wintershall AG, Werk Bernburg an Zentralverwaltung, Abteilung AG/Ar vom 27.11.1939.

108 Ebd., Betriebsappell am 26.1.1940.

109 Ebd.

110 *Das Werk Kaiseroda II/III wurde mit dem Gaudiplom für herausragende Leistungen ausgezeichnet*, in: Der Kalibergmann 11 (1940), 86; *Bergmannssegen erhielt zum dritten Mal das Gaudiplom*, ebd., 86f.

wirtschaft gelesen werden.[111] Die Schwerpunktsetzungen der deutschen Rüstungsproduktion im Flugzeugbau und die zunehmende Motorisierung der Truppen führten zum Bedeutungszuwachs des Erdölbereichs und der Leichtmetallherstellung und -verarbeitung.

Die politische Schulung wurde weiter intensiviert, um die Regime- und Unternehmensloyalität zu steigern. Der DAF-Hauptbetriebsobmann in Merkers, A. Rust, sah Ende 1939 dank der von Hitler erfolgten „Aufklärung über das Treiben der jüdisch-freimaurerischen Weltdemokratien" günstigere Kriegsvoraussetzungen als 1914 und gemahnte daran, dass die „Betriebsgemeinschaft" eine der Säulen der inneren Front bilde. Wenn sie auch „größerem Druck" als in Friedenszeiten ausgesetzt sei und obwohl die Belegschaft kriegsbedingte „Unannehmlichkeiten" wie „Sparmaßnahmen, die Verdunkelung, die veränderten Transportverhältnisse" hinzunehmen hätte, verlangte er doch „erhöhte Leistung am Arbeitsplatz und gesteigerte politische Einsatzbereitschaft", um zu „Helden der Arbeit" heranzuwachsen, denen Hitler als „Vorbild an Tapferkeit, Glauben und Treue" dienen könne.[112] Der Artikel enthielt die Ankündigung einer weiter gesteigerten Leistungsabforderung und eines höheren politischen Konformitätsdrucks, der im Zweifelsfall auch durch polizeiliche Repressalien durchgesetzt würde.

Von herausragender Bedeutung war in den Betrieben weniger der mögliche politische Dissens und die Regimeablehnung, deren Verfolgung die Geheime Staatspolizei und andere NS-Stellen übernahmen, sondern vielmehr die Weigerung, die abgeforderten Arbeitsleistungen zu erbringen oder den zugewiesenen Arbeitsplatz ohne Genehmigung zu verlassen. „Arbeitsbummelei" und „Arbeitsvertragsbruch" wurden zu strafrechtlich oder disziplinarisch relevanten Delikten mit spürbaren persönlichen Folgen nicht nur für aus-

---

111 *An unsere Leser!*, in: Der Kalibergmann für Salz und Öl, Ausgabe Juli/August 1943, 1.

112 A. Rust, *Aufgaben der Betriebsgemeinschaft im Frieden und Krieg*, in: Der Kalibergmann 50 (1939), 366.

ländische Zwangsarbeiter.[113] Bereits im Dezember 1939 hatte die Kasseler Konzernzentrale auf die „einheitliche Ausrichtung der Maßnahmen gegen Bummelschichten und Arbeitssabotage" gedrungen, wobei die Eskalationsstufe von der innerbetrieblichen Verwarnung über die Abgabe des Falles durch den Reichstreuhänder der Arbeit an die „Geheime Staatspolizei zur Schutzhaftverhängung" bis zur direkten „Verbringung in Vorbeugungshaft" reichte.[114]

So wurde auch verfahren, denn das Amtsgericht Bernburg verurteilte am 24. April 1940 einen Wintershall-Arbeiter wegen „Bummelschichten" zu einer sechsmonatigen Gefängnisstrafe, nachdem das Unternehmen ihn am 12. April 1940 zusammen mit drei anderen Beschäftigten beim Arbeitsamt der Arbeitsbummelei bezichtigt hatte.[115] Die Unternehmensleitung nahm den Umgang mit dem „besonders krassen Fall von wiederholtem Feiern" zum Anlass für die Aufforderung an die Betriebsleitungen, den Vorgang mit dem Vertrauensrat zu besprechen, damit „in Fällen wiederholter böswilliger Arbeitsversäumnis einzelner Gefolgschaftsmitglieder unbedingt auf dem oben genannten Wege Strafantrag" gestellt werde.[116]

Klagen über die unzureichende Ernährung gaben verschiedentlich den Anlass, die Arbeitsaufnahme zu verweigern. Zwei Mitarbeiter wollten im Oktober 1941 „bei der schmalen Kost" keine Grubenarbeit verrichten, konnten aber mit der Androhung weiterer

---

113 Hermann Bloß, *Der Arbeitsvertragsbruch und seine Folgen*, in: Der Kalibergmann 1 (3.1.1941); Sören Eden, *Arbeitsrecht im NS-Staat. Die Treuhänder der Arbeit und die Kriminalisierung der Arbeitsvertragsbrüche*, in: Alexander Nützenaldel (Hg.): Das Reichsarbeitsministerium im Nationalsozialismus. Verwaltung - Politik - Verbrechen, Göttingen 2017, 246-281.

114 Landesarchiv Sachsen-Anhalt, Abteilung Dessau, F 406, Nr. 592, Bd. I, Wintershall AG, W-Abteilung, Heider an Direktor Kleg in Bernburg vom 14.12.1939.

115 Ebd., Leiter des Arbeitsamts Bernburg als Beauftragter des Reichstreuhänder der Arbeit für das Wirtschaftsgebiet Mittelelbe an Betriebsführer der Wintershall AG in Bernburg vom 31.5.1940.

116 Ebd., Wintershall AG, Römer/Eichler, an alle Betriebswerke vom 4.5.1940.

Maßnahmen zum Anfahren veranlasst werden.[117] Der DAF-Vertrauensrat machte Anfang Januar 1942 einem Seilbahnbediener nach dem Versäumen von zwei angeordneten Sonntagsschichten klar, dass „er eventuell über ein Konzentrationslager zur Arbeit gezwungen werden könnte".[118] Die Disziplinierungsversuche des Unternehmens konzentrierten sich auf einzelne Mitarbeiter, denen ein Hang zum Bummeln oder die „üble Angewohnheit" des Absentismus nachgesagt wurde.[119]

Doch neben den Einberufungen zur Wehrmacht musste die Wintershall AG im Juni 1941 einen Förderungsrückgang hinnehmen, der auch durch den erhöhten Absentismus von Nebenerwerbslandwirten verursacht wurde, die während der Heuernte „mehrere Schichten der Arbeit fern" blieben.[120] Das wiederholte sich im September 1941 und im August 1942 und im Spätsommer 1943 zur Erntezeit.[121] Im August 1941 konnte die Produktion trotz der saisonbedingten „Beurlaubungen zu Erntearbeiten" und der zeitweiligen Abgabe von Kriegsgefangenen an die Landwirtschaft auf dem bisherigen Niveau gehalten werden.[122] Doch die Beurlaubungen zu Ern-

117 Landesarchiv Sachsen-Anhalt, Abteilung Dessau, F 406, Nr. 592, Bd. I, Aktennotiz betr. Differenzen mit der Gefolgschaft vom 11.10.1941.

118 Ebd., Aus der Niederschrift über die V.R. Sitzung vom 3.1.1942.

119 Ebd., Wintershall AG, Werk Bernburg an Arbeitsamt Bernburg vom 12.10.1939.

120 BA Berlin, R 8119F, P01970, Bl. 35, Wintershall AG an die Aufsichtsratsmitglieder betr. Monatsbericht Juni 1941 vom 21.7.1941, 1.

121 Ebd., Bl. 51, Wintershall AG an die Aufsichtsratsmitglieder betr. Monatsbericht September 1941 vom 21.10.1941, 1; ebd., Wintershall AG an die Aufsichtsratsmitglieder betr. Monatsbericht August 1942 vom 21.10.1941, 1; ebd., Bl. 95, Wintershall AG an die Aufsichtsratsmitglieder betr. Monatsbericht September 1942 vom 26.10.1942, 1; ebd., Bl. 149, Wintershall AG an die Aufsichtsratsmitglieder betr. Monatsbericht Juli 1943 vom 31.8.1943, 1.

122 Ebd., Bl. 48, Wintershall AG an die Aufsichtsratsmitglieder betr. Monatsbericht Juni 1941 vom 21.7.1941, 1.

tearbeiten und sonstiger „Leutemangel" ließen die arbeitstägliche Kalisalzförderung absacken.[123]

Geldstrafen wurden vor diesem Hintergrund zur Regel. Am 25. Juni 1943 verhängte die Werksleitung Bernburg gegen fünf deutsche Belegschaftsangehörige und sieben französische Kriegsgefangene wegen Anfahrens ohne Fahrmarke eine Geldbuße in Höhe von einer Reichsmark.[124] Am 5. Oktober 1943 belegte die Werksleitung in Bernburg wegen des gleichen Versäumnisses erneut vier Deutsche sowie zwei französische Kriegsgefangene und einen Zivilarbeiter aus der Sowjetunion mit einer Geldbuße.[125] Die „Störung des Betriebsfriedens" durch gröbliche Verletzung der betrieblichen Pflichten sollte aber bereits ab Mai 1942 generell die Meldung beim Reichstreuhänder der Arbeit zwecks Strafverfolgung nach sich ziehen.[126] Wie schnell der Vorwurf der Sabotage geäußert wurde, machte ein Feuer in Salzbergen deutlich, dass der Sicherheitsdienst der SS als mutwillige Brandstiftung und mögliche Sabotage einordnete.[127]

Den Mühen und Beschränkungen des Alltags stellten sowohl das NS-Regime als auch das Unternehmen die kleinen Freuden der Beteiligungsleistungen an die volksgemeinschaftlich Dazugehörigen gegenüber. Der Wintershall-Konzern setzte die Routine der Jubilarehrung auch in Kriegszeiten fort, wenngleich die Jubilarfeier für die 1939/40 auf mindestens 25 Jahre Betriebszugehörigkeit zurückblickenden Beschäftigten der Gewerkschaft Wintershall am 8. Februar 1941 eher zum Appell geriet, wie die überreich Hakenkreuze

---

123 Ebd., Bl. 152, Wintershall AG an die Aufsichtsratsmitglieder betr. Monatsbericht August 1943 vom 30.9.1943, 1; ebd., Bl. 156, Wintershall AG an die Aufsichtsratsmitglieder betr. Monatsbericht September/Oktober 1943 vom 8.12.1943, 1; ebd., Bl. 211, Wintershall AG, Bericht über das III. Vierteljahr 1944, 1.

124 Ebd., Wintershall AG, Werk Bernburg, Aushang vom 25.7.1943.

125 Ebd., Wintershall AG, Werk Bernburg, Aushang vom 5.10.1943.

126 Ebd., Wintershall AG, Werk Bernburg, Aushang vom 5.5.1942.

127 Sicherheitsdienst betr. Meldungen aus dem Reich Nr. 38 vom10.1.1940, in: Boberach, Meldungen, Bd. 3 (wie Anm. 105), 628.

abbildenden Fotos nahelegen.[128] Darüber hinaus wurde der weitere Ausbau der Knappschaftsversicherung als „sozialer Fortschritt auch im Kriege“ ausgegeben, um einerseits die Robustheit des deutschen Kriegswirtschaftssystems und andererseits den Krieg als Katalysator des gesellschaftlichen Voranschreitens auszuweisen, der die Seinen belohne.[129]

Deshalb fanden die Wohnungsbauaktivitäten und -förderung ihre Fortsetzung. Mitarbeiter der Anlage Bergmannssegen begannen im Spätherbst 1939 in Lehrte den Bau von sechs Siedlungshäusern, wobei die Ausschachtungsarbeiten während des Kriegsdienstes von Einberufenen von Kollegen unterstützt wurden.[130] In Unterbreizbach-Räsa konnten im Mai 1941 die Erschließungsarbeiten für die von der Wintershall AG veranlasste und von der Hessischen Heimstätte betreuten „Vierjahresplansiedlung“ mit 60 „Kleinsiedlerstellen“ abgeschlossen werden.[131] Die Wintershall AG stellte hierfür vom Gesamtbetrag von 114.600 Reichsmark ihren vorgesehenen Anteil von 30.000 Reichsmark zur Verfügung.[132] Auch in der Umgebung der Ölraffinerie Salzbergen bestand schon längere Zeit Wohnungsbedarf, so dass der Lingener Landrat am 2. Juni 1942 die Errichtung von Wohnhäusern für die „Gefolgschaftsmitglieder“, also die deutsche Belegschaft, als „kriegsbedingte Notwendigkeit“ bezeichnete. Da aus seiner Sicht „unter allen Umständen vermieden“ werden müsse, „dass verheiratete Gefolgschaftsmitglieder aus Mangel an Wohnungen dem Werk verloren gehen“, setzte er sich beim vorgesetzten Regierungspräsidenten in Osnabrück ausdrücklich für die Bewilligung des am 28. Mai 1942 von der Wintershall AG eingereichten Antrags auf „Erteilung des Enteignungsrechts, auf Zulassung des beschleunigten

128 *Jubilarfeier*, in: Der Kalibergmann 4 (22.2.1941), 38f.

129 *Sozialer Fortschritt auch im Kriege*, in: Der Kalibergmann 12 (20.6.1941), 108.

130 *Auch im Krieg wird gesiedelt*, in: Der Kalibergmann 49 (1939), 343f.

131 Landesarchiv Thüringen, Hauptstaatsarchiv Weimar, Thüringisches Wirtschaftsministerium, Nr. 2329, Landrat Eisenach an Thüringischen Wirtschaftsminister vom 3.5.1941; ebd., Der Thüringische Wirtschaftsminister an den Reichsarbeitsminister vom 10.12.1941, 1.

132 Ebd., Landrat Eisenach an Thüringischen Wirtschaftsminister vom 19.6.1941, 1.

Durchführungsverfahrens und auf die beschleunigte Besitzanweisung der notwendigen Grundstücke" ein.[133] Das Auslaufen des zivilen Wohnungsbaus und die Umsteuerung auf den Bau von „Behelfswohnungen" als Ersatz für zerbombten Wohnraum setzten diesen Plänen nach 1942 ein Ende.[134]

Im Verlauf des Krieges nahmen die Todesanzeigen weiter zu, so dass die zahlreichen Meldungen über die Verleihung von Auszeichnungen wie des Kriegsverdienstkreuzes an Rüstungsarbeiter oder des Eisernen Kreuzes an Militärangehörige etwas in den Hintergrund traten.[135] Unabhängig davon verbreitete August Rosterg im Januar 1942 in seinem Neujahrsgruß die Zuversicht, dass bei „äußerster Anspannung unserer Arbeitskraft [...] der Sieg unser sein" werde.[136] Die Durchdringung der betrieblichen Sphäre durch nationalsozialistische Institutionen und Nationalsozialisten war unverkennbar. Zugleich darf der Nazifizierungsgrad im Unternehmen nicht überschätzt werden, da beispielsweise im Werk Bernburg im Jahre 1940 von den dort Beschäftigten 18 Prozent der NSDAP angehörten.[137]

Die politische Propaganda blieb allerdings der Kern von Kundgebungen und Betriebsappellen. Beispielsweise erklärte DAF-Reichsfachamtsleiter Voß am 15. Januar 1943 auf der Anlage Bergmannssegen in Lehrte den Krieg zum Kampf von Weltanschauungen, in dem die „jungen Völker mit ihren Idealen" gegen das „internationale Judentum" stünden, das „auch nach dem Kriege die

---

133 Landesarchiv Osnabrück, Rep. 430, Dez. 207, Akz 7-54 Nr. 7, Landrat Lingen an Regierungspräsident in Osnabrück vom 2.6.1942, 1; ebd., Wintershall AG, Werk Salzbergen an Regierungspräsident in Osnabrück vom 28.5.1942.

134 Karl Christian Führer, *Anspruch und Realität. Das Scheitern der nationalsozialistischen Wohnungsbaupolitik 1933-1945*, in: Vierteljahrshefte für Zeitgeschichte 2 (1997), 225-256, hier 252ff.

135 *Von unseren Arbeitskameraden im Felde*, in: Der Kalibergmann 2 (23.1.1942), 5; Sterbeanzeigen, ebd.

136 August Rosterg, *Arbeitskameraden*, in: Der Kalibergmann 1 (1.1.1942).

137 Torsten Kupfer, *Generation und Radikalisierung. Die Mitglieder der NSDAP im Kreis Bernburg 1921-1945*, Berlin 2006, 274.

kapitalistische Ausbeutung erhalten" möchte, während der „deutsche Sieg" die wesentliche „Voraussetzung für die Verwirklichung der hohen sozialen Ideen des Führers" bildete. Hitler habe den „vollen Ausbau der Altersversorgung, den sozialen Wohnungsbau, das Volksgesundheitsgesetz, eine neue Berufserziehung, die jedem seinen Platz gibt und die gerechte Lohnordnung" als die „nächsten sozialen Ziele" ausgegeben.[138] Die im März 1943 erfolgte Umstellung der Arbeitszeit auf arbeitstäglich 12 Stunden konterkarierte diese Ziele durch die Intensivierung der Arbeit auch für deutsche Arbeiter und Angestellte.[139]

Auf den Kaligruben waren ehemalige Kommunisten, Sozialdemokraten und Gewerkschafter beschäftigt, die ihre politischen Vorerfahrungen insbesondere in dem in der Weimarer Republik politisch zwischen Rechts und Links umstrittenen Mitteldeutschland mit dem Machtantritt der Nationalsozialisten nicht abgelegt hatten. Nach der Zerschlagung der organisierten Arbeiterbewegung und der blutigen Verfolgung insbesondere der Kommunisten arrangierten sich zwar viele mit der neuen Macht. Manche blieben mit früheren Gesinnungsgenossen in Verbindung, man traf sich informell und tauschte sich aus. Die politische Frontstellung trug sich innerbetrieblich fort, wie die Auseinandersetzung um den betrieblichen Aufstieg eines früheren SPD-Manns im Werk Bernburg zeigte. Am 14. Februar 1939 war Schannor, da seine frühere SPD-Mitgliedschaft einer Beschäftigung nicht im Wege stand, als Elektriker eingestellt worden. Er arbeitete nach Ansicht der Betriebsleitung „gut", hatte aber mit dem DAF-Betriebsobmann „wiederholt Differenzen, weil sich beide auf politischem Gebiete nicht verständigen konnten". Vom Betrieb im August 1940 zum Vorarbeiter befördert, kritisierte der DAF-Betriebsobmann diese Maßnahmen, woraufhin der DAF-Gaufachstellenleiter Rose die Beförderung als „Bevorzugung solcher politischen

---

138 *Betriebsappell*, in: Der Kalibergmann 2 (5.2.1943), 2.

139 Wintershall AG, Werk Heiligenroda, Aushang betr. Arbeitszeitverlängerung vom 27.2.1943, in: Hohmann, *Arbeit* (wie Anm. 6), 183f.

Außenseiter" bewertete.[140] Im Kaliwerk Merkers entstand nach Angaben von Heinrich Niebergall 1941 ein Kreis von Kommunisten, der auch Kontakt zu Theo Neubauer unterhielt, der eine illegale KPD-Bezirksleitung für Thüringen aufgebaut hatte. Im August 1944 erfolgten allerdings Verhaftungen, wodurch die Gruppe zerschlagen wurde.[141]

Zugleich verschärfte das Unternehmen seinen repressiven Kurs gegenüber der eigenen Belegschaft. Wintershall-Vorstandsmitglied Gustav Römer gab in einem als „streng vertraulich" gekennzeichneten Brief den Werksleitungen vor, unnachgiebig gegen „Disziplinlosigkeiten" vorzugehen und die „Bestrafung der Tat auf dem Fuße" folgen zu lassen. Sollten Ordnungsstrafen wie Bußgelder in Höhe von bis zu 100 Reichsmark nicht ausreichen, sollte der Bestreffende „sofort unter Zuhilfenahme der Polizei in ein Arbeitserziehungslager" eingewiesen werden.[142] Entsprechend der Empfehlung aus der Konzernzentrale machte die Werksdirektion in Bernburg die vorzeitige Einstellung der angeordneten Arbeiten an Luftschutzanlagen durch drei Werksangehörige betriebsintern bekannt und kündigte an, dass deren „schlechte Einstellung zur Arbeits- und Betriebsgemeinschaft" zukünftig nicht mehr mit einem „strengen Verweis", sondern „unnachsichtlich eine Geldbuße" nach sich ziehen würde.[143] Auch der von der Betriebsleitung informierte Bernburger NSDAP-Kreisamtsleiter setzte sich dafür ein, gegen „solche Fälle schärfstens Front" zu machen, um eine abschreckende Wirkung zu entfalten.[144] Bereits zuvor hatte der Abwehrbeauftragte in der Unternehmenszentrale darauf hingewirkt, gegen einen Bernburger Mitarbeiter „Anzei-

---

140 Landesarchiv Sachsen-Anhalt, Abteilung Dessau, F 406, Nr. 592, Bd. II, Wintershall AG, Werk Bernburg, Kleg, an Direktor Zickler vom 22.1.1942.

141 Bericht Heinrich Niebergall, in: Hohmann, Arbeit (wie Anm. 6), 149ff.

142 Landesarchiv Sachsen-Anhalt, Abteilung Dessau, F 406, Nr. 592, Bd. I, Wintershall AG, Römer/Eichler an die Betriebswerke vom 29.12.1941, 2.

143 Ebd., Wintershall AG, Werk Bernburg, Aushang vom 24.7.1944.

144 Ebd., DAF-Kreisobmann und Kreishauptstellenleiter der NSDAP an Betriebsführer Pg. Dir. Kleg vom 20.7.1944.

ge bei der Staatspolizei" zu erstatten, „da sein Verhalten zweifelsfrei als Sabotage kriegswichtiger Anordnungen" angesehen wurde.[145] Erfahrungsgemäß trafen solche Strafmaßnahmen vor allem Personen, die von den Vorgesetzten notorisch als „arbeitsscheu" betrachtet wurden.[146] Der unter Leitung des DAF-Betriebsobmanns E. Alsleben am 24. Juli 1944 im Werk Bernburg tagende Vertrauensrat sprach sich wegen des vorzeitigen Verlassens der Arbeit durch drei Mitarbeiter für eine Geldbuße aus.[147]

Die rassistische Hierarchisierung der Arbeit

Ein wesentlicher Faktor der Überlebensfähigkeit des NS-Regimes bildete die massenhafte Rekrutierung ausländischer Zwangsarbeiter, die immerhin rund ein Viertel der Arbeitskräfte der deutschen Volkswirtschaft, aber in manchen Betrieben sogar weit mehr als die Hälfte der Belegschaft stellten. Im August 1944 waren im Deutschen Reich rund 7,5 Mio. Ausländer, darunter etwa 200.000 Häftlinge aus den Konzentrationslagern (KL), in der auf den Krieg umgestellten Wirtschaft tätig. Die Stichtagsmeldungen der Arbeitslenkungsbehörden gaben aber wegen der hohen Fluktuation und der Todesfälle kein vollständiges Bild ab. Denn während des Zweiten Weltkrieges wurden weit mehr als 10 Mio. Menschen im Deutschen Reich zur Zwangsarbeit herangezogen.[148]

Deren Situation waren einerseits vom unterschiedlichen Rechtsstatus als Zivilarbeiter, Kriegsgefangener, Strafgefangener, Arbeitserziehungslager-Häftling oder KL-Häftling abhängig. An-

---

145 Ebd., Wintershall AG, Aw.-Z, an Werksleitung Bernburg vom 17.12.1943.

146 Ebd., Wintershall AG, Werk Bernburg, betr. Hupfauf vom 24.4.1944.

147 Ebd., Nr. 592, Bd. II, Niederschrift über die Sitzung des Vertrauensrates der Wintershall AG, Werk Bernburg am 24.7.1944, 1.

148 Mark Spoerer, *Zwangsarbeit unter dem Hakenkreuz. Ausländische Zivilarbeiter, Kriegsgefangene und Häftlinge im Deutschen Reich und im besetzten Europa 1939-1945*, Stuttgart/München 2001, 219ff.

dererseits ergab sich eine Behandlungsvarianz nach der rassistischen Kategorisierung der jeweiligen Nationalität: Zwar bestand ein West-Ost-Gefälle, wonach Niederländer und Dänen sowie Wallonen und Franzosen beispielsweise hinsichtlich der Lebensmittel- und Medizinversorgung deutlich besser behandelt wurden als die von den Nationalsozialisten als minderwertig bewerteten Polen oder Russen. Jedoch erfolgte entlang der Zeitachse etwa bei Italienern eine drastisch veränderte Behandlung, da die früheren Verbündeten ab September 1943 wegen des mit den Westalliierten geschlossenen Waffenstillstands als Verräter galten. Die von der Wehrmacht festgesetzten italienischen Soldaten wurden zu Hunderttausenden als italienische Militärinternierte ins Deutsche Reich deportiert und standen gleichsam zur Strafe mit den sowjetischen Kriegsgefangenen auf der untersten Stufe der Behandlungsskala. Zwangsarbeiter aus Polen und der Sowjetunion unterlagen einer Kennzeichnungspflicht und waren auch wegen der Unterbringung in anfänglich mit Stacheldraht eingezäunten Massenunterkünften in der Bewegungsfreiheit stark eingeschränkt. Sie waren faktisch rechtlos und der Willkür der Wachleute, Vorarbeiter und der Polizei ausgeliefert.

Doch der Betrieb war der Ort der Zwangsarbeit,[149] so dass wegen der großen Unterschiede in der jeweiligen Arbeitserbringung und den betrieblichen Verhältnissen mit ihren konkreten Arbeitsplätzen samt Bewachern und Vorarbeitern zu Vorsicht bei der Generalisierung von Einzelergebnissen geraten werden muss. Überdies resultierte aus der Übertragung der Rekrutierung und Behandlung ausländischer Zwangsarbeiter auf dezentralisierte Entscheidungsträger vermeintlich die Delegation von Verantwortung. Das Beispiel des zum Wintershall-Konzern gehörenden Spritzgusswerks Fusor in Berlin-Rudow zeigt den Mechanismus, mit dem das Leitungsperso-

---

149 Manfred Grieger, *Der Betrieb als Ort der Zwangsarbeit. Das Volkswagenwerk und andere Unternehmen zwischen 1939 und 1945*, in: Jürgen Lillteicher (Hg.), Profiteure des NS-Systems? Deutsche Unternehmen und das „Dritte Reich", Berlin 2006, 82–107.

nal den persönlichen Kontakt mit den zugeordneten Zwangsarbeitern vermeiden konnte.

1940/41 beschäftigte Fusor auch mehrere Hundert deutsche Juden im Rahmen des so genannten Geschlossenen Arbeitseinsatzes als Zwangsarbeiter.[150] Dort wurden mindestens einem Juden, dem Aufsässigkeit gegen seinen Vorgesetzten vorgeworfen worden war, in einer Strafaktion zunächst in einem Betriebsgebäude mit einem Tau Schläge verpasst, um ihn nach dieser betriebsinternen Prügelstrafe auch von der Gestapo einbestellen zu lassen, die ihn zwei Tage lang festhielt.[151] Auch ging auf keine Anweisung des Kasseler Vorstands zurück, dass Paul Hoffmann, ein durch brutales Verhalten auffälliger SA-Mann und uniformiertes Werkschar-Mitglied, insbesondere Jüdinnen, die dem Äußeren nach aus besserem Hause stammten, zwang, die Toiletten der jüdischen Zwangsarbeiter zu putzen. Doch der in den Gerichtsunterlagen enthaltene Hinweis, dass diese Entscheidung erst zustande gekommen war, nachdem sich die „deutschen" Putzfrauen geweigert hätten, für die Juden die Klos sauber zu machen, wirft ein bezeichnendes Licht auf die betriebliche Internalisierung der rassistischen Regeln des NS-Regimes.

Ohnehin waren alle Vorkommnisse dem Betriebsführer Wilhelm Schlomach zu melden, der auch im Fall des betreffenden Juden seinerseits den DAF-Betriebsobmann Hans Schmatter mit der geeigneten Bestrafung der betreffenden Personen beauftragt hatte. Schmatter holte sich die Beschuldigten in sein Zimmer, um sie zu verwarnen oder zu schlagen. Der Mechanismus der Abdelegation von Zuständigkeiten ließ diesen Fusor-Mitarbeiter scheinbar auf eigene Veranlassung handeln, so dass dem kaufmännischen Direktor Hans Teichmüller später zu Gute gehalten wurde, dass er „persönlich mit

150 Allgemein zur Zwangsarbeit deutscher Juden im „Altreich", Wolf Gruner, *Der Geschlossene Arbeitseinsatz deutscher Juden. Zur Zwangsarbeit als Element der Verfolgung 1938-1943*, Berlin 1997, 162ff.

151 Landesarchiv Berlin, 8 Rep. 058 Nr. 4280, Aussage Georg Krätke vom 8.12.1947.

den ausländischen Arbeitern nichts zu tun" gehabt habe.[152] Bei Fusor ergab sich eine Gewöhnung an körperliche Züchtigungen von Zwangsarbeitskräften, so dass nach der Deportation der Berliner Juden ab 1942 insbesondere Zwangsarbeiter aus der Sowjetunion unter Repressalien zu leiden hatten. Der Vorarbeiter Kurt Lange, der 1939 der NSDAP beigetreten war und als stellvertretender Blockleiter fungierte, prügelte einige der ihm unterstehenden Ausländer aus nichtigstem Anlass, etwa wegen angeblich zu langsamem Zurückgehens an den Arbeitsplatz. Einem jungen Russen soll er derart in den Magen getreten haben, dass dieser Blut erbrach.

Hielt sich die Fusor-Betriebsleitung zu Ausländern und ihrer konkreten Behandlung gleichsam auf Distanz, so fand das Thema Ausländerrekrutierung in den Aufsichtsratssitzungen auch nur ganz gelegentlich Behandlung. Im März 1944 wies wegen des eklatanten Arbeitskräftemangels der im Aufsichtsrat der Wintershall AG sitzende Vorstand der Deutschen Bank AG, Clemens Plassmann, Wintershall-Vorstand Otto Werthmann auf den durch das Reichsministerium für die besetzten Ostgebiete organisierten Abtransport von tausenden, zuvor bei Besatzungsdienststellen und Unternehmen tätigen und in den „deutschen Arbeitsprozess" einzugliedernden Russen, Weißrussen und Ukrainern, zumeist Spezialisten wie Chemiker, Ingenieure und Ärzte, mit der Anregung hin, doch ggf. bestehenden Spezialkräftebedarf bei der neu eingerichteten „Zentralstelle für die Angehörigen der Völker des Ostens" anzumelden.[153] Plassmann stellte als besonderen Vorteil heraus, dass diese Arbeitskräfte nicht den für „Ostarbeiter" geltenden Beschränkungen unterworfen waren, sondern wie „andere freie ausländische Kräfte" eingesetzt werden konnten. Die Wintershall-Zentrale dankte „bei dem großen Mangel an qualifizierten Fachleuten" für die Hinweise und sagte zu, nach der Rück-

152 Ebd., Aussage Paul Hoffmann vom 10.12.1947.

153 BA Berlin, R 8119F, P01960, Bl. 107, Clemens Plassmann an Otto Werthmann vom 6.3.1944.

meldung der Werke und Spezialabteilungen dort „baldmöglichst den Bedarf an Chemikern und Ingenieuren aufzugeben".[154]

Im Steinkohlenbergbau des Ruhrgebiets, in den die Wintershall über die in den 1930er-Jahren erworbene Bergbau AG Lothringen zumindest bis zur Abgabe des Unternehmens an die Friedrich Krupp AG im Mai 1943 integriert war, lagen die Verhältnisse wieder anders. Um die Förderung des wichtigsten Energieträgers der deutschen Kriegswirtschaft möglichst noch auszuweiten, gehörten die Ruhrzechen nach Kriegsbeginn zu den ersten Empfängern polnischer Kriegsgefangener. Überfüllte Massenunterkünfte, unzureichende Ernährung und rassistische Diskriminierung setzten vor allem den osteuropäischen Zwangsarbeitern, etwa den sowjetischen Kriegsgefangenen, zu. Zugleich stellten Unternehmen des Ruhrbergbaus fest, dass sich die deutsche Belegschaft auf der Leistungssteigerung der Ausländer gleichsam ausruhte, zumal ansonsten im „Gemeinschaftsgedinge" eine Erhöhung des „Anrechnungssatzes" und damit bei erhöhter Arbeitsleistung eine Lohnkürzung drohte.[155] Gelegentlich ergab sich aus der Arbeitskooperation im Einzeleinsatz sogar ein für den Bergbau typisches „kameradschaftliches Verhältnis". Die Unterbringung der mehr als 1.000 zugewiesenen Zwangsarbeiter erfolgte auf der Schachtanlage Lothringen in Bochum-Gerthe in vier Massenunterkünften.[156]

---

154 Ebd., Bl. 108, Wintershall AG an Clemens Plassmann vom 9.3.1944.

155 Zit. nach Hans-Christoph Seidel, Der *Ruhrbergbau im Zweiten Weltkrieg. Zechen - Bergarbeiter - Zwangsarbeit*, Essen 2010, 446f.

156 Manfred Bähr, *Bochumer Zechen. Datensammlung über die Bochumer Zechen seit Beginn 1620 bis zum Ende 1974*, Bochum 2012, 487; Ursula Jennemann-Henke, *Geschichte der Bergbau AG Lothringen vor dem Hintergrund der Entwicklung des Ruhrbergbaus*, in: Ursula Jennemann-Henke/Wolfgang Grubert, Die drei großen Herren und die anderen. Aufstieg und Niedergang der Zeche Lothringen und die Geschichte der Einwanderung im Bochumer Norden, Bochum 1996, 5-22; Manfred Grieger, *Zwangsarbeit in Bochum. Die Geschichte der ausländischen Arbeiter und KZ-Häftlinge 1939-1945*, Bochum 1986, 20.

Auch in den Erdölwerken und der Bohrverwaltung in Nienhagen erhielt die deutsche Belegschaft am 12. Juni 1942 im Rahmen eines Betriebsappells „Hinweise zu dem Verkehr mit ausländischen Arbeitskräften“.[157] In Nienhagen und Eicklingen kamen insgesamt mehr als 760 Kriegsgefangene und ausländische Zwangsarbeiter und in den kleineren Fördergebieten Emlichheim und Övelgönne etwa 130 ausländische Zivilarbeiter zum Einsatz.[158] Dem Verarbeitungsbetrieb Salzbergen waren bis zu 430 Zwangsarbeiter zugeteilt; bei Luftangriffen kamen dort mindestens drei italienische Militärinternierte zu Tode.[159] Die Zwangsarbeit in der Erdölindustrie des Deutschen Reiches entwickelte sich insgesamt parallel zu den allgemeinen Verhältnissen, wobei 1944 ein Ausländeranteil von 40 Prozent erreicht wurde.[160] Über Aktienbeteiligung und Personalentsendung war die Wintershall AG mit der Kontinentalen Öl AG und der Karpaten Öl AG in Osteuropa mittelbar an der Ausnutzung der dortigen Zwangsarbeitskräften, darunter mehrere Tausend jüdische Zwangsarbeiter, beteiligt.[161] Für viele bildete die Zwangsarbeit die vorgelagerte Vorstufe ihrer Ermordung in den Vernichtungslagern.

Obwohl Bergbaubetriebe den Einsatz von Nichtdeutschen wegen der erhöhten Unfallgefahren durch fehlende Sprachkenntnisse traditionellerweise ablehnten, forderte die Bernburger Werksleitung am 20. September 1939 erstmals polnische Kriegsgefangene an. Ergänzend erfolgte die Beschäftigung von ostoberschlesischen Zivilarbeitern.[162] Bis Frühjahr 1940 konnte durch Über- und Sonn-

---

157 *Betriebsappell in Nienhagen*, in: Der Kalibergmann 10 (10.7.1942), 41.

158 Zahlen nach dem unveröffentlichten Manuskript im Unternehmensarchiv Wintershall AG, Helmut Ernst, *Zwangsarbeiter bei Wintershall 1939-1945. Anzahl - Arbeitseinsatz - Lebensbedingungen*, Kassel 1999, 4 und 16; in Nienhagen mussten mindestens 65 Russen und 358 Polen Zwangsarbeit leisten, vgl. Gedicke, *Nienhagen* (wie Anm. 14), 164.

159 Geerdes, *Ölwerk Salzbergen* (wie Anm. 14), 98.

160 Karlsch/Stokes, *Faktor Öl* (wie Anm. 4), 225.

161 Ebd., 226ff.; siehe auch Thomas Sandkühler, *„Endlösung“ in Galizien. Der Judenmord in Ostpolen und die Rettungsinitiativen von Berthold Beitz 1941-1944*, Bonn 1996, 294ff.

162 Rüdiger Bünsow, *1912-2012. 100 Jahre Salzbergwerk Bernburg*, Hannover 2012, 120f.

tagsschichten sowie durch die Einstellung von Arbeitskräften aus Ostoberschlesien die Förderung und Verarbeitung auf größtmöglicher Höhe gehalten werden.[163] Im August 1940 vermerkte der Monatsbericht, dass trotz des Weggangs der ab September 1939 in die Kalibetriebe versetzten Saar-Arbeiter die Produktion sogar noch gesteigert werden konnte, obgleich die Belegschaftsreduzierung „erst zu einem Teil durch Kriegsgefangene" aufgefangen worden war.[164] Auf der Anlage Bernburg waren beispielsweise am 23. Juli 1940 die ersten 100 belgischen und französischen Kriegsgefangenen eingetroffen,[165] bevor im September 1940 an die Wintershall AG die „Zuteilung weiterer Kriegsgefangener" erfolgte, wodurch die arbeitstägliche Durchschnittsförderung aller Werke gesteigert werden konnte.[166]

Nach allgemeiner Klage über fehlende Arbeitskräfte beim Ausbau der Anlagen und Vorrichtungen ergab sich auf der Schachtanlage Heiligenroda aus der Abberufung von 65 Kriegsgefangenen „für andere Zwecke" sogar im März 1941 ein Rückgang der Förderung. Da Anfang April der größere Teil der Kriegsgefangenen wieder zurückbeordert wurde, entspannte sich die Arbeitskräftelage etwas.[167] Die Abhängigkeit von Kriegsgefangenen bestand also im wachsenden Maße. Im Kalibereich waren mindestens 3.000 ausländische Zwangsarbeiter tätig, wobei am Standort Heringen davon fast die

163 BA Berlin, R 8119F, P01972, Bl. 78, Wintershall AG an die Aufsichtsratsmitglieder betr. Monatsbericht März und April 1940 vom 17.5.1940, 1.

164 BA Berlin, R 8119F, P01970, Bl. 4, Wintershall AG an die Aufsichtsratsmitglieder betr. Monatsbericht August 1940 vom 27.9.1940, 1.

165 Bünsow, *Salzbergwerk Bernburg* (wie Anm. 162), 120.

166 BA Berlin, R 8119F, P01970, Bl. 7, Wintershall AG an die Aufsichtsratsmitglieder betr. Monatsbericht September 1940 vom 24.10.1940, 1.

167 Ebd., Bl. 26, Wintershall AG an die Aufsichtsratsmitglieder betr. Monatsbericht März 1941 vom 28.4.1941, 1.

Hälfte Verwendung fand.[168] In Merkers gab es ein Gemeinschaftslager für bis zu 600 Ausländer sowie ein Kriegsgefangenenlager mit einer Aufnahmekapazität von rund 160 Personen. Weitere Lager entstanden in Hämbach.

Im Werk Heiligenroda, dem bis Frühjahr 1941 schon 134 französische Kriegsgefangene zugewiesen worden waren, fehlte es an Waschgelegenheiten. Der Kommandeur des für die Bewachung der Kriegsgefangenen zuständigen Landesschützen-Bataillons 622 erwog sogar wegen der Misshandlung von Kriegsgefangenen eine Anzeige bei der Staatsanwaltschaft und den Abzug aller Kriegsgefangenen von der Kaligrube, wenn der mit Beaufsichtigung der Kriegsgefangenen beauftragte Vorarbeiter nicht versetzt würde. Die Werksdirektion ergriff aber im März 1941 Partei für den Vorarbeiter, da dieser provoziert worden sei und nur im Affekt zugeschlagen habe. Im Übrigen galt der Mann ebenso wie ein anderer Aufseher, dem ebenfalls Verfehlungen an einem untergebenen Kriegsgefangenen vorgeworfen wurden, im Grubenbetrieb als faktisch unverzichtbar.[169] Bis April 1942 erhöhte sich die Belegschaft gegenüber dem Vorkriegsstand um 16 Prozent auf 1.334 Mann, davon waren 14,6 Prozent Kriegsgefangene und 4,8 Prozent ausländische Zivilarbeiter. Ende Februar 1943 betrug der Ausländeranteil bei zahlenmäßig unveränderter Belegschaftsgröße schon 22 Prozent.[170]

Ausdruck des Arbeitskräfteopportunismus wie des pragmatischen Umgangs mit der staatlich organisierten Angebotssituation war die Überlegung, anstatt der 68 angeforderten, aber nicht zugewie-

---

168 Ernst, *Zwangsarbeit* (wie Anm. 158), 5; als „erzählende Geschichte", Ernst-Ulrich Hahmann, *Todesursache: Vernichtung durch Arbeit. Die Außenkommandos des Konzentrationslagers Buchenwald und der Einsatz von Kriegsgefangenen und Zwangsarbeitern im Kali-Werra-Revier, Bd. 3: Einsatz von Kriegsgefangenen und Zwangsarbeitern im Kali-Werra-Revier*, Norderstedt 2019.

169 Wintershall AG, Anlage Heiligenroda an das Stellvertretende Generalkommando IX. AK vom 21.3.1941, in: Hohmann, Arbeit (wie Anm. 6), 142ff.

170 Wintershall AG, Werk Heiligenroda an Thüringisches Bergamt Weimar vom 4.3.1943, ebd., 166f.

senen Bulgaren und französischen Kriegsgefangenen auf Ausländer umzuschwenken, die „jetzt greifbar sind – Zivilfranzosen, Zivilrussen oder russische Kriegsgefangene".[171] Bei Letzteren waren allerdings noch die „Einsatzmöglichkeit und getrennte Unterbringung" zu prüfen, die aus rassistischen Gründen verlangt war. Zu den Besonderheiten der Kaliindustrie während der Kriegszeit gehörte der vergleichsweise hohe Anteil der britischen Kriegsgefangenen unter den ausländischen Zwangsarbeitern: In Heiligenroda waren bis Anfang 1944 115 britische Kriegsgefangene eingetroffen, 130 weitere sollten folgen. Auf Sachsen-Weimar arbeiteten zum Jahreswechsel 1943/44 69 britische Kriegsgefangene; für 80 zusätzliche war eine neue Baracke errichtet worden. Kaiseroda erwartete bis zum 20. Januar 1944 100 britische Kriegsgefangene; auf Bismarckhall sollte der Arbeitseinsatz der Briten von 30 auf 50 Kriegsgefangene erhöht werden.[172] Auf Bismarckhall stieg die Belegschaftszahl bis 1941 auf 861 Personen an, von denen 101 ausländische Zwangsarbeiter waren. 1942 erreichte der Ausländeranteil den dortigen Höchststand mit 17 Prozent.[173]

In dieser Situation zeigte sich mancher Kriegsgefangene durchaus widerständig. Im Werk Bernburg verweigerte im September 1942 der belgische Kriegsgefangene Leon Vincent die „Arbeit unter tätlicher Ausarbeitung", was der Betriebsleitung Anlass für die Erstattung einer Anzeige beim zuständigen Kontrolloffizier gab.[174] Der unerlaubte „Eigen-Sinn" gegenüber Steiger Schröder, der daraufhin Vincent einige Schläge versetzte und ihm eine Wunde am

---

171 Vermerk betr. Schlussbesprechung über die Betriebsprüfung der Werke „Heiligenroda" durch das Arbeitsamt Eisenach vom 23.6.1942, in: Hohmann, Arbeit (wie Anm. 6), 185f.

172 Wintershall AG an Gauarbeitsamt Erfurt vom 11.1.1944, ebd., 191-195, hier 192f.

173 VEB Kaliwerk „Thomas Müntzer" Bischofferode (Hg.), *Chronik des VEB Kaliwerk „Thomas Müntzer" Bischofferode*, Nordhausen 1959, 63.

174 Landesarchiv Sachsen-Anhalt, Abteilung Dessau, F 406, Nr. 592, Bd. II, Der Anhaltische Bergrevierbeamte, Adam, an Wintershall AG, Werk Bernburg vom 25.9.1942; ebd., Steiger Schröder an Betriebsführer Direktor Kleg, Wintershall AG, Werk Bernburg vom 23.9.1942.

Hinterkopf und eine Schramme am linken Augen beibrachte, führte zu fünf Tagen verschärften Arrest und zur Ablösung des Belgiers.[175] Während nach Angaben eines französischen Kriegsgefangenen Steiger Schröder den ersten Schlag geführt hatte, bestätigte der deutsche Hauer, der zuvor mit Vincent Streit gehabt hatte, die Aussage des Steigers, der sich nur gewehrt haben wollte.[176] Das Unterstellungsverhältnis von ausländischen Arbeitern unter die Kommandogewalt von Deutschen führte zu mannigfachen Konflikten. Sofern sich deutsche Vorgesetzte durch Kriegsgefangene bedroht fühlten, informierte die Werksleitung die Wachmannschaft. Im Fall des französischen Kriegsgefangenen Coquel erhielt dieser im September 1943 drei Tage Arrest.[177]

Da in Merkers schubweise, wie am 15. Mai 1944, mehr als 100 Zwangsarbeiter eintrafen, aber die Unterkünfte nicht im gleichen Maße ausgebaut worden waren und Einrichtungsgegenstände rar blieben, kam es zu Überbelegungen und schwierigen hygienischen Verhältnissen, die eine Ungezieferplage herbeiführten. Entlausungen der Zwangsarbeiter und Entwesungen der Unterkünfte erfolgen gleichwohl nicht in ausreichendem Maße.[178] Im Kaliwerk Bergmannssegen in Lehrte stellten die 280 polnischen Zwangsarbeiter und die Kriegsgefangenen 1943 mehr als 40 Prozent der Belegschaft.[179] Demgegenüber blieb der Ausländeranteil in Heiligenroda lange Zeit unter 20 Prozent, um ab Mitte 1944 auf fast 40 Prozent

---

175 Ebd., Wintershall AG, Werk Bernburg an den Anhaltischen Bergrevierbeamten vom 25.9.1942: zum Begriff siehe Alf Lütge, Eigen-Sinn. Fabrikalltag, Arbeitererfahrungen und Politik vom Kaiserreich bis in den Faschismus, Münster 2015, 9ff.

176 Landesarchiv Sachsen-Anhalt, Abteilung Dessau, Kriegsgefangenen-Arbeits-Kommando 1119/I Bernburg, Wintershall AG an den Kontrolloffizier Mannschafts-Stammlager XI A Bernburg vom 23.9.1942.

177 Ebd., F 406, Nr. 592, Bd. I, Wintershall AG, Werk Bernburg an Albert Henze vom 29.6.1943.

178 Hohmann, *Arbeit* (wie Anm. 6), 60.

179 Ernst, *Zwangsarbeit* (wie Anm. 158), 24.

anzusteigen. Hier kamen vor allem Kriegsgefangene und ab 1944 in wachsender Zahl italienische Militärinternierte zum Einsatz.

Die Werkszeitung wiederholte angesichts der strafrechtlichen Verfolgung des „verbotenen Umgangs mit Kriegsgefangenen" die einschlägigen Verhaltensmaßregeln in ihrer Juli/August-Ausgabe des Jahres 1944.[180] Zum einen sollten jeglicher Tauschhandel oder auch die Übergabe von Geschenken unterbleiben, um „Fluchtversuche" nicht zu begünstigen. Zum anderen waren dem Betriebsführer Beobachtungen über Fluchtvorbereitungen, Diebstahl, Sabotage oder verbotene Annäherungen zu melden, was innerbetrieblich eine denunziatorische Struktur förderte. Die Bereitstellung von ausländischen Zwangsarbeitern bildete nicht nur für Unternehmen eine Beteiligungsleistung des NS-Regimes, sondern die aktenkundig gewordene Einspannung eines französischen Kriegsgefangenen zu privaten Arbeiten in der Bernburger Grubenwerkstatt durch einen dort arbeitenden deutschen Grubenschmied machte dessen selbstverständlich gewordene Stellung als weisungsbefugten Vorgesetzten deutlich. Das Unternehmen sprach in Anbetracht der „langjährigen Tätigkeit" im Bernburger Wintershall-Werk „lediglich einen Verweis" aus, kündigte aber bei „Wiederholung derartiger verbotener Eigenmächtigkeiten" schärfere Maßnahmen an.[181]

Mittelbar kam die Wintershall AG auch durch die 1934 begonnene Vermietung von stillgelegten Schächten an die Heeresverwaltung zur Einrichtung von Munitionsanstalten in Verbindung mit der vom Staat direkt vorgenommenen Ausbeutung von ausländischen

---

180 *Verhaltet Euch Kriegsgefangenen gegenüber richtig*, in: Der Kalibergmann für Salz und Öl, Ausgabe Juli/August 1944, 7.

181 Landesarchiv Sachsen-Anhalt, Abteilung Dessau, F 406, Nr. 592, Bd. I, Wintershall AG, Werk Bernburg, Mummenthey am Grubenschmied Karl Laue vom 10.2.1945; am 26. Mai 1944 war Laue bereits wegen „Verstoßes gegen die Arbeitsdisziplin" - er hatte sich geweigert, eine Arbeit mit einem ihm unangenehmen Kollegen auszuführen und zudem vorfristig das Werk verlassen - ein Schichtlohn als Buße auferlegt worden, ebd., Wintershall AG, Werk Bernburg, Mummenthey, Aushang vom 26.5.1944; ebd., Aus der Niederschrift über die Vertrauensratssitzung vom 26.5.1944.

Zwangsarbeitern, die die Untertageflächen weiter ausbauen mussten oder bei der Munitionsverfüllung eingesetzt waren.[182] Mit der Überlassung von Schachtanlagen im Zusammenhang mit der Untertageverlagerung von Industriekapazitäten der Rüstungswirtschaft geriet das Unternehmen in ein Zentrum der KL-Arbeit. So wurden die bereits im Mai 1938 vom Heer übernommenen und zur Heeresmunitionsanlage umgewidmeten Schachtanlagen Alexanderhall und Abteroda bei Berka Ende März 1944 BMW für ihre Rüstungsfertigung zugesprochen. Experten der Wintershall AG waren beratend tätig, um die unterirdischen Räume für eine Industrieproduktion vorzubereiten. Die Ausbauarbeiten übernahmen ab Ende Juli 1944 vor allem rund 200 Häftlinge, die das Konzentrationslager Buchenwald abgestellt hatte.[183] Auch die Wintershall-Werke Bischofferode, Heiligenroda oder Kaiseroda waren Orte der Häftlingsarbeit.[184]

Das Werk Lützkendorf als Mikrokosmos des NS-Zwangsarbeitssystems

Das Mineralölwerk Lützkendorf bildete das Schlüsselinvestment der Wintershall AG, um auf Basis des Braunkohlenfelds Cecilie eine Großanlage zur Benzin- und Ölhydrierung zu errichten, die zunächst nach dem Fischer-Tropsch-Verfahren arbeiten sollte.[185] Die Bauarbei-

---

182 Frank Baranowski, *Rüstungsproduktion in der Mitte Deutschlands 1929–1945. Südniedersachsen mit Braunschweiger Land sowie Nordthüringen einschließlich des Südharzes: eine vergleichende Betrachtung des zeitlich versetzten Aufbaus zweier Rüstungszentren*, Bad Langensalza/Thüringen 2017, 303ff.

183 Ebd., 430ff.

184 Ebd., 435ff.; Ernst-Ulrich Hahmann, *Todesursache: Vernichtung durch Arbeit. Die Außenkommandos des Konzentrationslagers Buchenwald und der Einsatz von Kriegsgefangenen und Zwangsarbeitern im Kali-Werra-Revier, Bd. 2: Außenkommandos des KZ Buchenwald im Kali Werra-Revier*, Norderstedt 2019.

185 Siehe oben den Beitrag von Rainer Karlsch; Christian Bedeschinski/Bernd Neddermeyer, *Addinol - Das Mineralölwerk Lützkendorf und seine Werkbahn*, Berlin 2000, 9ff.

ten begannen am 26. Oktober 1936, wobei das Vorhaben nach 1938 mehrfach seine Jahreskapazität erweitern und sogar einen Technologiewechsel vornehmen musste, so dass der Standort auch während des Krieges eine Großbaustelle blieb. Dem Werk Lützkendorf gehörte im Rahmen der staatlichen und betrieblichen Treibstoffstrategie die besondere Aufmerksamkeit der Unternehmensleitung und der staatlichen Lenkungsstrukturen. Insgesamt bildete das Werk als eine Art Mikrokosmos die wesentlichen Aspekte der deutschen Rüstungswirtschaft ab.

In dem Vorzeigebetrieb, der alle Segnungen der deutschen Betriebsgemeinschaft aufbieten sollte, erfolgte 1938 die Berufung eines eigenen fünfköpfigen Vertrauensrats.[186] Am 1. Juli 1938 wurde unter Ägide der DAF im Werk Lützkendorf eine Betriebssportgemeinschaft gegründet, die vor allem im Fußballbereich tätig war, und durch „Gesunderhaltung des Körpers" der „Leistungssteigerung" dienen sollte.[187] Lützkendorf, das sich selbst als großer Vierjahresplan-Betrieb betrachtete, der „im Kreise Querfurt an hervorragender Stelle am Aufbauwerk des Führers" arbeite, war immer wieder das Ziel von Spitzenpolitikern wie am 25. Mai 1939 von NSDAP-Gauleiter Joachim Albrecht Eggeling.[188] Die DAF organisierte bereits während der Aufbauphase politische Schulungsabende, wobei beispielsweise am 5. Mai 1939 NSDAP-„Parteigenosse" Wendt über die „Ernährungsgrundlage des deutschen Volkes und die Marktordnung" referierte.[189] Wie andernorts sollten so genannte Kameradschaftsabende den betrieblichen Zusammenhalt, hier zur „Betriebsgemeinschaft" überhöht, verbessern. Der am 20. Mai 1939 zum vierten Mal durchgeführte Abend, der im Schützenhaus von Freyburg an der Unstrut stattfand, wurde typischerweise zu einem durch Alkohol und Mu-

186 *Vertrauensrat Werk Lützkendorf*, in: Der Kalibergmann 8 (1938), 51.

187 *Betriebssportgemeinschaft Wintershall Werk Lützkendorf*, in: Der Kalibergmann 21 (1939), 166.

188 *Gauleiter Eggeling in unserem Werk Lützkendorf*, in: Der Kalibergmann 22 (1939), 176.

189 *Schulungsabend der DAF*, ebd.

sikvorführungen herbeigeführten „langen, fröhlichen Abend echter Kameradschaft".[190] Um die „Sorgen des Alltags" zu vertreiben, fand der fünfte „Kameradschaftsabend" im Krumpa statt. Auch er sollte den „Zweck erfüllen", „die Kameradschaft innerhalb und außerhalb des Betriebes zu festigen, um Freude und Kraft zu intensiver Arbeit zu geben".[191]

Um die Errichtung der Anlagen und deren Inbetriebsetzung zu beschleunigen, wurden im Herbst 1939 Saarländer nach Lützkendorf versetzt, wo sie zusammen mit einer wachsenden Zahl von Dienstverpflichteten sowie in der Slowakei angeworbenen Zivilarbeitern auf den Baustellen eingesetzt waren. Um ihnen „Frohsinn und Freude zu geben und die Kameradschaft zu festigen", fand im März 1940 in Mücheln ein „Kameradschaftsabend" statt, der typischerweise ideologische Indoktrinierung durch den gemeinsamen Empfang einer Hitler-Rede mit Varieté-Vorführungen und dem Konsum von Alkoholika verband.[192] Am 22. August 1940 fand im Gemeinschaftslager Neumark für die dort untergebrachten Deutschen unter Einschaltung des zwischenzeitlich gegründeten Werkschors eine Abendveranstaltung mit Musik und Gesang statt.[193] Zu den für das Vorzeigeprojekt Rekrutierten gehörten auch Frauen, für die am 16. September 1940 in der Frauenkaue ein gesonderter Betriebsappell über die „sozialen Belange, die Kameradschaft und den Arbeitseinsatz der weiblichen Gefolgschaftsmitglieder" durchgeführt wurde.[194] Die „Gaufrauenwalterin", „Parteigenossin" Keindorf, referierte ausführlich über den Begriff der „Arbeitskameradschaft", weil viele der im Werk Lützkendorf eingesetzten Frauen erstmalig in einem Großbetrieb arbeiteten, wobei sie zu festem Zusammenhalten riet, was die

190 *Ein fröhlicher Abend im Dienst der Betriebsgemeinschaft*, ebd., 176f.

191 *Fünfter Kameradschaftsabend des Werkes Lützkendorf*, in: Der Kalibergmann 26 (1939), 205.

192 *Kameradschaftsabend des Werkes Lützkendorf in Mücheln*, in: Der Kalibergmann 7 (1940), 55.

193 *Feierabendgestaltung durch KdF*, in: Der Kalibergmann 17 (6.9.1940).

194 *Betriebsappell der weibl. Gefolgschaftsmitglieder*, in: Der Kalibergmann 20 (1940).

„Lust und Liebe zur Arbeit" fördere. Ob die den Betriebsappell beendende „Führerehrung" bei „allen Teilnehmerinnen" den vom „Kalibergmann" berichteten „nachhaltigen Eindruck hinterließ", kann nicht überprüft werden.

Die Fertigstellung des immer wieder auf staatliche Anfrage hin erweiterten Werks Lützkendorf verzögerte sich auch durch das „Fehlen geeigneter Facharbeiter".[195] Zu den technischen Problemen der Anlage in Lützkendorf traten nach Kriegsbeginn auch die Schwierigkeiten wegen der kriegsbedingten „Bausperre" für Wohnungsneubauten, die die Rekrutierung „guter Arbeiter" für die Stammbelegschaft erschwerten.[196] „Leutemangel" begleitete das Vorhaben weiterhin. Zur Steigerung der Belegschaftszufriedenheit begannen aber im August 1940 die Bauarbeiten an 64 Kleinwohnungen am Eptinger Rain.[197]

Da aber weiterhin ein nicht unerheblicher Teil der Betriebsbelegschaft und der Bauarbeiter auch die Weihnachtstage in Gemeinschaftslagern verbringen musste, fand am 18. Dezember 1940 im von Lagerleiter Pg. Hienzsch geleiteten DAF-Lager Neumark, in dem rund 450 Männern untergebracht waren, eine in „Gemeinschaft mit der Betriebsführung" um den Direktor des entstehenden Werks Lützkendorf, „Pg. Taubert", und den DAF-Betriebsobmann, „Pg. Nagel" durchgeführte Weihnachtsfeier statt. Die Betriebsleitung kündigte an, zur Freizeitgestaltung weiterhin regelmäßig „KdF-Darbietungen" anzubieten und ein Kino zu errichten. Darüber hinaus stellte Taubert ein „großzügiges Wohnungsbauprogramm" in Aussicht, um „vielen später im Geiseltal eine zweite Heimat zu geben".

---

195 BA Berlin, R 8119F, Nr. 1966, Niederschrift über die Aufsichtsratssitzung am 24.5.1939, 5.

196 BA Berlin, R 8119F, P01961, Bl. 225, Deutsche-Bank-Direktor Oswald Rösler, Aktennotiz betr. Wintershall, Aufsichtsratssitzung vom 13.12.1939, 2.

197 *Wohnungsbau*, in: Der Kalibergmann 17 (6.9.1940).

Für die im Lager untergebrachten „italienischen Arbeitskameraden“ fanden 1940 und 1941 gesonderte Weihnachtsfeiern statt.[198] Im Februar 1941 wurde die „deutsch-italienische Arbeitskameradschaft“ in Form einer gemeinsamen „Feierabendveranstaltung“ mit Musikvorträgen, humoristischen Einlagen und einer „Sammlung für das Kriegs-WHV“ öffentlich inszeniert, wobei der vom „Kalibergmann“ gebrauchte Begriff der „Lagerinsassen“ dessen Ambivalenz im Nationalsozialismus auf den Punkt brachte.[199] Der am 1. März 1941 durchgeführte „Lagerappell und Kameradschaftsabend“ gab auch „Lagerführer Pg. Hienzsch“ Gelegenheit, einige „Richtlinien der Lagerordnung“ zu erläutern. Darüber hinaus „belohnte“ er „Stubenkameradschaften“, die sich „durch besondere Sauberkeit und guten kameradschaftlichen Geist“ ausgezeichnet hatten, mit der „Überreichung eines Führerbildes“.

Seine durch den Lagerdolmetscher ins Italienische übersetzte Aufforderung, dass dieser „Geist alle Arbeitskameraden erfassen“ müsse, besaß einen drohenden Unterton, wenngleich das Musik- und Unterhaltungsprogramm sowie das vorbereitete Essen vor allem „Stunden der Freude und Abwechslung“ bereiten wollten.[200] Die italienischen Arbeiter, die als „Soldaten der Arbeit“ und Teil der „Achse“ die deutschen Rüstungsanstrengungen unterstützen sollten, konnten ihre Anliegen auch den zu ihrer Betreuung abgestellten Vertretern faschistischer Organisationen vortragen. Der Sonderbeauftragte der italienischen Konföderation für den Gau Halle-Merseburg, Major Mario Peccioli, nahm beispielsweise im Frühjahr 1941 an einem „Va-

198 Werner Teuscher, *Fern der Heimat, aber gut betreut!*, in: Der Kalibergmann 24 (1940), 197; ders., *Gemeinsames Schaffen - gemeinsame Freude. Weihnachtsfeier im Gemeinschaftslager der DAF in Neumark*, in: Der Kalibergmann 1 (1.1.1942), 3.

199 *Deutsch-italienische Arbeitskameradschaft*, in: Der Kalibergmann 4 (22.2.1941), 37; Kiran Klaus Patel, *Volksgenossen und Gemeinschaftsfremde. Über den Doppelcharakter nationalsozialistischer Lager*, in: Christoph Jahr/Jens Thiel (Hrsg.), Lager vor Auschwitz. Gewalt und Integration im 20. Jahrhundert, Berlin 2013, 311-334.

200 *Lagerappell und Kameradschaftsabend des DAF-Gemeinschaftslagers Neumark*, in: Der Kalibergmann 6 (21.3.1941), 57.

rieté-Abend" teil, um die „Wünsche" seiner Landsleute entgegenzunehmen.[201]

Gehörten Italiener als Verbündete aus politischen Gründen zu den privilegierten Gruppen innerhalb der ausländischen Zivilarbeiter, galten die im Juni 1942 in Lützkendorf eintreffenden Niederländer, die ebenfalls im DAF-Gemeinschaftslager Neumark untergebracht waren, aus völkischen Gründen – sie zählten mit Dänen, Norwegern oder Flamen zu den sogenannten blutsverwandten Völkern – ebenfalls als „Arbeitskameraden". Im Rahmen eines „Lagerappells" wurden sie seitens der Werksleitung durch „Pg. Dr. Franz" mit der „Gemeinschaftsordnung vertraut" gemacht und auf „Pflichterfüllung und Gefolgschaftstreue" eingeschworen, da sie nach Ansicht der DAF-Kreisobmanns Müller-Deck an dem gemeinsamen „Abwehrkampf gegen den Bolschewismus" teilnahmen.[202] Dieses Deutungsmuster erhielt ab Frühjahr 1943 zusätzliche Schubkraft, da die Aushebungspolitik insbesondere der nationalsozialistischen Sonderinstanz des Generalbevollmächtigten für den Arbeitseinsatz unter das Motto „Europa arbeitet in Deutschland" gestellt wurde.[203]

Die „Schaffenskraft" der aus faktisch ganz Europa in den Werkskomplex Lützkendorf „strömenden Arbeitskräfte" durch die „Errichtung eines vorbildlichen Gemeinschaftslagers" zu „fördern", stieg zu einer der „wichtigsten Aufgaben jeder zielbewussten Betriebsführung" auf. Das DAF-Gemeinschaftslager war bis Frühjahr 1943 auf eine Barackenansammlung für 1.000 Arbeiter aus zwölf Nationen angewachsen, von denen die mehreren Hundert Italiener ihre eigene Küche mit landestypischen Speisen besaßen. Ganz in den Stereotypen verhaftet, galten die in den Unterkünften vorhandenen dickbäuchigen Chianti-Flaschen als Beweis, dass sich die „italieni-

---

201 *KdF-Varieté*, ebd.

202 *Von der DAF betreut*, in: Der Kalibergmann 10 (10.7.1942), 41.

203 Friedrich Didier, *Europa arbeitet in Deutschland. Sauckel mobilisiert die Leistungsreserven*, Berlin 1943; siehe auch Ulrich Herbert, *Fremdarbeiter. Politik und Praxis des „Ausländer-Einsatzes" in der Kriegswirtschaft des Dritten Reiches*, Berlin/Bonn 1985, 237ff.

schen Arbeitskameraden" am ehemaligen Vorwerk Petzkendorf wohlfühlten.[204]

Im Mineralölwerk Lützkendorf bildete sich nach 1940 um den Kommunisten Otto Gotsche, der in der Nachkriegszeit zum persönlichen Referenten von Walter Ulbricht werden sollte und 1966 sogar zum ZK-Mitglied der SED aufstieg,[205] eine kommunistisch dominierte Widerstandsgruppe. Im Gegensatz zu den meisten anderen konspirativen Gegnerorganisationen wurde sie nicht von der Gestapo oder durch Denunziation enttarnt, obgleich auch in Lützkendorf Verhaftungen unter deutschen und ausländischen Arbeitern vorkamen.[206] Die in der Nachkriegszeit entstandenen autobiographischen Texte Gotsches überzeichnen einerseits die Intensität und die Wirkungsmacht des Widerstands. Andererseits lassen sich aus seiner Innensicht doch einige Erkenntnisse über die lokalen Verhältnisse gewinnen.

Die von Regimegegnern gestreute Parole vom passiven Widerstand fand bei der Werksbelegschaft durchaus Widerhall, zumal im Aufsichtsrat der Wintershall bereits Mitte 1940 davon die Rede gewesen war, dass nur 30 Prozent der Mitarbeiter „wirklich zuverlässig" seien.[207] Gotsche beanspruchte für die Widerstandsgruppe die „aktive Gegenwehr" durch „Sabotageakte", etwa zerschnittene Treibriemen oder abgesperrte Ventile in Kesselhäusern, geleistet haben. Zumindest fand 1943 im Werk Lützkendorf das „Kampfprogramm" der „Mitteldeutschen Arbeitergruppe" Verbreitung. Die nach dem

---

204 *Ein Besuch in unserem Gemeinschaftslager*, in: Der Kalibergmann 5 (9.4.1943), 21.

205 Simone Trieder, *Otto Gotsche*, in: Birgit Herkula/Simone Trieder, Verboten, verschwiegen, verschwunden. Schriftstellerinnen und Schriftsteller des heutigen Sachsen-Anhalt zur NS-Zeit, Halle 2008, 57f.; Bernd-Rainer Barth, *Otto Gotsche*, in: Helmut Müller-Enbergs/Olaf W. Reimann (Hrsg.), Wer war wer in der DDR? Ein biographisches Lexikon, Berlin 2000, 266f.

206 Klaus Mammach, *Widerstand 1939–1945. Geschichte der deutschen antifaschistischen Widerstandsbewegung im Inland und in der Emigration*, Köln 1987, 146; Allan Merson, *Kommunistischer Widerstand in Nazideutschland*, Bonn 1999, 236.

207 BA Berlin, R 8119F, Nr. 1965, Niederschrift über die am 2. Juli 1940 stattgefundene Aufsichtsratssitzung der Wintershall AG.

ersten Luftangriff am 12. Mai 1944 auf Lützkendorf von der Belegschaft ultimativ vorgetragene Forderung nach dem Bau von Luftschutzeinrichtungen verlagerte aber Ressourcen außerhalb des engeren Rüstungsbereichs.

Im Ringen um rare Arbeitskräfte legte die Betriebsleitung erkennbar Opportunismus an den Tag, da 1944 bis zu 18 Nationen auf den Baustellen und den Anlagen arbeiteten. Der Rekrutierung von Zwangsarbeitern ging wie im Fall der früh begonnenen Ausnutzung von Strafgefangenen eine Unternehmensinitiative voraus. Bereits im Oktober 1940 waren Gefangene des Strafgefängnisses Naumburg beim Bau des Werks tätig. Im Juni 1941 erhielt das Werk 90 Strafgefangene überstellt, wobei das Werk die Baracke samt Einrichtung sowie „6 Mann für den Tagesdienst und 1 Mann für den Nachtdienst" zur Aufsicht stellte.[208] Unter Hinweis auf diese Eigenleistung wollte die Werksleitung am 14. Juni 1941 den vorgesehenen Tagessatz von fünf Reichsmark um acht Prozent auf 4,60 Reichsmark kürzen.

Eine Anweisung der Werksleitung hielt am 14. August 1941 fest, dass für die Arbeitseinteilung und die Kontrolle und Abnahme der Arbeitsleistung der Strafgefangenen die Fachbetriebe zuständig seien. Der Werkschutz hatte die „allgemeine Bewachung der Gefangenen durchzuführen, und zwar, soweit das Gefängnispersonal nicht ausreicht, im Gefangenenlager, ferner auf dem Wege zwischen diesem und den Arbeitsstellen und während der Arbeitszeit an den Arbeitsstellen selbst". Ihm war auch übertragen, dass die „Gefangenen bei der ihnen zugeteilten Arbeit fleißig arbeiten".[209] Anfang 1942 erfolgte eine Aufstockung des Strafgefangenenkontingents auf 125 Mann, Oberwachtmeister Paul gab deshalb am 12. Januar 1942 dem

208 Landesarchiv Sachsen-Anhalt, Abteilung Merseburg, I 522, Nr. 1/328, Bl. 36, Wintershall AG, Werk Lützkendorf an Gefängnis Naumburg, Amtmann Weiss vom 14.6.1941; siehe auch http://www.dasgeiseltal.de/content/zwangsarbeit/treibstoffwerk-luetzkendorf.html (Letzter Zugriff: 10.1.2020).

209 Landesarchiv Sachsen-Anhalt, Abteilung Merseburg, I 522, Nr. 1/328, Bl. 31, Wintershall AG, Werkverwaltung Lützkendorf an sämtliche Betrieb und Werkschutz betr. Einsatz der Strafgefangenen aus dem Gefängnis Naumburg vom 14.8.1941, 1.

Werk auf, für die nötige Ausstattung u.a. mit Strohsäcken und Bettstellen zu sorgen, wobei er die besondere Eignung von eisernen Militärbettstellen hervorhob, „da drei Betten übereinander gestellt werden müssen wegen Platzmangel".[210] Im Januar 1942 zeichnete sich überdies das Eintreffen eines ersten Transports mit 45 polnischen Strafgefangenen aus der Haftanstalt Naumburg ab.

Mitte Juni 1942 waren von den insgesamt vorhandenen 164 Strafgefangenen 18 Mann bei Transportarbeiten, bei Kabelverlegungen und bei der Herstellung von Kabelgräben eingesetzt, 26 Mann beim Bau der Saalewasserleitung Uichteritz-Krumpa, 10 im Kesselhaus für Aufräumungsarbeiten und Aschefahren, 30 im Betrieb I bei Aufräumungs- und Transportarbeiten wie Schlammfahren, 28 im Betrieb II bei Reinigungsarbeiten in der Alkazidwäsche, in der Ofenhalle und bei allgemeinen Aufräumungs- und Transportarbeiten, 20 im Betrieb 4/5 bei Aufräumungs- und Transportarbeiten, 14 in der Werkstatt bei Aufräumungs- und Transportarbeiten, 14 beim Wohnungsbau, also Planierungs- und Ausschachtungsarbeiten in der Siedlung Mücheln und 4 als Haus- und Küchenpersonal im Strafgefangenenlager.[211] Die Mehrzahl ersetzte mit ihrer Muskelkraft fehlende Maschinen oder stand bis zu den Knien im Dreck.

Die an die Generalstaatsanwaltschaft am 11. Februar 1942 fernmündlich herangetragene Bitte um Zuweisung von Metallfacharbeitern wie Schlossern konnte seitens der Justizverwaltung nicht entsprochen werden, da es sich in Lützkendorf um ein „Polenstammlager" handelte, „in das deutsche Strafgefangene nicht überführt werden dürfen". Zudem standen keine „Fachkräfte der gewünschten Art" zur Verfügung.[212] Das Werk Lützkendorf beschwerte sich zwischen-

---

210 Ebd., Bl. 30, Strafgefangenenlager, Oberwachtmeister Paul an Direktion des Werks Lützkendorf vom 12.1.1942.

211 Ebd., Bl. 23, Wintershall AG, Werk Lützkendorf, Soz.Abteilung an Strafgefängnis und Untersuchungshaftanstalt Naumburg vom 22.6.1942.

212 Ebd., Bl. 25, Generalstaatsanwalt Naumburg, III6 Naumburg/41, Hahn, an Wintershall AG, Lützkendorf, Assessor Dr. Franz, vom 14.2.1942.

zeitlich, dass die rund 185 Strafgefangenen auch für Dritte etwa bei Gartenarbeiten eingesetzt würden und bemängelte insgesamt, dass sich deren Zahl bis Mitte Juni 1943 auf 150 Mann reduziert hatte: „Da wir die Strafgefangenen zur Erledigung der anfallenden Arbeiten dringend benötigen, bitten wir um recht baldige Auffüllung des Lager bemüht zu sein."[213] Auch wenn der Reichsminister der Justiz gebeten worden war, „wegen der kriegswichtigen Arbeiten für das Werk Lützkendorf" die „Belegung des Polenstammlagers wieder auf 200 Köpfe zu bringen", stand eine ministerielle Anweisung trotz aller Erledigungserinnerungen durch das Werk Lützkendorf am 16. September 1943 noch aus.[214]

Zwischen Anfang März und Anfang April 1944 sank die Lagerbelegung weiter von 89 auf 72 polnische Zivilstrafgefangene.[215] Allerdings ergab sich am 7. April 1944 die Möglichkeit, 40 Polen mit dem Omnibus in der Strafanstalt Torgau abzuholen.[216] Im Juni 1944 eröffnete sich die Chance, 100 Strafgefangene aus der Strafanstalt Preungesheim und 50 aus der Haftanstalt Graz zu erhalten.[217] Auf die anhaltende Energieleistung der Sozial-Abteilung des Werks, immer wieder Ersatz oder gar zusätzliche Strafgefangene zu erhalten,

213 Ebd., Bl. 15, Wintershall AG, Werk Lützkendorf, Soz.Abteilung an Strafanstalt Naumburg vom 4.8.1943.

214 Ebd., Bl. 15, Vorstand des Strafgefängnisses und Untersuchungshaftanstalt Naumburg an Wintershall AG, Werk Lützkendorf vom 16.9.1943; Ebd., Bl. 23, Wintershall AG, Werk Lützkendorf, Soz.Abteilung an Reichsjustizministerium, MinRat Dr. Nörr vom 22.6.1942.

215 Ebd., Bl. 8, Wintershall AG, Werk Lützkendorf an Generalstaatsanwalt Naumburg vom 8.3.1944.

216 Ebd., Bl. 7, Wintershall AG, Werk Lützkendorf an Generalstaatsanwalt Naumburg vom 6.4.1944.

217 Ebd., Bl. 3, Wintershall AG, Werk Lützkendorf an Generalstaatsanwalt Naumburg vom 9.6.1944; ebd., Bl. 2, Wintershall AG, Werk Lützkendorf an Strafgefängnis Preungesheim vom 20.6.1944.

sei nur als Beleg dafür verwiesen, dass unfreie Arbeit zum Normalbestand des Lützkendorfer Werks geworden war.[218]

Nach Angaben von Otto Gotsche bestanden seitens der Widerstandsgruppe auch Kontakte zu ausländischen Arbeitern. Dass er die zum Bau entsandten italienischen Zivilarbeiter ironisch „Mussolinis einziger Ausfuhrartikel" nannte, war nicht ganz aus der Luft gegriffen, nutzte doch das faschistische Italien die vertraglich vereinbarte grenzüberschreitende Arbeitsmigration zum Abbau der strukturellen Arbeitslosigkeit und den über die Deutsche Bank abgewickelten Lohntransfer zur Versorgungsfinanzierung der zurückbleibenden Familien und zu Beteiligungsleistungen an faschistische Funktionäre der Wanderarbeit.[219] Gotsche berichtete auch, dass nach dem Sturz Mussolinis im September 1943 unter den am Standort beschäftigten Italienern die aus der Werkstatt des Betriebs I stammende Parole „Italien ist ausgeschieden, Schluss!" durch das Werk ging und zu einer mehrstündigen Arbeitsniederlegung von ihre „Repatriierung" fordernden Italienern geführt habe. Gestapo, Werkschutz und Direktion versuchten den Ausstand, von Gotsche zum „spontanen Aufstand" stilisiert,[220] durch Repressalien wie Verpflegungsentzug und Verhaftungen unter ihre Kontrolle zu bringen. Auch Polen und Niederländer sollen verhaftet worden sein. Die Aufstellung von „Alarmkompanien zur Niederhaltung der Ausländer im Falle von Unruhen", die die Ängste des NS-Regimes vor den von ihnen Unter-

218 Ralf Schade, *Das Mineralölwerk Lützendorf als Einsatzort für entlassene AEL-Häftlinge*, in: Projektgruppe „AEL Spergau-Zöschen" des Heimat- und Geschichtsvereins Zöschen e.V. (Hg.), Gedächtnisachse „Leib - Leben - Gesundheit". Gefahrenpotential für Zwangsarbeiter der nationalsozialistischen Kriegswirtschaft, Leuna 2015, 76-96.

219 Landesarchiv Sachsen-Anhalt, Abteilung Merseburg, P 425, V/5/092, Otto Gotsche: Aktiver Widerstand, Typoskript o.D. [1948], 2; vgl. Brunello Mantelli, *Die Überführung italienischer Arbeitskräfte ins Deutsche Reich zwischen 1938 und 1943. Eine Emigration unter staatlicher Regie*, in: Gustavo Corni (Hg.), Italiener in Deutschland im 19. und 20. Jahrhundert. Kontakte, Wahrnehmungen, Einflüsse, Berlin 2012, 118-141.

220 Landesarchiv Sachsen-Anhalt, Abteilung Merseburg, P 425, V/5/092, Otto Gotsche: Aktiver Widerstand, Typoskript o.D. [1948], 4.

drückten widerspiegelte, sei zum „Gespött der täglich anschwellenden Zahl der fremden Zwangsarbeiter“ geworden. Den Erinnerungen kann auch entnommen werden, dass sich unter den Deutschen „Schlägerhelden“ befanden, „die fortgesetzt Ausländer prügelten“.

Über deren Ernährungszustand geben indirekt die zahlreichen Beschwerdeschreiben der betrieblichen Sozial-Abteilung Auskunft, die der 2. Kompanie des Bau- und Arbeitsbataillons (L) 12 in Krumpa im Herbst 1944 etwa den Versuch italienischer Militärinternierter anzeigten, das „Werk durch Durchqueren des Zaunes“ zu verlassen, um auf den benachbarten Feldern nach Kartoffeln zu suchen.[221] Drei andere entnahmen am 17. Oktober 1944 einer Lore unerlaubterweise Kartoffeln.[222] Die Werksleitung verbot am 25. Oktober 1944 das „Abkochen von Kartoffeln, Zuckerüben u.ä. auf den Baustellen“, das zuvor auf offenen Feuern oder auf Kanonenöfen vorgenommen worden war.[223]

Auch der Diebstahl von Gummistücken zur Besohlung ihrer Schuhe, was dem Unternehmen gleich als „Sabotageakt“ galt, verdeutlichte die ungenügende Versorgungslage. Vier italienische Militärinternierte sprach der Kommandeur des Bau- und Arbeits-Bataillons (It) 200 zwar vom Vorwurf der Sabotage frei, jedoch wurden sie gleichwohl „disziplinarisch bestraft und gleichzeitig das zuständige Kriegsgericht in Kenntnis gesetzt“, was für die vier schlimme Folgen haben konnte.[224] Darüber hinaus waren angebliche tätliche Angriffe, verbunden mit der Aufforderung, den Betreffenden den

---

221 Landesarchiv Sachsen-Anhalt, Abteilung Merseburg, I 522, Nr. 1/468, Bl. 26, Wintershall AG, Werk Lützkendorf, Sozial-Abteilung an Bau- und Arbeits-Bataillon (L) 21, 2. Kompanie vom 31.10.1944.

222 Ebd., Bl. 29, Wintershall AG, Werk Lützkendorf, Sozial-Abteilung an Bau- und Arbeits-Bataillon (L) 21, 2. Kompanie vom 18.10.1944.

223 Ebd., Bl. 76, Wintershall AG, Werksverwaltung Lützkendorf, Aushang Verbot des Abkommen auf dem Werk vom 25.10.1944.

224 Ebd., Bl. 38, Bau- und Arbeits-Bataillons (It) 200 an Wintershall AH, Werksbeauftragter Lützkendorf vom 4.9.1944.

„zuständigen Stellen zur Bestrafung aufzugeben“, Gegenstand der Anzeigen.[225]

Im Zusammenhang mit den zahlreichen Bombenangriffen auf Lützkendorf, die am 12. Mai 1944 allein 130 Personen, darunter auch Zwangsarbeiter, töteten,[226] kamen durch Einfluss des sogenannten Geilenberg-Stabs zur Schadensbeseitigung zusätzliche Arbeiter in das Werk.[227] Das brachte die Belegschaftszahl auf den einstweiligen Höhepunkt von 8.700 Mann. Rund zwei Drittel der Beschäftigten waren ausländische Zwangsarbeiter, unter ihnen zahlreiche Italiener.[228]

Zur Unterstützung bei den Aufräumarbeiten ging am 14. Juli 1944 ein erster Transport mit 900 KL-Häftlingen, vor allem Russen und Franzosen, aus dem Konzentrationslager Buchenwald nach Lützkendorf ab.[229] Ihre Zwangsarbeit begann am 16. Juli 1944 etwa bei der Arbeitsgemeinschaft der Unternehmen Huta, Hoch- und Tief-

---

225 Ebd., Bl. 23, Wintershall AG, Werk Lützkendorf, Sozial-Abteilung an Bau- und Arbeits-Bataillon (L) 21 vom 17.10.1944.

226 Zu der die Anlagen längerfristig außer Betrieb setzenden Angriffsserie vom 28.5., 7.7., 13.9., 7.10., 21.11. und 8.12.1944 siehe etwa Heinz Rehmann, *Die anglo-amerikanischen Bombenangriffe während des II. Weltkrieges auf Ziele im Raum Merseburg und die deutschen Abwehrmaßnahmen*, in: Merseburger Beiträge zur Geschichte der Chemischen Industrie Mitteldeutschlands 21 (2002), 5-58; United States Strategic Bombing Survey, Oil, Chemicals and Rubber Division, Team 46, *Plant Report No. 2: Braunkohle Benzin AG, Zeitz, Germany, Braunkohle Benzin AG, Boehlen, Germany, Wintershall AG, Luetzkendorf, Germany. Plant Survey: 22 April to 6 May 1945, Published 4. July 1945*, Washington, D.C. 1945, 42-56.

227 Franka Bindernagel/Tobias Bütow, *Ingenieure als Täter. Die „Geilenberg-Lager“ und die Delegation von Macht*, in: Ralph Gabriel (Hg.), Lagersystem und Repräsentation. Interdisziplinäre Studien zur Geschichte der Konzentrationslager, Tübingen 2004, 46–70.

228 Landesarchiv Sachsen-Anhalt, Abteilung Merseburg, P 425, V/5/129, Otto Gotsche: Die illegale Großversammlung der Antifaschistischen Arbeitergruppe Mitteldeutschlands, Typoskript o.J., 2.

229 Arolsen Archives, ITS Digital Archive, Archivnummer 777, Copy of 1.1.5.1/5319619 und 5319623, KL Buchenwald, Transport „Lützkendorf“ am 14.7.1944; siehe zur Geschichte des Außenkommandos auch Charles-Claude Biedermann, *Lützkendorf*, in: Wolfgang Benz (Hg.), Der Ort des Terrors. Bd. 3: Sachsenhausen, Buchenwald, München 2008, 511f.

bau AG, Breslau, Niederlassung Halle (Saale) und der Firma Fritz Schuppert aus Hannover mit 170 Mann und erreichte dort mit maximal 320 Häftlingen am 17. August 1944 einen ersten Höhepunkt.

Obwohl die Belegschaft klare Anweisungen zum Umgang mit KL-Häftlingen erhalten hatte, musste die Direktion alltägliche Verbotsüberschreitungen feststellen, weshalb per Aushang u.a. in niederländischer und polnischer Sprache an die Vorschriften erinnert wurde. Danach war „strengstens verboten: a) Jeder Versuch, mit den Gefangenen in Verbindung zu treten, b) Jede Annahme, Abgabe oder Umtausch von Gegenständen, z.B. Briefe, Paketen, Esswaren, Rauchwaren und dergleichen, c) Jede unnötige Annäherung oder Unterhaltung sowie der Aufenthalt bei den Kolonnen oder Sammlungsplätzen." Bei Verstößen gegen diese Anordnung drohte die Direktion „strengste Bestrafung" an.[230]

Am 10. September 1944 gehörten 924 Männer zum KL-Außenlager Lützkendorf, das damit den Höchststand erreicht hatte, bevor am 10. November 1944 nur noch 768 KL-Häftlinge vor Ort waren. Am 25. November 1944 kamen weitere 385 Häftlinge auf den Rücktransport in das Konzentrationslager Buchenwald, wo sie zunächst dem „Zeltlager" zugewiesen wurden.[231] Der Abtransport der überwiegenden Zahl der KL-Häftlinge ging einher mit dem rüstungswirtschaftlichen Bedeutungsverfall des Werks Lützkendorf, nachdem zentrale Rüstungsgremien dem Wiederaufbau der bombenbeschädigten Anlagen weniger Erfolgsaussichten zugeschrieben hatten als dem Aufbau von Neuanlagen in für luftkriegssicher gehaltenen Untertageanlagen. Als im November 1944 eine Crackanlage und Arbeitskräfte aus Lützkendorf zu den Geilenberg-Geheimprojekten „Ofen" und „Taube" in Messinghausen bzw. Bredelar transferiert werden sollten, wollte die Wintershall AG bei dieser Verzweiflungsakti-

230 Landesarchiv Sachsen-Anhalt, Abteilung Merseburg, I 522, Nr. 1/20, Bl. 50, Directie, Uithang Houding tegenover gevangenen van het K.L.

231 Arolsen Archives, ITS Digital Archive, Archivnummer 777, Copy of 1.1.5.1/5319636, KL Buchenwald, Häftlingsschreibstube vom 25.11.1944.

on einen Fuß in der Tür behalten, um selbst noch in der Untergangsphase des NS-Regimes ihre Stellung in der Benzinhydrierung und der Flugmotorenölherstellung zu erhalten.[232] Da dort eine Konzentration der Wintershall-Ölkompetenz geplant war, wurden auch zahlreiche Mitarbeiter aus Salzbergen dorthin versetzt.[233]

Im KL-Außenlager Lützkendorf wurden die Häftlinge wie unbelebte Ressourcen behandelt, so dass innerhalb der sechs Monate der Lagerexistenz mehr als 15 Häftlinge starben. Da sie den Luftangriffen schutzlos ausgeliefert waren, kamen manche durch Bomben zu Tode. Darüber hinaus wurden mindestens sechs „arbeitsunfähige Häftlinge" in das Konzentrationslager Buchenwald zurückgeschickt.[234] Die tägliche Stärkemeldung des unter dem Kommando von SS-Untersturmführer Schramm stehenden Außenlagers „Lützkendorf" lag dann bis zum 20. Januar 1945 recht konstant bei knapp 370 Männern. Am 21. Januar 1945 wurden die letzten 363 Häftlinge in das KL Mittelbau-Dora bei Nordhausen abtransportiert. Da die meisten Transportlisten überliefert sind, konnten die Namen und das Verfolgungsschicksal der für die Wintershall AG ausgebeuteten KL-Häftlinge eruiert werden.

Das Beispiel des Werks Lützkendorf zeigt, dass unfreie Arbeit in ihren unterschiedlichen Ausprägungen bis hin zur Zwangsarbeit von KL-Häftlingen das Antriebsmittel der nationalsozialistischen Vernutzungsökonomie bildete, an der auch die Wintershall AG

---

232 Zu den Geilenberg-Projekten im Sauerland siehe Horst Hassel/Horst Klötzer, *Kein Düsenjägersprit aus Schwalbe 1. Über 5.000 Zwangsarbeiter und Strafgefangene schufteten 1944/45 in der Untertageverlagerung im Steinbruch Emil 1 (Hönnetal) für den Endsieg*, Balve 2011; siehe auch http://www.dasgeiseltal.de/content/kohlechemie/treibstoffwerk-luetzkendorf/auslagerung/ (Letzter Zugriff: 10.1.2020).

233 Geerdes, *Ölwerk Salzbergen* (wie Anm. 14), 97f.

234 Arolsen Archives, ITS Digital Archive, Archivnummer 777, Copy of 1.1.5.1/5319631, Arbeitslager Lützkendorf, SS-Untersturmführer Schramm an Schutzhaftlager des KL Buchenwald vom 13.10.1944; ebd., Copy of 1.1.5.1/5319641, Arbeitslager Lützkendorf, SS-Untersturmführer Schramm an Rapportführer des KL Buchenwald vom 2.1.1945.

Anteil hatte.[235] Wie an vielen anderen Orten beendete in Lützkendorf erst das Eintreffen der Alliierten die schon längst illusionär gewordene Absicht, durch die insbesondere von Zwangsarbeitern zu bewerkstelligende Reparatur der Bombenschäden wieder eine funktionsfähige Anlage zu erhalten und die Produktion erneut auf Touren zu bringen.[236] Die systemtypische Zwangsarbeit, die eine Beteiligungsleistung des NS-Regimes für Unternehmen und deutsche Kernbelegschaften bildete, fand sich in unterschiedlicher Ausprägung in allen Betrieben des Wintershall-Konzerns. Durch die enge Anbindung der Geschäftsfelder Kali, Öl und Leichtmetall an das NS-Regime schlug dessen Herrschaftspraxis in das Unternehmen durch und fand auch dort genügend selbstermächtigte Akteure der Radikalisierung.

Ausblick

Im Nachhinein traten Manager ihre unternehmerische Verantwortung für ihre Entscheidungen an den NS-Staat oder die NSDAP ab, da Rüstung und Zwangsarbeit vom Staat und dem NS-Regime veranlasst worden seien. Tatsächlich gingen Initiativen zur Arbeitskräfterekrutierung auch vom Unternehmen aus. In der Retrospektive dominierte ein geschöntes Bild des eigenen korrekten Verhaltens.

Insoweit war es nicht verwunderlich, dass am 16. November 1957 der Vorstandsvorsitzende der Wintershall AG, Wilhelm Zehntgraf, anlässlich der Fertigstellung des neuen Verwaltungsgebäudes in Kassel in seiner Ansprache über die Zeit des Nationalsozialismus nur nebulös die Auskunft gab, dass das Unternehmen neben seinen Er-

---

235 Adam Tooze, *Ökonomie der Zerstörung. Die Geschichte der Wirtschaft im Nationalsozialismus*, München 2007, 722ff.

236 Manfred Grieger, *Antriebsmittel der NS-Kriegswirtschaft. Zur ökonomischen Bedeutung der Zwangsarbeit*, in: Winfried Nerdinger/Angela Hermann/Paul-Moritz Rabe/Sibylle von Tiedemann (Hrsg.), Zwangsarbeit in München. Das Lager der Reichsbahn in Neuaubing, Berlin 2018, 28-44.

folgen im Kalibereich und bei der Gewinnung und Verarbeitung von Magnesium „bis zum Ende des zweiten Weltkrieges seine bedeutende Stellung auf dem Ölsektor errang".[237] Demgegenüber traf der „Zusammenbruch des Jahres 1945" nach seinen Ausführungen „auch unser Unternehmen" jäh und war mit dem „Verlust des beträchtlichen Auslandsvermögens" und dem Entzug der „in der sowjetischen Besatzungszone Deutschlands gelegenen wertvollen Betriebsstätten" verbunden. „In dieser schweren Zeit" starb am 13. November 1945 August Rosterg, der dem neuen Wintershall-Verwaltungsgebäude den Namen gab.[238] Nach 1945 galt es zudem „Gefahren für Wintershall" abzuwenden, namentlich die drohende Überführung in Gemeineigentum und die „holländischen Bestrebungen", den Teil des Emslandes mit den von der Wintershall AG erschlossenen Gasfeldern – wie es der langjährige Wintershall-Mann Zehntgraf nannte – „zu annektieren".[239]

Diese charakteristischen Verschiebungen brachten sowohl die Verschränkung von Unternehmen und seinen Stammbelegschaften mit dem Nationalsozialismus als auch die Nutznießerschaft am NS-Zwangsarbeitssystem außerhalb der Wahrnehmung. Bezeichnenderweise hielt die Konstruktion historischer Unschuld viele Jahrzehnte, bevor die heutige Unternehmensleitung die geschichtswissenschaftliche Aufklärung einleitete. Angesichts der dezentralen Struktur der Zwangsarbeit und der Schattierungen des NS-Systems bleibt aber nach den ersten Schritten noch viel zu erforschen.

Über die Kartierung der Lager und die Analyse der differenten Vor-Ort-Verhältnisse hinaus steht die Aufgabe der biographischen Erinnerung an die Opfer der NS-Zwangsarbeit insbesondere

237 Wilhelm Zehntgraf, *Ansprache in der Feierstunde aus Anlass der Enthüllung einer Büste des Schöpfers des Wintershall-Konzerns sowie der Fertigstellung des Gebäudes der Hauptverwaltung in Kassel, am Sonnabend, dem 16. November 1957, in der Halle des August-Rosterg-Hauses*, Kassel 1957.

238 Der Name wurde zwischenzeitlich stillschweigend aus der Nutzung genommen.

239 Zehntgraf, *Ansprache* (wie Anm. 237).

aus Polen und Russland sowie aus Weißrussland und der Ukraine. Die Beispiele der Nonkonformität, der Funktionsverweigerung und des Widerstands, die der Uniformitätsvorstellung der nationalsozialistischen Herrschaft konkret entgegenstanden, blieben bislang weithin außerhalb der Betrachtung, obgleich sie aufzeigen, dass sich Individuen und kleine Gruppen der Diktatur durchaus entgegenstellten, als sie ihrer Mitmenschlichkeit, ihrem politischen Selbstverständnis oder anderen handlungsleitenden Werten folgten. Das gegenwärtige Geschichtsbewusstsein sollte das lange Vergessen der Opfer der Zwangsarbeit auf keinen Fall mit der Nichtbeachtung der Widerständler und Unangepassten fortsetzen.

DIE AUTOREN

Foto: Gerrit Mumme

Manfred Grieger, geb. 1960, Honorarprofessor am Institut für Wirtschafts- und Sozialgeschichte der Georg-August-Universität Göttingen, letzte Veröffentlichungen: Gifhorner Juden im Nationalsozialismus. Diskriminierung, Ausgrenzung, Deportation und Überleben (Gifhorn 2018); Sartorius im Nationalsozialismus. Generationswechsel im Familienunternehmen zwischen Weltwirtschaftskrise und Entnazifizierung (Göttingen 2019)

Dr. Rainer Karlsch (Institut für Zeitgeschichte München-Berlin), geb. 1957, Studium der Wirtschaftsgeschichte an der Humboldt-Universität zu Berlin, 1996 Erster Preis der Stinnes Stiftung für das Buch „Allein bezahlt? Die Reparationsleistungen der SBZ/DDR 1945-53“, wichtigste Publikationen: Faktor Öl. Die Mineralölwirtschaft in Deutschland 1859–1974, München 2003 (gemeinsam mit Raymond Stokes); Wirtschaftsgeschichte Sachsens im Industriezeitalter (gemeinsam mit Michael Schäfer), Leipzig 2006, Uran für Moskau, Die Wismut eine populäre Geschichte, Berlin 2007; Leuna - 100 Jahre Chemie, Löbejün 2016.

Dr. phil Ingo Köhler, geb. 1971, Privatdozent an der Georg-August-Universität Göttingen und Koordinationsassistent des DFG-Schwerpunktprogramms 1859 „Erfahrungen und Erwartungen. Historische Grundlagen ökonomischen Handelns“ an der Humboldt-Universität zu Berlin; Publikationsschwerpunkte sind die Unternehmensgeschichte, die Wirtschaftsgeschichte des Nationalsozialismus sowie die Geschichte des Marketings und der Marktforschung nach 1945.

LISTE DER ARCHIVE

Archiv der Bundesanstalt für Geowissenschaften und Rohstoffe
Archiv der Commerzbank
Arolsen Archives
Bundesarchiv Berlin
Bundesarchiv Koblenz
Hessisches Hauptstaatsarchiv Wiesbaden
Landesarchiv Berlin
Landesarchiv Thüringen, Hauptstaatsarchiv Weimar
Landesarchiv Sachsen-Anhalt, Abteilung Dessau
Landesarchiv Sachsen-Anhalt, Abteilung Merseburg
National Archives and Record Administration, USA
Niedersächsisches Landesarchiv, Abteilung Osnabrück
Thüringisches Staatsarchiv Weimar

BILDNACHWEIS

Archiv Wintershall DEA:
Abb. 1, Abb. 2, Abb. 3, Abb. 4, Abb. 5, Abb. 6, Abb. 8

Archiv der KZ-Gedenkstätte Dachau:
Abb. 7 (DaA F 3702 / 34397)

Bundesarchiv:
Titelbild (101I-186-0166-02A)

National Archives and Records Administration:
Abb. 9 (M 1922, OMGUS, General Records Pertaining To External Assets Investigations 1945-49, Kontinentale Oel AG: "WIFO“, S. 14)

LITERATURVERZEICHNIS

Hannah Ahlheim, *„Deutsche, kauft nicht bei Juden!" Antisemitismus und politischer Boykott in Deutschland 1924 bis 1935*, Göttingen 2011.

Götz Aly, *Hitlers Volksstaat. Raub, Rassenkrieg und nationaler Sozialismus*, Frankfurt a. M. 2006.

Manfred Asendorf, *Hamburger Nationalklub, Keppler-Kreis, Arbeitsstelle Schacht und der Aufstieg Hitlers*, in: 1999. Zeitschrift für Sozialgeschichte des 20. und 21. Jahrhunderts 3 (1987), 106–150.

Manfred Bähr, *Bochumer Zechen. Datensammlung über die Bochumer Zechen seit Beginn 1620 bis zum Ende 1974*, Bochum 2012.

Ralf Banken, *Die wirtschaftspolitische Achillesferse des „Dritten Reiches": Das Reichswirtschaftsministerium und die NS-Außenwirtschaftspolitik 1933–1939*, in: Albrecht Ritschl (Hg.), Das Reichswirtschaftsministerium in der NS-Zeit. Wirtschaftsordnung und Verbrechenskomplex, Berlin 2016, 91–226.

Frank Baranowski, *Heeresmunitionsanstalten in stillgelegten Kaliwerken im Südharz- und Werragebiet*, Bad Langensalza 2018.

Frank Baranowski, *Rüstungsproduktion in der Mitte Deutschlands 1929–1945. Südniedersachsen mit Braunschweiger Land sowie Nordthüringen einschließlich des Südharzes: eine vergleichende Betrachtung des zeitlich versetzten Aufbaus zweier Rüstungszentren*, Bad Langensalza/Thüringen 2017.

Avraham Barkai, *Das Wirtschaftssystem des Nationalsozialismus: Ideologie, Theorie, Politik. 1933–1945*, Frankfurt a. M. 1988.

Bernd-Rainer Barth, *Otto Gotsche*, in: Helmut Müller-Enbergs/Olaf W. Reimann (Hrsg.), Wer war wer in der DDR? Ein biographisches Lexikon, Berlin 2000.

Christian Bedeschinski/Bernd Neddermeyer, *Addinol – Das Mineralölwerk Lützkendorf und seine Werkbahn*, Berlin 2000.
Alfred Bentz, *Über die Herkunft des Erdöls in Deutschland*, Clausthal-Zellerfeld 1955.
Wolfgang Benz (Hg.), *Enzyklopädie des Nationalsozialismus*, München 2007.
Stefan Berger (Hg.), *Gewerkschaftsgeschichte als Erinnerungsgeschichte. Der 2. Mai 1933 in der gewerkschaftlichen Erinnerung und Positionierung nach 1945*, Essen 2015.
Charles-Claude Biedermann, *Lützkendorf*, in: Wolfgang Benz (Hg.), Der Ort des Terrors. Bd. 3: Sachsenhausen, Buchenwald, München 2008, 511–512.
Franka Bindernagel/Tobias Bütow, *Ingenieure als Täter. Die „Geilenberg-Lager" und die Delegation von Macht*, in: Ralph Gabriel (Hg.), Lagersystem und Repräsentation. Interdisziplinäre Studien zur Geschichte der Konzentrationslager, Tübingen 2004, 46–70.
Wolfgang Birkenfeld, *Der synthetische Treibstoff 1939–1945*, Göttingen 1964.
Frank Boblenz/Bernhard Post, *Die Machtübernahme in Thüringen 1932/33*, Erfurt 2013.
Helmuth Bollmann, *Der deutsche Treibstoffmarkt unter besonderer Berücksichtigung der Marktbedingungen*, Dissertation Universität Göttingen 1933.
Patrick Bormann, *August Rosterg (1870–1945)*, in: ders./Judith Michel/Joachim Scholtyseck (Hrsg.), Unternehmer in der Weimarer Republik, Stuttgart 2015.
Martin Borowsky/Sebastian Nickel, *Haken am Kreuz. Nationalsozialistische Begeisterung und religiöser Eigensinn: Der evangelische Kirchenkreis Erfurt im Dritten Reich. Zwei Werkstattberichte*, in: Evangelischer Kirchenkreis Erfurt (Hg.), Reformation in Bewegung. Erfurt zwischen 1517 und 2017, Leipzig 2017, 154–188.
Lothar Brückner, *Die ersten Jahrzehnte. Der Aufstieg des Werra-Fulda-Reviers zwischen 1893 und 1933*, in: Ulrich Eisenbarth/Akos Paulinyi (Hrsg.), Die Kaliindustrie an Werra und Fulda. Geschich-

te eines landschaftsprägenden Industriezweigs, Darmstadt 1998, 49–78.

Steffen Bruendel, *Volksgemeinschaft oder Volksstaat. Die „Ideen von 1914" und die Neuordnung Deutschlands im Ersten Weltkrieg*, Berlin 2003.

Christoph Buchheim/Jonas Scherner, *The Role of Private Property in the Nazi Economy: The Case of Industry*, in: Journal of Economic History 4 (2006), 390–416.

Rüdiger Bünsow, *1912–2012. 100 Jahre Salzbergwerk Bernburg*, Hannover 2012.

Chronik der Wintershall AG, unveröffentlichtes Manuskript, Kassel 1981.

Friedrich Didier, *Europa arbeitet in Deutschland. Sauckel mobilisiert die Leistungsreserven*, Berlin 1943.

Die Gewerkschaft Elwerath. Chronik eines Erdölunternehmens 1866–1969, Hannover 1987.

Verena Dohrn, *Die Kahans aus Baku. Eine Familienbiographie*, Göttingen 2018.

Alexander Donges, *Die Vereinigte Stahlwerke AG im Nationalsozialismus. Konzernpolitik zwischen Marktwirtschaft und Staatswirtschaft*, Paderborn 2014.

Jörg Echternkamp, *Das Dritte Reich: Diktatur, Volksgemeinschaft, Krieg*, München 2018.

Sören Eden, *Arbeitsrecht im NS-Staat. Die Treuhänder der Arbeit und die Kriminalisierung der Arbeitsvertragsbrüche*, in: Alexander Nützenaldel (Hg.), Das Reichsarbeitsministerium im Nationalsozialismus. Verwaltung – Politik – Verbrechen, Göttingen 2017, 246–281.

Sören Eden, *Die Verwaltung einer Utopie. Die Treuhänder der Arbeit zwischen Betriebs- und Volksgemeinschaft 1933–1945*, Göttingen 2020.

Erich Emme, *Deutschlands Mineralölindustrie und Handel. Eine Untersuchung unter Berücksichtigung des Standort- und Konzentrationsproblems*, Dissertation 1924.

Hans-Heinz Emons, *Die Kaliindustrie. Geschichte eines deutschen Wirtschaftszweiges?* in: Sitzungsberichte der Leibniz-Sozietät 6 (2001), 5–73.

Richard J. Evans, *Das Dritte Reich. Aufstieg*, Bd. I, München 2004.

Mathias Frese, *Betriebspolitik im „Dritten Reich". Deutsche Arbeitsfront. Unternehmer und Staatsbürokratie in der westdeutschen Großindustrie 1933–1939*, Paderborn 1991.

Mathias Frese, *Nationalsozialistische Vertrauensräte. Zur „Betriebspolitik" im „Dritten Reich"*, in: Gewerkschaftliche Monatshefte 4/5 (1992), 281–297.

Chup Friemert, *Produktionsästhetik im Faschismus. Das Amt „Schönheit der Arbeit" von 1933 bis 1939*, München 1980.

Karl Christian Führer, *Anspruch und Realität. Das Scheitern der nationalsozialistischen Wohnungsbaupolitik 1933–1945*, in: Vierteljahrshefte für Zeitgeschichte 2 (1997), 225–256.

Jürgen Gedicke, *Nienhagen: Geschichte eines niedersächsischen Hagendorfes, Bd. 2: Vom 20. Jahrhundert bis in die heutige Zeit*, Celle 1993.

Karin Geerdes, *Das Ölwerk in Salzbergen. 150 Jahre lebendige Industriegeschichte*, Salzbergen 2009.

Bernhard Gotto, *Adaption und Kooperation: Neue Geschäftspraktiken im Dritten Reich*, in: Johannes Bähr u.a. (Hrsg.), Der Flick-Konzern im Dritten Reich (Institut für Zeitgeschichte München-Berlin, im Auftrag der Stiftung Preußischer Kulturbesitz), München 2008, 295–378.

Manfred Grieger, *Antriebsmittel der NS-Kriegswirtschaft. Zur ökonomischen Bedeutung der Zwangsarbeit*, in: Winfried Nerdinger/Angela Hermann/Paul-Moritz Rabe/Sibylle von Tiedemann (Hrsg.), Zwangsarbeit in München. Das Lager der Reichsbahn in Neuaubing, Berlin 2018, 28–44.

Manfred Grieger, *Der Betrieb als Ort der Zwangsarbeit. Das Volkswagenwerk und andere Unternehmen zwischen 1939 und 1945*, in: Jürgen Lillteicher (Hg.), Profiteure des NS-Systems? Deutsche Unternehmen und das „Dritte Reich", Berlin 2006, 82–107.

Manfred Grieger, *Gifhorner Juden im Nationalsozialismus. Diskriminierung, Ausgrenzung, Deportation und Überleben*, Gifhorn 2018.
Manfred Grieger, *Zwangsarbeit in Bochum. Die Geschichte der ausländischen Arbeiter und KZ-Häftlinge 1939–1945*, Bochum 1986.
Wolf Gruner, *Der Geschlossene Arbeitseinsatz deutscher Juden. Zur Zwangsarbeit als Element der Verfolgung 1938–1943*, Berlin 1997.
Wolf Gruner, *Widerstand in der Rosenstraße. Die Fabrikaktion und die Verfolgung der „Mischehen"*, Frankfurt a. M. 2005.
Ernst-Ulrich Hahmann, *Todesursache: Vernichtung durch Arbeit. Die Außenkommandos des Konzentrationslagers Buchenwald und der Einsatz von Kriegsgefangenen und Zwangsarbeitern im Kali-Werra-Revier, Bd. 2: Außenkommandos des KZ Buchenwald im Kali Werra-Revier*, Norderstedt 2019.
Ernst-Ulrich Hahmann, *Todesursache: Vernichtung durch Arbeit. Die Außenkommandos des Konzentrationslagers Buchenwald und der Einsatz von Kriegsgefangenen und Zwangsarbeitern im Kali-Werra-Revier, Bd. 3: Einsatz von Kriegsgefangenen und Zwangsarbeitern im Kali-Werra-Revier*, Norderstedt 2019.
Tilman Harlander, *Siedeln in der Not. Umbruch von Wohnungspolitik und Siedlungsbau am Ende der Weimarer Republik*, Hamburg 1988.
Dale Harrington, *Mystery Man: William Rhodes Davis, Nazi Agent of Influence*, New York 2001.
Wolfgang Fritz Haug, *Die Faschisierung des bürgerlichen Subjekts. Die Ideologie der gesunden Normalität und die Ausrottungspolitiken im deutschen Faschismus*, Berlin 1987.
Peter Hayes, *Industrie und Ideologie. Die I.G. Farben in der Zeit des Nationalsozialismus*, in: Zeitschrift für Unternehmensgeschichte 2 (1987), 124–136.
Ulrich Herbert, *Fremdarbeiter. Politik und Praxis des „Ausländer-Einsatzes" in der Kriegswirtschaft des Dritten Reiches*, Berlin/Bonn 1985.
Ludolf Herbst, *Das nationalsozialistische Deutschland, 1933–1945*, Frankfurt a. M. 1996.
Herbert Hömig, *Brüning. Kanzler in der Krise der Republik*, Paderborn 2000.

Dietrich Hoffmann, *Die Erdölgewinnung in Norddeutschland. Von den Anfängen vor über 400 Jahren bis heute*, Hamburg 1970.

Joachim S. Hohmann (Hg.), *Arbeit und Arbeiterschaft im Kalibergbau des Werragebietes. Ein Beitrag zur Geschichte und Soziologie der politischen Arbeiterbewegung Thüringens 1848–1989*, Frankfurt a. M. 1998.

Sascha Howind, *Die Illusion eines Guten Lebens. Kraft durch Freude und nationalsozialistische Sozialpropaganda*, Frankfurt a. M. 2013.

Claudia Jakobi, *Die vieldeutige Betriebsgemeinschaft. Ihre Funktion im Arbeitsrecht der Weimarer Republik und der NS-Zeit*, Hamburg 2012.

Helmut von Jan, *Die Katastrophe der Hildesheimer Juden 1938–1988. Zum Gedächtnis der 50jährigen Wiederkehr*, in: AltHildesheim, Jahrbuch für Stadt und Stift Hildesheim, Band 59, Hildesheim 1988, 97–109.

Ursula Jennemann-Henke, *Geschichte der Bergbau AG Lothringen vor dem Hintergrund der Entwicklung des Ruhrbergbaus*, in: Ursula Jennemann-Henke/Wolfgang Grubert, Die drei großen Herren und die anderen. Aufstieg und Niedergang der Zeche Lothringen und die Geschichte der Einwanderung im Bochumer Norden, Bochum 1996, 50–163.

Uffa Jensen, *Reichsnährstand*, in: Wolfgang Benz u.a. (Hrsg.), Enzyklopädie des Nationalsozialismus, Stuttgart 2007, 750.

K + S Aktiengesellschaft (Hg.), *Wachstum erleben. Die Geschichte der K + S-Gruppe 1856–2006*, Kassel 2006.

Franz Kainer, *Die Kohlewasserstoff Synthese nach Fischer-Tropsch*, Berlin 1950.

Hanns-Heinz Kasper, *Die Erdölgewinnung Deutschlands*, Dissertation Bergakademie Freiberg 1977.

Rainer Karlsch/Raymond G. Stokes, *Faktor Öl. Die Mineralölwirtschaft in Deutschland 1859–1974*, München 2003.

Rainer Karlsch, *Ein vergessenes Unternehmen. Die Geschichte der Karpaten Öl AG*, in: Jahrbuch für Wirtschaftsgeschichte 1 (2004), 95–138.

Rainer Karlsch, *Was geschah im März 1945?*, in: ders./Heiko Petermann (Hrsg.), Für und Wider „Hitlers Bombe". Studien zur Atomforschung in Deutschland, Münster u.a. 2007, 15–48.

Felix Kersten, *Klerk en beul – Himmler van nabij*, Amsterdam 1948.

Felix Kersten, *Totenkopf und Treue. Heinrich Himmler ohne Uniform*, Hamburg 1952.

Lothar Kilian, *Die unbekannte Winterhilfe. Die großen Nothilfesammlungen in den Krisenjahren der Weimarer Republik*, Paderborn 2013.

Ernst Klee, *Das Personenlexikon zum Dritten Reich. Wer war was vor und nach 1945*, Frankfurt a. M. 22005.

Christian Kleinschmidt, *Unternehmensgeschichte als „Nebenbeschäftigung". Zum Standort der Unternehmensgeschichte – neue Tendenzen unternehmenshistorischer Forschung in Deutschland*, in: Zeitschrift für Unternehmensgeschichte 2 (2019), 274–291.

Habbo Knoch, *Die „Volksgemeinschaft" der Bilder. Propaganda und Gesellschaft im frühen Nationalsozialismus*, in: Gudrun Brockhaus (Hg.), Attraktion der NS-Bewegung, Essen 2014, 133–160.

Titus Kockel, *Deutsche Ölpolitik 1928–1938*, Berlin 2005.

Titus Kockel, *Zickzackkurs in den Krieg. Deutsche Ölpolitik von Achnacarry Castle bis Karinhall (1928–1938)*, in: Dietrich Eichholtz, Deutsche Ölpolitik im Zeitalter der Weltkriege. Studien und Dokumente, Berlin 2010, 188–278.

Martina Köbl-Erbert, *German Petroleum Geologists and World War II*, in: Jonathan Craig u.a. (Hrsg.), History of the European Oil and Gas Industry, London 2018, 391–407.

Ingo Köhler, *Die „Arisierung" der Privatbanken im Dritten Reich. Verdrängung, Ausschaltung und die Frage der Wiedergutmachung*, München 2008.

Christoph Kopke/Werner Treß (Hrsg.), *Der Tag von Potsdam. Der 21. März 1933 und die Errichtung der nationalsozialistischen Diktatur*, Berlin/Boston 2013.

Christopher Kopper, *Zwischen Marktwirtschaft und Dirigismus. Bankenpolitik im Dritten Reich 1933–1939*, Bonn 1995.

Volker Kratzenberg, *Arbeiter auf dem Weg zu Hitler? Die Nationalsozialistische Betriebszellen-Organisation, ihre Entstehung, ihre Programmatik, ihr Scheitern 1927–1934*, Frankfurt a. M. 1989.
Frank-Lothar Kroll, *Geschichte Hessens*, München 2006.
Torsten Kupfer, *Generation und Radikalisierung. Die Mitglieder der NSDAP im Kreis Bernburg 1921–1945*, Berlin 2006.
Jochen Lengemann, *Thüringische Landesparlamente 1919–1952: Biographisches Handbuch*, Köln 2013.
Joachim Lilla/Martin Döring/Andreas Schulz, *Statisten in Uniform: Die Mitglieder des Reichstags 1933–1945. Ein biographisches Handbuch. Unter Einbeziehung der völkischen und nationalsozialistischen Reichstagsabgeordneten ab Mai 1924*, Düsseldorf 2004.
Peter Longerich, *Heinrich Himmler. Biographie*, München 2010.
Peter Longerich, *Joseph Goebbels. Biographie*, Berlin 2010.
Klaus Mammach, *Widerstand 1939–1945. Geschichte der deutschen antifaschistischen Widerstandsbewegung im Inland und in der Emigration*, Köln 1987.
Brunello Mantelli, *Die Überführung italienischer Arbeitskräfte ins Deutsche Reich zwischen 1938 und 1943. Eine Emigration unter staatlicher Regie*, in: Gustavo Corni (Hg.), Italiener in Deutschland im 19. und 20. Jahrhundert. Kontakte, Wahrnehmungen, Einflüsse, Berlin 2012, 118–141.
Günter Matter, *Elektron. Geschichte und Renaissance eines außergewöhnlichen Metalls*, Essen 2019.
Dagmar Mehnert, *Der Aufbau des Kalireviers und die Jahre bis 1945*, in: Hermann-Josef Hohmann/Dagmar Mehnert (Hrsg.), Bunte Salze, Weiße Berge. Wachstum und Wandel der Kaliindustrie zwischen Thüringer Wald, Röhn und Vogelsberg, Hünfeld 2004, 35–99.
Allan Merson, *Kommunistischer Widerstand in Nazideutschland*, Bonn 1999.
Wolfgang Mertsching, *Die Geschichte des Mineralölwerkes Lützkendorf*, in: Merseburger Beiträge zur Geschichte der chemischen Industrie Mitteldeutschlands 1 (2000), 4–70.

Norbert Moczarski, *Kalibergbau in der NS-Zeit 1933–1945*, in: Ulrich Eisenbarth/Akos Paulinyi (Hrsg.), Die Kaliindustrie an Werra und Fulda. Geschichte eines landschaftsprägenden Industriezweigs, Darmstadt 1998, 79–94.

Rudolf Morsey (Hg.), *Das „Ermächtigungsgesetz" vom 24. März 1933. Quellen zur Geschichte und Interpretation des „Gesetzes zur Behebung der Not von Volk und Reich"*, Düsseldorf 2010.

Daniela Münkel, *Von der Großen Koalition zum Ermächtigungsgesetz*, in: dies./Frank-Walter Steinmeier (Hrsg.), Das Ermächtigungsgesetz 1933. Eine Dokumentation, Berlin 2013, 10–55.

Gerhard Nestler, *Die Machtergreifung der Nationalsozialisten und der politische Katholizismus in der Pfalz*, in: ders. (Hg.), Braune Jahre in der Pfalz. Neue Beiträge zur Geschichte einer deutschen Region in der NS-Zeit, Kaiserslautern 2016, 63–94.

Patrick K. O'Donnell, *Operatives, Spies, and Saboteurs. The unknown story of the men and women of World War II's OSS*, New York 2004.

Kiran Klaus Patel, *Volksgenossen und Gemeinschaftsfremde. Über den Doppelcharakter nationalsozialistischer Lager*, in: Christoph Jahr/Jens Thiel (Hrsg.), Lager vor Auschwitz. Gewalt und Integration im 20. Jahrhundert, Berlin 2013, 311–334.

Gottfried Plumpe, *Die I.G. Farbenindustrie AG. Wirtschaft, Technik und Politik 1904–1945*, Berlin 1990.

Werner Plumpe, *Das kalte Herz. Kapitalismus: Die Geschichte einer andauernden Revolution*, Berlin 2019.

Werner Plumpe, *Unternehmensgeschichte im 19. und 20. Jahrhundert*, Berlin 2018.

Bernhard Post, *Nationalsozialistische Machtergreifung und ihre Folgen*, in: Bernhard Post/Volker Wahl (Hrsg.), Thüringen-Handbuch. Territorium. Verfassung, Parlament, Regierung und Verwaltung in Thüringen 1920 bis 1995, Weimar 1999, 32–40.

Bernhard Post, *Vorgezogene Machtübernahme 1932*, in: Detlev Heiden/Gunther Mai (Hrsg.), Thüringen auf dem Weg ins „Dritte Reich", Erfurt 1996, 147–182.

Kim Christian Priemel, *Flick. Eine Konzerngeschichte vom Kaiserreich bis zur Bundesrepublik*, Göttingen 2008.
Kurt Pritzkoleit, *Männer, Mächte, Monopole. Hinter den Türen der westdeutschen Wirtschaft*, Düsseldorf 1957.
Kurt Pritzkoleit, *Wem gehört Deutschland. Eine Chronik von Besitz und Macht*, Wien/München/Basel 1959.
Tore Pryser, *Hitlers Hemmelige Agenter: Tysk etterretning i Norge, 1939–1945*, Oslo 2001.
Manfred Rasch, *Rosterg, August*, in: Neue Deutsche Biographie 22 (2005), 98–99.
Steffen Raßloff, *Der „Mustergau". Thüringen zur Zeit des Nationalsozialismus*, München 2015.
Steffen Raßloff, *Geschichte Thüringens*, München 2010.
Wilfried Regener, *Brandkatastrophe auf der Nienhagen 22 (N22): „Das Inferno". Gewerkschaft Nienhagen (Wintershall AG), 29. September 1934*, Nienhagen 2010.
Heinz Rehmann, *Die anglo-amerikanischen Bobenangriffe während des II. Weltkrieges auf Ziele im Raum Merseburg und die deutschen Abwehrmaßnahmen*, in: Merseburger Beiträge zur Geschichte der Chemischen Industrie Mitteldeutschlands 21 (2002), 5–58.
Elke Reitermayer/Arndt Karschin, *Die Produktion von Magnesiummetall im Kaliwerk Wintershall in Heringen (Werra) – Eine historische Betrachtung*, in: Kali und Steinsalz 3 (2013), 14–27.
Ludwig Richter, *Die Deutsche Volkspartei 1918–1933*, Düsseldorf 2002.
Albrecht Ritschl, *Deutschlands Krise und Konjunktur 1924–1934. Binnenkonjunktur, Auslandsverschuldung und Reparationsproblem zwischen Dawes-Plan und Transfersperre*, Berlin 2002.
Thomas Sandkühler, *„Endlösung" in Galizien. Der Judenmord in Ostpolen und die Rettungsinitiativen von Berthold Beitz 1941–1944*, Bonn 1996.
Ralf Schade, *Das Mineralölwerk Lützendorf als Einsatzort für entlassene AEL-Häftlinge*, in: Projektgruppe „AEL Spergau-Zöschen" des Heimat- und Geschichtsvereins Zöschen e.V. (Hg.), Gedächt-

nisachse „Leib – Leben – Gesundheit“. Gefahrenpotential für Zwangsarbeiter der nationalsozialistischen Kriegswirtschaft, Leuna 2015, 76–96.

Tim Schanetzky, *After the Gold Rush. Ursprünge und Wirkungen der Forschungskonjunktur „Unternehmen im Nationalsozialismus“*, in: Zeitschrift für Unternehmensgeschichte 1 (2018), 7–32.

Jonas Scherner, *Das Verhältnis zwischen NS-Regime und Industrieunternehmen. Zwang oder Kooperation?*, in: Zeitschrift für Unternehmensgeschichte 2 (2006), 166–190.

Günter Schlicht, *Erdöl*, in: Die Bergwerke Deutschlands, Stuttgart 1930, 369.

Detlef Schmiechen-Ackermann/Marlis Buchholz/Bianca Roitsch/Karl H. Schneider (Hg.), *Der Ort der „Volksgemeinschaft“ in der deutschen Gesellschaftsgeschichte*, Göttingen 2018.

Joachim Scholtyseck, *Der Aufstieg der Quandts. Eine deutsche Unternehmerdynastie*, München 2011.

Harm G. Schröter, *Das internationale Stickstoffkartell 1929–1939*, in: ders./Clemens A. Wurm (Hrsg.), Politik, Wirtschaft und internationale Beziehungen, Studien zu ihrem Verhältnis in der Zeit zwischen den Weltkriegen, Mainz 1991, 117–137.

Harm G. Schröter, *Die internationale Kaliwirtschaft 1918–1939. Zum Verhältnis von industrieller Kartellpolitik und Staatsinterventionismus*, Kassel 1985.

Gerhard Schulz, *Von Brüning zu Hitler. Der Wandel des politischen Systems in Deutschland 1930–1933*, Berlin/New York 1992.

Hans-Christoph Seidel, *Der Ruhrbergbau im Zweiten Weltkrieg. Zechen – Bergarbeiter – Zwangsarbeit*, Essen 2010.

Mark Spoerer/Jochen Streb, *Neue deutsche Wirtschaftsgeschichte des 20. Jahrhunderts*, München 2013.

Mark Spoerer, *Zwangsarbeit unter dem Hakenkreuz. Ausländische Zivilarbeiter, Kriegsgefangene und Häftlinge im Deutschen Reich und im besetzten Europa 1939–1945*, Stuttgart/München 2001.

Wolfgang Spohn, *Betriebsgemeinschaft und Volksgemeinschaft. Die rechtliche und institutionelle Regelung der Arbeitsbeziehungen im NS-Staat*, Berlin 1987.

Bernd Sösemann, *Appell unter der Erntekrone: Das Reichserntedankfest in der nationalsozialistischen Diktatur*, in: Jahrbuch für Kommunikationsgeschichte (2000), 113–156.

Dirk Stegmann, *Zum Verhältnis von Großindustrie und Nationalsozialismus 1930–1933. Ein Beitrag zur Geschichte der sogenannten. Machtergreifung*, in: Archiv für Sozialgeschichte 13 (1973), 399–482.

Bernhard Stier/Johannes Laufer, *Von der Preussag zur TUI, Wege und Wandlungen eines Unternehmens 1923–2003*, Essen 2005.

Eleonora Storch Schwab, *A Daughter remembers*, in: Gertrude Schneider (Hg.), The Unfinished Road. Jewish Survivors of Latvia Look Back, Konstanz 1999, 175–183.

Ann-Katrin Struken, *Höhen und Tiefen. Das Leben des Tiefbohrpioniers Anton Raky*, Erkelenz 2012.

Adam Tooze, *Ökonomie der Zerstörung, Die Geschichte der Wirtschaft im Nationalsozialismus*, München 2007.

Simone Trieder, *Otto Gotsche*, in: Birgit Herkula/Simone Trieder, Verboten, verschwiegen, verschwunden. Schriftstellerinnen und Schriftsteller des heutigen Sachsen-Anhalt zur NS-Zeit, Halle 2008, 57–58.

Thomas Trumpp, *Zur Finanzierung der NSDAP durch die deutsche Großindustrie*, in: Karl Dietrich Bracher/Manfred Funke/Hans-Adolf Jacobsen (Hrsg.), Nationalsozialistische Diktatur 1933–1945, Bonn 1983, 132–154.

Henry A. Turner, *Die Großunternehmer und der Aufstieg Hitlers, Berlin 1985.*

VEB Kaliwerk „Thomas Müntzer" Bischofferode (Hg.), *Chronik des VEB Kaliwerk „Thomas Müntzer" Bischofferode*, Nordhausen 1959.

Reinhard Vogelsang, *Der Freundeskreis Himmler*, Göttingen u.a. 1982.

Otto Wagener, *Hitler aus nächster Nähe. Aufzeichnungen eines Vertrauten 1929–1932* (hg. von Henry A. Turner), Kiel 1987.

Liesa Weber, *Handlungsspielräume und Handlungsoptionen von Pfarrern und Gemeindegliedern in der Zeit des Nationalsozialismus. Eine vergleichende Studie für die Evangelisch-Lutherische Kirche in Bayern anhand der oberfränkischen Dekanate Bayreuth und Coburg*, Göttingen 2019.

Charles Webster/Noble Frankland, *The Strategic Air Offensive against Germany 1939–1945, Bd. I*, London 1961.

Manfred Wichmann, *Waldemar Pabst und die Gesellschaft zum Studium des Faschismus*, Berlin 2013.

Michael Wildt, *Himmlers Terminkalender aus dem Jahre 1937*, in: Vierteljahreshefte für Zeitgeschichte 4 (2004), 671–691.

Michael Wildt, *„Volksgemeinschaft" als politischer Topos in der Weimarer Republik*, in: Alfred Gottwaldt (Hg.), NS-Gewaltherrschaft. Beiträge zur historischen Forschung und juristischen Aufarbeitung, Berlin 2005, 23–39.

Hans-Heinrich Wilhelm/Louis de Jong, *Zwei Legenden aus dem Dritten Reich. Quellenkritische Studien*, Stuttgart 1974.

Heinrich August Winkler, *Weimar 1918–1933. Die Geschichte der ersten deutschen Demokratie,* München 1998.

Daniel Yergin, *Der Preis: Die Jagd nach Öl, Geld und Macht*, Frankfurt a. M. 1991.

Wilhelm Zehntgraf, *Ansprache in der Feierstunde aus Anlass der Enthüllung einer Büste des Schöpfers des Wintershall-Konzerns sowie der Fertigstellung des Gebäudes der Hauptverwaltung in Kassel, am Sonnabend, dem 16. November 1957, in der Halle des August-Rosterg-Hauses*, Kassel 1957.